日中海戦はあるか

拡大する中国の海洋進出と、日本の対応

監修
夏川和也
第22代統合幕僚会議議長、水交会第14代会長

きずな出版

はじめに

第22代統合幕僚会議議長、水交会第14代会長
夏川和也

1980年代初期、私は海上自衛隊の対潜哨戒機《たいせんしょうかいき》部隊の操縦士として、那覇《なは》基地で勤務していた。周辺海域の諸々の状況を把握するための監視飛行で再三にわたり、尖閣諸島《せんかくしょとう》の上空を飛行した。

那覇を離陸して一時間半、海、海、海の中にポツンと点が見えてくる。それが尖閣だった。大海の中で厳とした存在を主張しているような佇《たたず》まいと、自分たちが護《まも》らなければならない海域の広さが、強烈な印象として残った。

尖閣諸島問題は、日本の領有に中国が注文をつけてきた国土領有に関する事案である。一方、尖閣諸島が洋上にあるがゆえに、海洋の問題でもある。

地球上には数十億という人間が生活しているが、生息の拠点は地球表面の39％を占める陸上にある。残りの60％は海であり、生息には適さない。

しかし人類は、この海を活動の場としては大いに利用し、地球が人間の住める適切な環境を維持するための循環、降雨、浄化の作用、魚や鉱物・燃料資源、将来は再生可能エネルギー源、世界の貿易の大半を占める物流、安全保障の場等、さまざまな恩恵を享受しながら生活を維持している。

恩恵があれば、その恩恵をできるだけ多く享受しようと考えるのが人類の常であり、そこには争いが生じることになる。

人類はこれらの恩恵を、どのような秩序をもって享受しているのだろうか。

陸上では歴史上の変遷はあったものの、現時点では一部を除いて領域が確定し主権が存在している。

海は広大であるがゆえに、居住ができないゆえに、深海という人類の手の届き難いところがあるがゆえに、魚や海流が自在に動くがゆえに、そして自由な利用と沿岸国の権利が相反することがあるゆえに、どのように領域を確定し、どのような権利を行使できるかを決めることが難しい。

大海を航行する船がない大昔に遡《さかのぼ》るならば、海の利用は全く無制限であった。

造船・航海術の発展により遠洋航海が可能な時代になると、沿岸国との間で各種の摩擦が生じ、領海3マイルをベースとした海洋法が合意された。

さらに、世界経済の発展に伴う海上交通量の飛躍的な増大、海底資源開発の可能性の増大等により、海洋法の見直しが必要になり、幾多の議論ののち幾多の変遷を経て、国連海洋法条約が1982年に採択、1994年に発効された。

「海は人類共通の財産である」という新しい理念のもと、「持続可能な海洋資源の利用」「地球生命の維持に必須の海洋環境の保護」「海洋をめぐる紛争の平和的解決」をめざしている。

しかしその成立過程を見れば、まさに国際社会では法律の前に政策ありといわれるように、各国の意識・主張には大きな隔たりがあり、会議は先進国と発展途上国、あるいは海洋国と沿岸国の対立等種々の対立の下で議論が行われ、その結果できあがった条文は妥協の産物であり、曖昧《あいまい》な表現もあるといわれている。

また条約発効以来、権利は主張するが義務は果たさないという国も多く、条文の解釈の違いということもあり、これらが自由航行、領有権の問題を複雑にする等、新しい問題を引き起こしている。

中国は広大な国土を所有する大陸国家である。と同時に海洋国家であるともいえる。

かつて漢の時代に「南船北馬」という言葉が使われていたようであり、宋の時代には、エジプト、東アフリカとの交易が盛んで海底から陶磁器の破片が数多く発見されている。北のシルクロードと対比して、セラミックロードと呼ばれている。そして明の時代には、鄭和《ていわ》の大艦隊《だいかんたい》がインド、アフリカへ7回派遣されている。

近代になって海とは多少縁遠くなっていたが、その血は脈々と引き継がれ、64年には、海上諸活動の安全確保、水産資源や海底鉱物資源の活用、国防上の海洋資料整備の観点から、海洋調査活動を活発化してきた。

74年4月鄧小平《とうしょうへい》は、国連特別総会で演説し、その中で国連海洋法会議を強く意識した資源ナショナリズムの主張をしている。これは、中国の現在に至るアグレッシブな海洋進出の理論的根拠となっている。82年には、海洋調査活動における海軍との緊密な関係維持が緊要《きんよう》であるとの国家方針が打ち出された。

中国は国益の追求に、海洋を十二分に利用し、着々と手を打って来ている。中東・アフリカとの交易のために、パキスタンのグワダール港・ミャンマーのシットウェ港の使用権を獲得するなどインド洋での影響力を視野に入れている。並行して、遠大な計画と着実な実行により海軍力の増強を行ってきている。そして行動は、相当に強引である。

このような海洋をめぐる情勢および自国の情勢を背景に、中国は資源確保と米国を意識した国防の観点から、南シナ海ではほぼ全海域の領有を宣言し、東シナ海では尖閣の領有を主張し、さらには沖縄の領有に向けての工作を始めている。その先には米国との太平洋二分論が控えているのである。

中国の常套《じょうとう》手段の第一歩がすでに始まっているのであり、これからも打つ手を緩めることはないだろう。

「日中海軍戦わば……」という設問は、極めて厳しいものである。

「質の海上自衛隊」か「量の中国海軍か」、空軍・ミサイル部隊の支援を加味すれば、一層苦しいものになるだろう。

もちろん我らが後輩諸氏は、宣誓どおり、身の危険を顧《かえり》みず最善を尽くしてくれるであろうし、そのための準備は着々整えていくべきであるが、一方そのような極限状態にならないように努力することが重要である。その意味では、武力を使わない戦いはすでに始まっているといえる。


今回、きずな出版から機会をいただき、公益財団法人水交会研究委員会の岡俊彦君と保井信治君が個人的に賛同してくれ、本書を借りて、中国の海洋進出ならびに尖閣諸島防衛について率直な意見を述べている。なかには、大胆な仮説に基づく部分も見受けられるが、これらを問題提起としてとらえていただき、我が国の平和と安全、そして着実な発展に関する皆様のご理解の深化に多少とも役に立てれば、これに優る喜びはない。

最後に、きずな出版の櫻井秀勲社長及び岡村季子編集長には、企画、編集にあたって、物書きに慣れない我々に具体的かつ率直な意見を頂くとともに、丁寧な編集作業を実施していただき感謝を申し上げたい。

●目次

第1章
中国海軍の現状
その戦略はいかにつくられるか

第2章 海上自衛隊の現状

周辺諸国の軍事力概観

第3章 海上自衛隊と中国海軍の実力

対潜戦、対空戦、対水上戦を予測する

第4章 中国の海洋進出のシナリオ
紛争の抑止と対処

第5章 日中海戦はあるか

最悪の事態に備える

（執筆は序章、4章、5章、おわりには、岡俊彦が、1章、2章、3章は、保井信治が担当した）

日中海戦はあるか

拡大する中国の海洋進出と、日本の対応

序章

尖閣諸島は我が国の固有の領土

なぜ中国は反対するのか

1 我が国による尖閣諸島の占有

尖閣諸島は、沖縄本島の西約410キロメートル、沖縄県石垣島の北西約170キロメートル、中国大陸の南東約330キロメートル、台湾の北東約170キロメートルにある魚釣島《うおつりじま》、北小島・南小島、久場島、大正島などの島々からなり、最大の島は周囲約11キロ海抜362メートルの魚釣島である。

我が国は、1885（明治18）年以降現地調査により、どこの国も支配していない無人島であることを確認し、1895（明治28）年1月閣議決定により我が国の領土に編入した。

1896（明治29）年民間人に無償貸与され、日本人が入植し鰹節工場などを営んでいたが、太平洋戦争中、沖縄における米軍との戦闘の可能性が高くなった1940（昭和15）年工場は閉鎖され、無人島となり現在までこの状態が続いている。

一方、中国は1968（昭和43）年6月の国連アジア極東経済委員会（ECAFE）による「尖閣諸島周辺海域に石油埋蔵《まいぞう》の可能性がある」という報告が発表されるまで、一言も尖閣諸島の領有権を主張していなかった。

それを裏付ける証拠として、1920（大正9）年5月当時の中華民国駐長崎総領事から、遭難した中国人を救助した日本人に対して発出された感謝状には、遭難した福建省《ふっけんしょう》の漁民が漂着した場所が「日本帝国沖縄県八重山郡尖閣列島」と明記されている。

また、1953（昭和28）年1月8日付の人民日

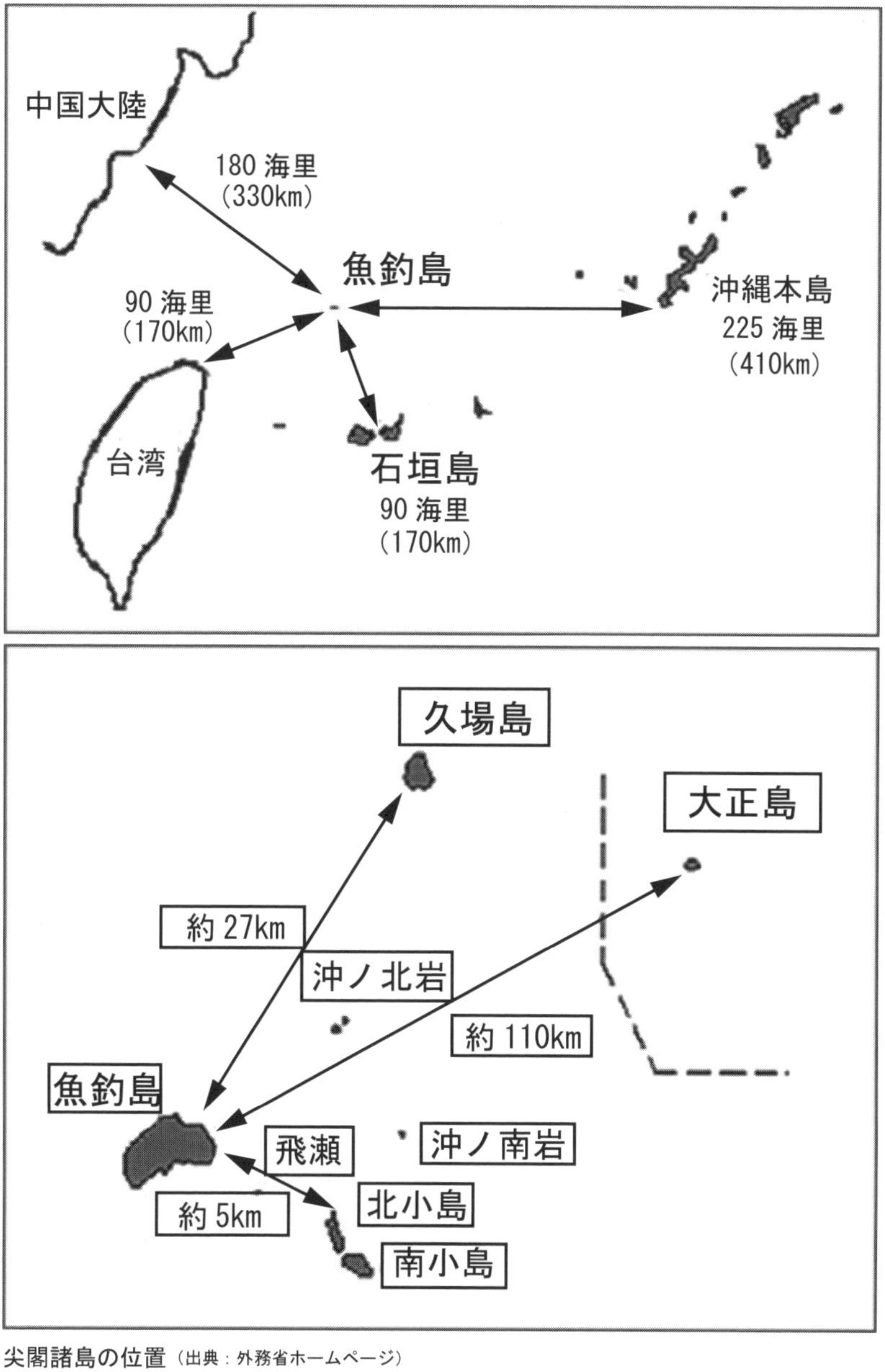

尖閣諸島の位置（出典：外務省ホームページ）

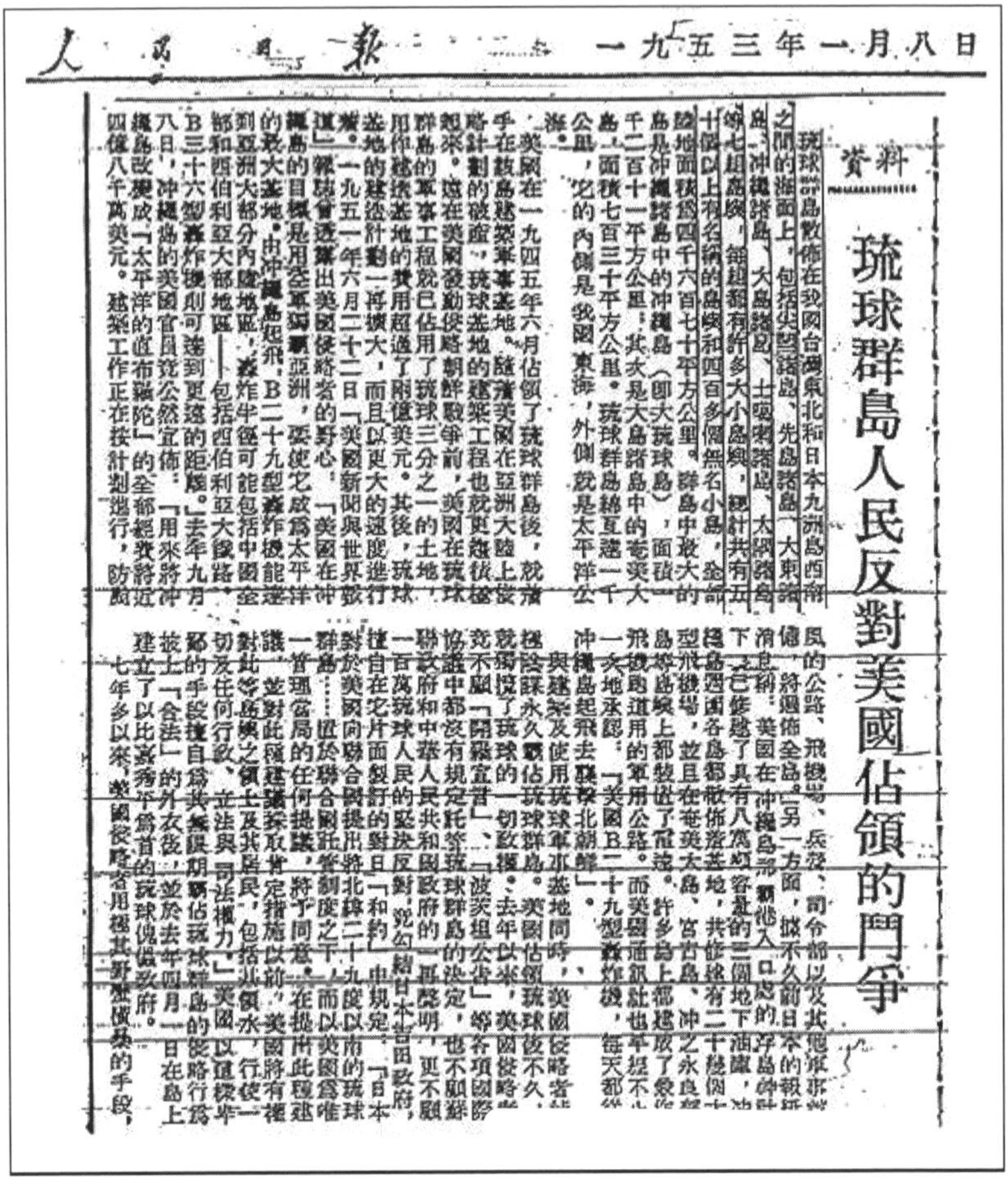

人民日報　一九五三年一月八日

資料

琉球群島人民反對美國佔領的鬥爭

琉球群島散佈在我國台灣東北和日本九州島西南之間的海面上，包括尖閣諸島、先島諸島、大東諸島、沖繩諸島、大島諸島、土噶喇諸島、大隅諸島等七組島嶼，每組都有許多大小島嶼，總計共有五十個以上有名稱的島嶼和四百多個無名小島，全部陸地面積為四千六百七十平方公里。群島中最大的島是沖繩諸島中的沖繩島（即大琉球島），面積一千二百十一平方公里；其次是大島諸島中的奄美大島，面積七百三十平方公里。琉球群島綿亙達一千公里，它的內側是我國東海，外側就是太平洋公海。

美國在一九四五年六月佔領了琉球群島後，就着手在該島建築軍事基地。隨着美國在亞洲大陸上侵略計劃的破產，琉球基地的建築工程也就更急促地進行起來。美國發動侵略朝鮮戰爭前，美國在琉球群島的軍事工程就已佔用了琉球三分之一的土地，用作建築基地的費用超過了兩億美元。其後，琉球基地的建造計劃一再擴大，而且以更大的速度進行着。一九五一年六月二十二日「美國新聞與世界報道」雜誌曾透露出美國侵略者的野心：「美國在沖繩島的目標是用空軍獨霸亞洲，要使它成為太平洋的最大基地。由沖繩島起飛，B二十九型轟炸機能達到亞洲大部分內陸地區，轟炸半徑可能包括中國全部和西伯利亞大部地區——包括西伯利亞大鐵路。B三十六型轟炸機則可達到更遠的距離。」去年九月八日，沖繩島的美國官員竟公然宣佈：「用來將沖繩島改變成『太平洋的直布羅陀』的全部經費將近四億八千萬美元。」建築工作正在按計劃進行……

1953 年 1 月 8 日付人民日報記事
「琉球諸島における人々の米国占領反対の戦い」（出典：外務省ホームページ）

（冒頭部分抜粋・仮訳）
「琉球諸島は、我が国（注：中国。以下同様）の台湾東北部及び日本の九州南西部の間の海上に散在しており、尖閣諸島、先島諸島、大東諸島、沖縄諸島、大島諸島、トカラ諸島、大隈諸島の 7 組の島嶼からなる。それぞれが大小多くの島嶼からなり、合計 50 以上の名のある島嶼と 400 あまりの無名の小島からなり、全陸地面積は 4670 平方キロである。諸島の中で最大の島は、沖縄諸島における沖縄島（すなわち大琉球島）で、面積は 1211 平方キロで、その次に大きいのは、大島諸島における奄美大島で、730 平方キロである。琉球諸島は、1000 キロにわたって連なっており、その内側は我が国の東シナ海（中国語：東海）で、外側は太平洋の公海である」

報の記事には、「琉球諸島は、……尖閣諸島、先島諸島……の7組の島嶼《とうしょ》からなる」という記述がある。

しかし、ECAFEの報告後海底資源の獲得を狙い、1971（昭和46）年12月以降尖閣諸島の領有権を主張し始めた。1978（昭和53）年8月の日中平和友好条約締結時も一時領土問題の棚上げを主張したが、日本政府はこれに応じなかった。

1992（平成4）年2月には「領海法」を制定し、中国は魚釣島を領土と明記している。2009（平成21）年には、周辺諸国が尖閣諸島の領有権を主張することは内政干渉としてこれを排除できるように、島嶼部の保護と管理を規定した「島嶼保護法」を制定している。

2 国際法による解決の本質

ところで、領有権にかかる問題は国際法により解決すべきであるという主張が世の中の大半である。それはそれで正しいことだが、「国際法による解決」の本質を正しく理解する必要がある。

国際社会において、憲法のような成文化された（文章で書かれた）国際法はない。条約は国際法といえないのかという主張に対しては、条約は確かに成文化されているが、条約を締結している国家間のみを拘束しているにすぎない。

したがって条約は、すべての国家を拘束する国際法ということはできない。すべての国家を拘束する国際法は、慣習法の形態でしか存在していない。

では、慣習法の形態としての国際法（慣習国際法）では、このような領有の問題をどのように規定しているのだろうか。

慣習国際法では、

「①いずれの国にも属していない無主地区に対し

②国家が領土に編入する意思を示し

③実効的支配を継続し、領有を継続すること」

が島の合法的領有（先占＝国家が領有の意思を持って、無主地を実効支配すること）についての条件であるとされている。

尖閣諸島の場合、日本の主張は①から③のいずれの条件をも満足するものである。したがって、尖閣諸島の領有（先占）権は日本にあるといえる。

一方中国は、明・清の時代に中国人がもっとも早く尖閣諸島を発見し、台湾の付属島嶼であったということを根拠に領有権を主張しているが、仮にそれが事実であったとしても、島を発見したことのみでは、①から③の条件のいずれにも該当せず、領有権の主張を裏付けることにはならない。

逆に中国が明・清時代の勢力圏を根拠に領有権を主張するのであれば、中国は潔くチベット、ウイグルをそれぞれの民族に返還すべきであろう。

国際法上は、尖閣諸島は明らかに我が国が領有（占有）するものである。しかし、日中間に領有権争いはないと主張するだけでなく、我が国は今後も上記①から③の条件をきちんと継続、確保することが大切である。なぜならば、慣習国際法は、国際司法裁判所の規定では「法として認められた一般慣行」と定義されている。

慣習国際法として成立するためには、「同一行為の反復（慣行）」とそれに対する「法的信念」が存在することが必要だといわれている。

ここでいう「法的信念」の存在とは、一定の行動が習慣的に遂行されているうちに、たとえば、「それに違反すれば制裁を加えることができる」といった法的な拘束力があると諸々の国家が認めることである。

ところが、慣習国際法が成立するためには、すべての国家の慣行と法的信念が必要とされているわけではない。積極的に反対の意思を表明しない限り、「黙示《もくし》的合意」が付与されたものとして取り扱われてしまう。

したがって、大国を含む多数の国家が積極的に反対の意思を表示しなければ、慣習国際法は成立してしまう。

3　中国はなぜ反対するのか

では、中国はなぜ日本の領有に反対するのだろう。中国の立場に立って、その意図をさぐってみたいと思う。

中国は、ＥＣＡＦＥが東シナ海の海底資源に着目した発表を行ったときから、すでに我が国が実効支配をしていた尖閣諸島に対して、自国の領土であるという主張を行い始めた。

中国の立場に立ってこの問題を眺めてみると、中国の国力が小さいうちは、東シナ海を資源確保の対象としてとらえ、海底資源の調査をほそぼそと実施していたにすぎない。

ところが経済発展とともに国力も増大した中国は、

尖閣諸島近海の中国の公船 上：海監 50、下：海監 66

西側の既存の価値観に基づく世界では、世界に遅れて登場した大国の利益を得ることは難しい。そこで中国の価値観に基づく世界の秩序を構築したいと考えるようになった。

その結果現在では、東シナ海も資源獲得の対象だけでなく、東シナ海を中国の内海にしなければならないと考えている。

これは、次のような考えに基づいている。

現在の世界の秩序は、米国を中心に作られている。これに代わる世界秩序を構築するためには、米国の力が世界に及ばないようにする必要があり、時間がかかっても米海軍に代わり中国海軍が太平洋、インド洋を支配しなければならないと考えている。

その手始めに、日本列島、台湾、フィリピン、ボルネオ島に至る線（中国はこれを第1列島線といっている）より西側、すなわち中国側の海域を米海軍の接近を阻止し、中国が自由に使用できる海域、つまり内海にしようとする戦略により秩序の再構築を図ろうとしているわけである。この辺の事情は、のちほど中国の近海防御戦略などで詳しく述べる。

中国がそのような戦略を進めていくにはどうしても沖縄本島、先島諸島（特に、宮古島）、台湾は障害となる。その障害を突き崩す蟻の一穴として尖閣諸島を位置づけているものと考える。

したがって、中国は、我が国の尖閣諸島国有化宣言を我が国の実効支配の段階が1段階進んだ状況に入ったと考え、このまま黙っていれば「黙示的合意」が成立してしまうと、手を変え品を変え反対の意志表示をしているわけである。

ところが、我が国に国有化宣言を行わせた背景は、中国が作ったものである。のちほど詳しく述べるが、中国の法執行機関所属の「海監《かいかん》」、「漁政《ぎょせい》」といった中国政府の公船や中国海軍の艦艇《かんてい》が尖閣諸島周辺の海域での活動をここ数年活発化させている。

2010（平成22）年9月には中国漁船が尖閣諸島近海において海上保安庁の巡視艇と接触事故を起こしたことは、記憶に新しいところである。その後も、「海監」および「漁政」による尖閣諸島領海侵犯が繰り返されたことが、その背景にある。

このように中国の公船が尖閣諸島近海での活動を活発化させているのは、このままでは日本の実効支配に関する黙示的合意が強化されてしまうと危機感をつのらせているためである。

また逆に、中国の活動に我が国が知らん顔をして対応をしなければ、このような中国の慣行が「黙示的合意」を得てしまう。

中国は、尖閣諸島近海の艦船による活動だけでなく、のちほど述べる中国の三戦（法律戦、輿論《よろん》戦、心理戦）に立脚した活動を行い、世界の世論を味方につけようと努力している。

我が国も十分心して、中国のさまざまな活動に一つひとつ適切に対応する必要がある。

第1章

中国海軍の現状

その戦略はいかにつくられるか

1　中国の現状

中国海軍すなわち中国共産党人民解放軍海軍の現状を理解するために、中国の現状および中国の軍事戦略の系譜ならびに海軍の位置づけとその歴史を、まず説明することとしたい。

１９７６年毛沢東の没後不死鳥のごとく蘇った鄧小平が指導した改革開放路線は、中国をいまや我が国を追い越す世界第2位の経済大国に成長させた。

その過程で、中国の石油消費量は急激に増加した。２０１１年中国の石油消費量は1日当たり50万バレル増に達したが、世界の石油消費量は1日当たり換算60万バレル増（『２０１２世界エネルギー統計年鑑』英国ＢＰ社刊）なので、中国の石油消費の増加は突出している。

また、石油エネルギー技術センター（ＪＰＥＣレポート第17回）によれば米国エネルギー情報局は、２０３０年の中国石油消費量を年率3％で伸びるとして、1日当たり１６００万バレル（ＢＰＤ Barrel Per Day）と予測している。

中国の国内原油生産量は５００万ＢＰＤ程度しか見込めないことから、不足する１１００万ＢＰＤは輸入しなければならない。

そのうち約１２０万ＢＰＤは、ロシア、カザフスタン、ミャンマーそれぞれからのパイプラインで輸入する計画である。

しかし、残る９８０万ＢＰＤは船舶で中国の港に搬入しなければならない。30万トンタンカーは約

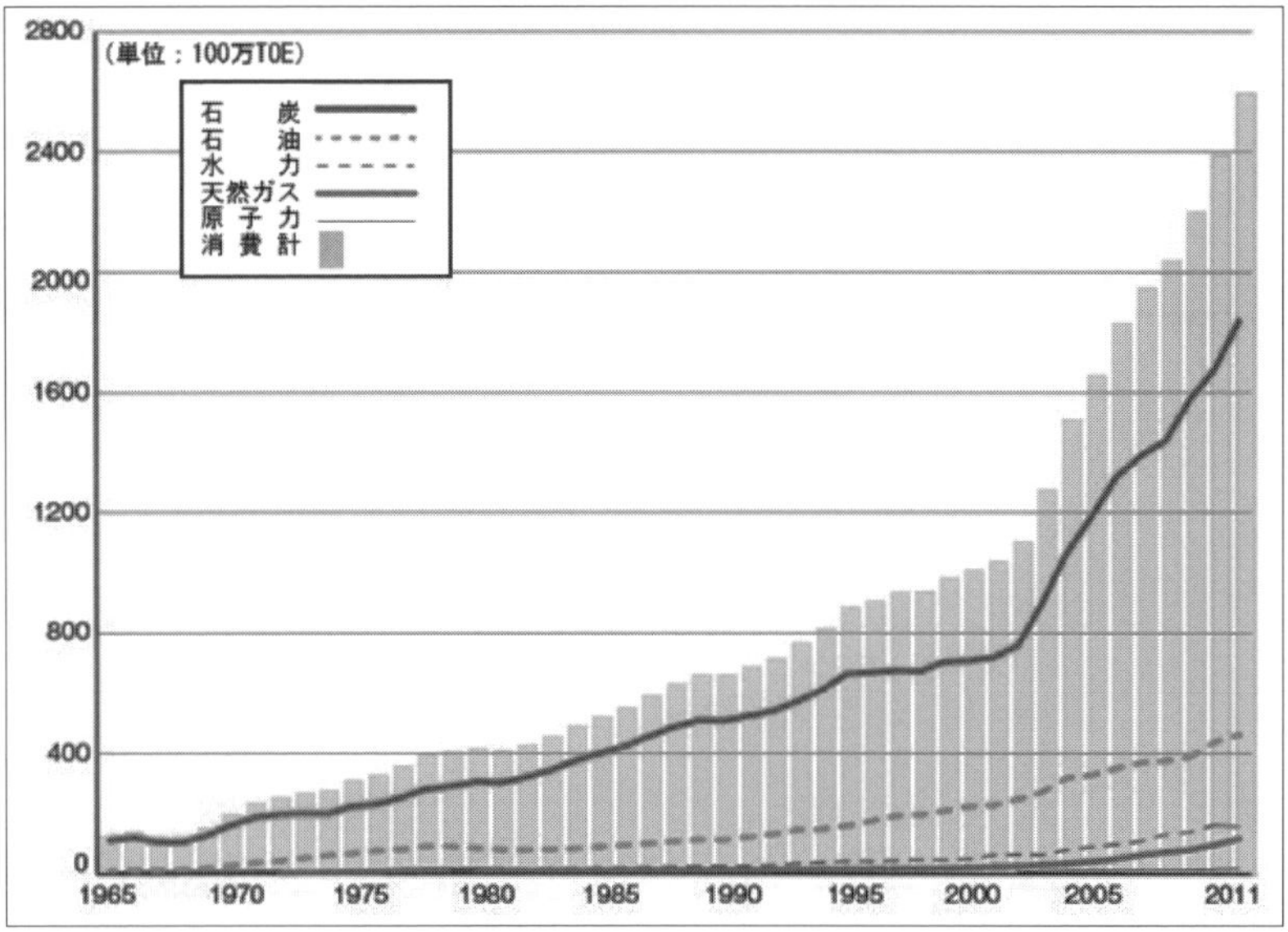

中国の１次エネルギー消費（出典：BP統計より作成）

35万キロリットル（約２２０万バレル）の石油を運ぶので９８０万バレルを運ぶためには毎日30万トンタンカー4.5隻の入港が必要となる。ということは単純に計算すると２０３０年には３２８５隻の30万トンタンカーが中国への往復途上に航海中であることを意味する。中国は福島原発事故後も、２０２０年までにさらに40基を建設して、約80基の原子炉を運行する計画を変更しないという。その背景が理解できよう。

次に食料事情を見てみたい。

中国国務院発展研究センターの発表によると中国の穀物生産量は増産が続いているものの自給率は90％を割り込んだという。

我が国とはケタ違いの食糧自給率の高さであるが、それでも２０１２年の穀物輸入量は７７００万トン超となっている。

10万トンのばら積み船であれば、毎日２隻以上が中国の港に穀物を陸揚げしなければならない。１人当たりの年間穀物摂取量を400キログラムとして、中国は1億9000万人分の穀物を輸入に依存していることになる。

特に大豆は1996年に輸入国に転じ、2012年の輸入量は世界の輸出用大豆の60%、5806万トンを買い占めたといわれる。トウモロコシも数年のうちに輸入量は1000万トンを超す見込みである。

国土の面積からいえば中国は世界第4位、我が国の約25倍の広大な国土面積を有するもののその耕作可能面積は約13%にすぎない。

我が国の耕作可能面積の比率とほぼ同等である。しかも経済発展に伴い、農地の住宅・産業用地への転用が急激に進み、1997年から十数年間で日本の全耕地面積を上回る8万平方キロメートルが減少しているという。

さらに耕作適地の1/6が重金属に汚染されているといわれ、耕作適地の面積は減少の一途をたどっている(住商総研「ワールドフォーカス」65号[2011年11月12日])。

このことはさらに農民工という新たな難問を生み出している。つまり、農村の各地で暮らしの根拠を失った農民が大挙して都市に流れ込んでいる。その数は4億人とも5億人ともいわれている。彼らは農民工と呼ばれ、賃金・衣食住・社会保障・子供の教育等に「市民」とは極端に差別された状態にあり鬱積した不満を持ってさまざまな社会問題の底辺にうごめいている。

また飛躍的な成長の陰で中国社会では、富の分配に著しい不平等が起きている。不平等さを測る有名な指標にジニ係数がある。

詳しい説明は省かせていただくが、この係数は0から1の範囲で示され数値が1に近づくほど所得格差が大きいことを意味する。つまり、0であれば格差が存在しない。1であればすべての富を1人が独占している。

さて、中国のジニ係数は改革開放直後の1980年代初めは、0・2程度（ほとんど格差がないか格差の少ない安定した社会）であったが、2000年には0・4となり、その後中国政府はその公表をしなくなった。

ところが2012年中国の西南財経大学（四川省）の調査によると、2010年に0・61となったらしいという報道がみられた。0・5を超えると格差が限度を超え、社会的な不満が激増し、0・6を超えると社会的動乱がいつ起きても不思議ではないという異常な値である。ちなみに0・7を超えると革命が起きるといわれる。

精華大学の孫立平教授が明らかにした数字では、2010年には中国全土で18万件もの抗議、暴動やその他の集団による紛争が発生しているが、これは10年前の統計の4倍以上に達するという。この結果はジニ係数の傾向に符合している。

このため中国は、後述する国防予算とは別に国内の治安維持、抑制のためにも国防予算を超える金額を使う事態になっているのである。ちなみに、太平天国の乱（1850年）は中国南部で起こった農民大暴動であり、義和団の乱（1900年）は中国北部で起こった農民大暴動である。

上述したほかにも不安の種はまだある。1979年に始まった一人っ子政策もその一つである。

一人っ子政策は、反作用として、近い将来、我が国以上の超少子高齢社会を生み出すほか、小皇帝と呼ばれる苦労知らずの自己中心的な中国人を生み出している。

それでなくとも、「よい鉄は釘《くぎ》（軍人）にはならぬ」というお国柄である。親は喜んで一人っ子を軍隊に入れるだろうか、また小皇帝に軍人が務まるであろうか。

中国は、以上述べた他にも、共産党幹部などの腐敗問題、地域格差、環境汚染、食品安全、交通機関の安全、人権、少数民族の分離独立を目指す活動等まさに数え上げればキリがないほど、深刻かつさまざまな国内問題を抱えている。

この項の最後に、別の視点、つまり、地政学的観点から中国の現状を把握してみよう。

北方は東西に、モンゴルおよびロシアとの長大な国境線に接している。西域はゴビの大砂漠とヒマラヤの大山脈、崑崙山系に交通を拒まれている。

陸路の輸送路では、十分な食料およびエネルギーの確保は難しい。しかもゴビ砂漠はもちろんモンゴルと極東ロシアは風土的に食糧生産地に適さず、中国に食糧を供給する余裕などない。

先に述べたとおり、中国は食糧とエネルギーの確保のためには我が国と同様、海洋資源の開発および海上輸送により、世界各地に資源を求めざるを得ないのである。

事情はよくわかる。しかし、だからと言って他人のものを自分のものだと強腰で言い張る姿勢は絶対に許すわけにはいかない。

そして強腰の根拠は正当性にではなく、自己の軍事力に対する自信（過信）にある。

実は経済発展に並行して、中国は１９７９年以来この34年間継続して軍事予算を増額している。特に１９８９年以降は２０１０年を除いて過去20年以上毎年２ケタの高い伸び率を記録してここ10年でおよそ4倍に増えている。

ちなみに２０１３年度の国防予算案も前年度比10・７％増の約７４０６億元（約11兆１１００億円）である。

しかし、世界的に一般的な軍事費の定義に合わせて計算し直すと、その額は公称の2〜3倍にふくらむとしている（アメリカ国防総省報告／台湾国防部の議会への報告）。中国はこの莫大な軍事費を使い、中国人民解放軍の増強と近代化を着々と推し進めてきたのである。

なかでも新型弾道ミサイル搭載原子力潜水艦の建造を柱とする核戦力の充実をはじめ、各種のハイテ

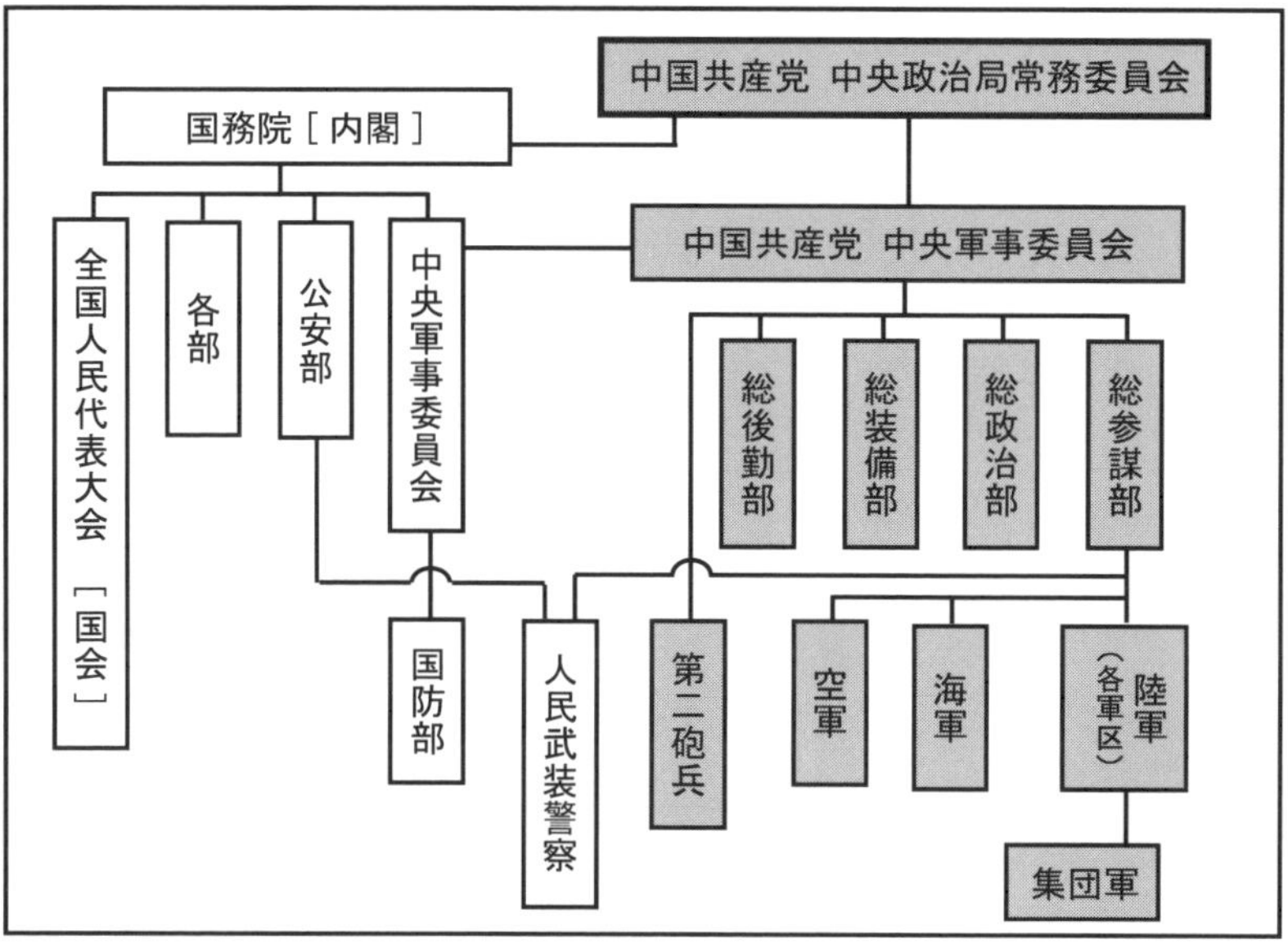

中国人民解放軍の指揮系統

ク化を推し進めるとともに、航空母艦「遼寧」の就役、新型艦載機並びに第5世代ステルス戦闘機の開発など、特に海軍力・空軍力の近代化および、その増勢には目を見張るものがある。中国は、いまやロシア、イギリスを抜いて世界第2位の規模を誇る軍事大国に成長しているのである。

中国の現状の一端は以上のとおりであるが、経済発展に伴うエネルギーと食料のケタ違いの需要は、中国を相対的資源小国に変えた。

その結果、中国はいま、エネルギーと食糧の確保になりふり構わぬ活動を世界中に繰り広げている。

特に、東シナ海および南シナ海周辺諸国に対しては、それぞれ世界第2位にまで成長した経済力および軍事力を背景として日本の尖閣諸島のみならずベトナム、フィリピン、マレーシア、ブルネイ王国およびインドネシアとも島嶼の帰属あるいは海洋資源の開発等をめぐって各地で軋轢《あつれき》を生じさせているのである。

2 中国の戦略

ところで、もし中国が戦争を作為する場合、今日の中国人は戦争をどのように考え、どのように戦おうとするのであろうか。

戦い方には歴史上、当時の戦闘技術及び国情並びに指揮官の個性が色濃く反映されるものである。孫子及び毛沢東並びに今日の論文からその様相を浮かび上がらせてみたい。

4000年にわたる中国の歴史とはまさに戦争に明け暮れた戦乱の歴史でもある。

その有様は、中国前漢時代に司馬遷《しばせん》が編纂《へんさん》した『史記』および西晋の時代に陳寿《ちんじゅ》が編纂した『三国志』等を通じ、それらがさまざまな言語に翻訳されて世界中の国々で、いまもありありと語り継がれている。

その戦乱の歴史の中で生まれた兵法書として、世界的に名をとどろかせているのが『孫子』である。作者は紀元前500年頃、中国春秋戦国時代の思想家孫武であるといわれる。

(1)『孫子』

『孫子』は、始計《しけい》篇、作戦篇、謀攻《ぼうこう》篇、形篇、勢篇、虚実篇、軍争篇、九変篇、行軍篇、地形篇、九地篇、火攻篇、用間篇の13編からなる。

一つひとつの解説は他書に譲《ゆず》るが、「始計篇」には戦争を決断するに際して考慮すべき事項を述べている。

その一つは、「兵は国の大事にして、死生の地、存亡の地なり。察せざるべからず」と書かれ、軽々に兵を動かすことを強く戒めている。

また「謀攻篇」には、「百戦百勝は善の善なるものに非ず。戦わずして人の兵を屈するは善の善なるものなり」と、実際には戦いによらず勝利を収めることこそ最高の兵法であると述べている。同じく、「彼を知り己を知らば百戦して殆《あや》うからず」を知らない人はいないであろう。

また、「虚実篇」にはいかに主導権を発揮するかについて述べ、「よく攻める者には、敵、その守るところを知らず。よく守る者は、敵、その攻めるところを知らず」と実を避け、虚を突くことを説いている。

最後に「用間篇」の「間」とは間諜《かんちょう》（スパイのこと）を指し、敵情報入手の重要性を説いている。

のちの記述に都合のよいところだけをつまみ食いしたわけではないが、取り上げた部分だけでもその用心深さには寒気がする。

『孫子』は、目的のためには手段を選ばない冷徹な兵法書であり、本家の中国はもちろん、いまや洋の東西を問わず各国の軍事戦略に少なからぬ影響を与えているのである。

(2) 毛沢東

毛沢東は中国共産党の創立党員の一人で、1935年、周恩来《しゅうおんらい》に代わって最高軍事指導者の地位についた。1945年から中国共産党の最高職である中国共産党中央委員会主席を務め、日中戦争後の国共内戦では蒋介石《しょうかいせき》率いる中華民国を台湾に追いやり、中華人民共和国を建国した。

紅軍《こうぐん》（中国共産党軍、今日の中国人民解放軍）を指揮する毛沢東の戦略は、「敵が進めば、我退き、敵が止まれば、我乱し、敵が疲れれば、我襲い、敵が退けば、我追う」という徹底した持久戦、遊撃戦である。

日中戦争では、国民党軍を正面兵力として日本軍と対峙させ、点と線を守る日本軍のその前線の後背部に策動して人民と連帯した根拠地を拡大させた。人民との連帯といえば、耳触りのよい言葉であるが、このために多くの農民が命を失った。

彼の「遊撃戦論」の根本は、すべての軍事行動の指導原則は、「できるだけ自己の力を保存し、敵の力を消滅するということである」という彼の言葉に尽きている。

「遊撃戦」は手段にすぎない。共産党の勢力を保存し敵を消耗させるためには、今後とも中国共産党は、農民も漁民も学生でも利用できる勢力は何であれ徹底して利用するであろう。まして相手の国民、相手の報道機関、マスコミが利用できるのであれば、さらに好都合である。

(3)今日の戦略論

(ア)超限戦

『超限戦』は中国人民解放軍の喬良と王湘穂、両現役大佐が、1999年に発表した戦略研究の共著であり、世界的にも注目をあびた。その中で、彼らは「21世紀の戦争はあらゆる手段が用いられ、あらゆる地域が戦場となり、戦争と非戦争、軍人と非軍人の境界もなくなる」と述べている。その戦いの範《はん》疇《ちゅう》には、通常戦、外交戦、貿易戦、新テロ戦、諜報戦、金融戦、生態戦、ネットワーク戦、法律戦、心理戦、輿論戦など、25種類をあげている。

中国人民解放軍の現役大佐が予言するのは、目的達成のためには手段を選ばず、倫理基準をも越え、一切の制約を排除して戦うという国際ルールなど無視した何でもありの非情な戦いである。

(イ)三戦

「三戦」とは、2003年の中国人民解放軍政治工作条例に初めて登場した言葉である。

前述の『超限戦』から特に、「輿論戦」「心理戦」および「法律戦」を取り上げている。しかし、『超限戦』に取り上げられている他の項目が決して放棄されたわけではない。中国の仕掛ける戦争は、武力だけに注目していると、とんでもないところを突かれて、総崩れになりかねない。

「輿論戦」：中国の軍事行動に対する大衆及び国際社会の支持を築くとともに、敵が中国の利益に反するとみられる政策を追求することがないよう、国内および国際世論に影響を及ぼすことを目的とする。

「心理戦」：敵の軍人およびそれを支援する文民に対する抑止・衝撃・士気低下を目的とする心理作戦を通じて、敵が戦闘・作戦を遂行する意思を低下させようとするもの。

「法律戦」：国際法および国内法を利用して、国際的支持を獲得するとともに中国の軍事行動に対する予想される反発に対処するもの。

即ち、資金力にものを言わせて海外のメディアやロビイストを駆使する「輿論戦」、恫喝と懐柔を巧みに使い分ける「心理戦」、国際法、慣習法を自分勝手に解釈して自己を正当化する「法律戦」である。この具体例はこの後本文中に度々取り上げることになるであろう。

ところで、中国の政府・マスコミは平気で嘘を強弁する、この感覚には、どうしても馴染めないが「嘘も百回言えば真実となる」とうそぶいたナチスドイツのゲッペルス国民啓蒙・宣伝大臣を思い出させる。1党独裁の全体主義国家とは、そこまでしなければ党の命運を長らえないのかもしれない。

余談ながら中国では、国内ネットの監視に30万人を動員しているという。しかし、「微博《ウェイボー》」（中国版ツイッター）の激増には手の打ちようがなく、皮肉な話だが、中国共産党自身は、もはや人民に真実を隠せない時代を迎えたようだ。

3 中国人民解放軍

(1) 建軍の経緯

中国人民解放軍は、1927年8月1日の南昌《なんしょう》起義《きぎ》を建軍記念日としている。中国人民解放軍軍旗に「八一」とあるのは、そのことを意味する。

南昌起義とは、中国共産党が江西省《こうせいしょう》南昌で起こした武装蜂起である。

当時中国共産党は、スターリン率いるコミンテルンの指導下にあり、国民党軍に紛れ込んで中国国内に共産主義の浸透を図っていたのである。

ところが共産党を不倶戴天《ふぐたいてん》の敵とする蒋介石が、同年、中国国民党からの共産党分子排斥を決定した。南昌起義は、蒋介石が各地で共産党員を粛清するという流れの中で生起した。

しかし、わずか2万余の決起部隊では、大軍を擁する国民党軍の前に敗走するしかなかった。その後も執拗《しつよう》な国民党軍の攻撃に転進を余儀なくされたが、その命運も尽きようとしているとき生じたのが1931年の満州事変であった。国民党は共産党攻撃を中断したので、紅軍は虎口《ここう》を脱した。

1936年、西安《せいあん》事件で張作霖の息子張学良に拘禁された蒋介石は、国共の統一戦線結成を約束させられ、再び国共合作して日本に対抗することとなった。

第2次世界大戦勃発後、蒋介石は重慶まで後退して消耗を避け、連合国の一員として戦略的には世界的な戦争の推移を見守ることとした。

中国の広大な大陸に誘い込まれた日本軍は、一方で大東亜戦争の進展とともにアジア各戦域に精兵《せいびょう》を抜かれ、次第に中国では点と線を確保するのみとなっていった。

この間紅軍は日本軍の背後で各地に農民との連帯を組織し、遊撃戦を駆使して解放区を増大し、かつその兵力の増勢に努めた。

日本が敗戦したのち再び国共内戦が勃発したが、日本軍占領地帯に湧くように現れた紅軍はソ連の支援および旧日本軍の武装解除を通じて、その装備の強化充実を図り、地主階級を優遇する国民党軍を苦戦しながらも、徐々に駆逐《くちく》していったのである。

1947年、紅軍は名前を中国人民解放軍に改めた。

1949年蒋介石は台湾に逃れ、毛沢東は中華人民共和国の建国を宣言した。

ちなみに、民主主義国の軍隊は政治的勢力から中立な存在であるが、「政権は鉄砲から生まれる」は、毛の有名な言葉であり、これは、中国共産党が軍隊を持たなければならないという毛の確信である。現在も憲法上に中国共産党が軍事を支配することと規定されている。

すなわち、中国人民解放軍は国家の軍隊ではなく、名実ともに「中国共産党の軍隊」である。軍が政治的勢力から中立の立場をとったとき（赤軍は

１９４６年、国軍であるソビエト連邦軍に改組)、ソ連という共産主義国家が崩壊した教訓を中国共産党は決して忘れないだろう。

(2)中国人民解放軍

中国の武装力量(全国の武力)を構成するのは、中国人民解放軍現役部隊と予備役部隊、中国人民武装警察部隊、民兵組織である。なお、予備役と民兵は定期的に訓練され、必要に応じて召集される。

英国国際戦略研究所の「ミリタリー・バランス２０１３」では、中国人民解放軍は世界一の兵員数で総兵力は２２５万人、２位インドの１３２万人、3位米国の１２５万人を圧倒的に引き離している。

内訳は諸説あるが、陸軍と第２砲兵(戦略ミサイル部隊で別兵種)が合計１６０万人、海軍が25万５０００人、空軍は40万人と推定している。なお予備役は約50万人、人民武装警察は約66万人である。

ここで中国人民解放軍の組織と指揮系統について説明する。

中国人民解放軍は、中国政府の行政組織とは独立した組織であり、我が国の総理大臣に当たる李克強国務院総理は人民解放軍を指揮・監督する権限を一切有していない。人民解放軍は、中国共産党中央軍事委員会の指揮を受け、中国共産党中央軍事委員会は中国共産党中央政治局常務委員会の領導を受ける。つまり中国共産党中央政治局常務委員会が、軍の最高指揮権を有している。

中国共産党政治局常務委員は、基本的に文官であり、習近平《しゅうきんぺい》総書記がその序列第1位である。

中国共産党中央軍事委員会は、基本的に軍人で構成されるが、一人の例外は主席であり、やはり習近平総書記が任命されている。

中央政治局常務委員の詳しい紹介は避けるが、それぞれ厳しい勢力抗争に生き残り、さまざまな懸案の解決に手腕を認められて選出された人々である。

いつもとは言わないが、我が国のように資金力に勝り、数を揃えた人物が総理大臣に担がれるような国柄ではない。

ちなみに党中央軍事委員会メンバー11人の名前と出身母体を列記すれば次のとおりである。

主　席：習近平（党総書記、国家主席1953生）
副主席：範長龍（陸・党中央政治局委員1947生）
副主席：許其亮（空・党中央政治局委員・元空軍司令員1950生）
委　員：常万全（陸・元総装備部長1949生）
委　員：房峰輝（陸・総参謀長1951生）
委　員：張　陽（陸・総政治部主任）
委　員：趙克石（陸・総後勤部長1947生）
委　員：張又侠（陸・総装備部長1950生）
委　員：呉勝利（海・海軍司令員1945生）
委　員：馬曉天（空・空軍司令員1948生）
委　員：魏鳳和（陸・第二砲兵司令員1954生）

なお、中国人民解放軍第2砲兵部隊は、中国人民解放軍の三軍（陸・海・空軍）から独立し、それらと並ぶ軍事組織・軍種であり、第2砲兵は中国人民解放軍四総部（後述）を通さず党中央軍事委員会が直接、指揮命令する。

次に中国人民解放軍四総部（以下四総部）について述べる。四総部は、中央軍事委員会の下に位置して補佐する幕僚機関であり、総参謀部、総政治部、総後勤部および総装備部の四部をいう。

以下、簡単に各総部の主要任務を紹介する。

総参謀部は、①軍事に関する重要問題を中央軍事委員会に建議する。②戦略指揮を実行する。③軍事訓練、軍事工作、戦備・動員工作を実施する。総参謀長は既述のとおり、中央軍事委員会委員の房峰輝であるが副総参謀長は5名、うち海軍軍人は1名であり原子力潜水艦艦長も務めた孫建国上将である。

総政治部は、①党の方針等を貫徹する。②政治工作の方針と政策を策定し、全軍の政治工作を検査・指揮する。

中国軍は政治将校制度を通じて、党の軍隊である中国人民解放軍を統制する。政治将校は各部隊に派遣され、各部隊の指揮官等が党、軍の方針、思想、規律を逸脱しないか監視している。

先般東シナ海でジャンウェイ級駆逐艦が護衛艦「ゆうだち」を射撃用管制レーダーで照射《しょうしゃ》した事件があったが、中国艦艦長が勝手にこのようなことをすることは考えられない。同艦にも艦長と同等の権限を有する政治将校が乗艦しているのである。

総後勤部は、人民解放軍の後勤（ロジスティック）部門を一元管理する機関であり、総装備部は人民解放軍の兵器・装備の開発及び調達等装備部門を一元管理する機関である。なお、四総部の各部長はそれぞれ中央軍事委員会のメンバーを兼務している。

次はこの項の締めくくりとして中国の今日の戦略について述べる。なお、以下『』内は「中国・インドの台頭と東アジアの変容」第2回研究会「中国軍事戦略の趨勢と海軍」（IDE-JETRO、2011年）から多くを踏まえて記述させていただいた。

『毛沢東は、「第3次世界大戦を不可避」と位置づけていた。しかし、毛沢東の死後、指導者の地位に復活した鄧小平は、米ソ間の核戦力が均衡している現代的状況下、「第3次世界大戦は当面回避できる」と判断した。

鄧小平は毛沢東の人民戦争論と決別し、局地的な戦争つまり国境における領土保全のための戦争を構想するに至る。その論理的な帰結として、海上国境を防衛する海軍の役割を再認識させることとなった。

鄧小平の跡を継いだ江沢民《こうたくみん》は、同年6月の天安門事件で党総書記に抜擢され、同年秋には、中央軍事委員会主席も鄧小平から譲り受け、軍近代化の責任者となった。

この時期、中央軍事委員会で江沢民主席を補佐したのが劉《りゅう》華清《かせい》副主席（海軍司令員、後述）である。

劉は１９９２年に発表した論文「中国の特色を持つ近代的軍隊建設の道をゆるぎなく前進しよう」で、軍近代化の重点は海・空軍であることを明示した。

この背景には、湾岸戦争（１９９１年）およびコソボ空爆におけるアメリカ軍のステルス戦闘機や、精密誘導兵器に代表される革新的軍事技術に支えられた圧倒的な戦闘能力があった。

このような背景から江沢民は軍事戦略を「ハイテク条件下の局地戦争を戦う」へ発展させた。

なお、中国は１９９２年２月、突然「中華人民共和国領海および接続水域法」を制定して、尖閣諸島や南沙《なんさ》諸島を含む東シナ海、南シナ海の全島嶼の領有を明記すると、同年10月の第14回党大会において、江沢民は人民解放軍の役割に「領海の主権と海洋権益の擁護」を新たに追加した。

これらは、１９８２年４月に採択された国連海洋法条約が１９９４年11月に発効となるのを前に用意周到に準備したものであり、中国海軍の役割拡大を政策的にオーソライズしたことになる。』

即ち中国の戦略は鄧小平以降、敵を広大な領土に飲み込む人民戦争戦略から、海・空軍を重視する近代的軍隊の建設をもって、敵の侵略そのものを阻止する局地戦争勝利戦略に大転換したのである。

更に、江沢民の時代、人民解放軍海軍は陸軍を支える脇役から中国の国益を左右する主役に生まれ変わった。中国は従来の「**陸主海従**」から「**海主陸従**」に大きく舵《かじ》を取ったのである。

２００４年、中国共産党中央軍事委員会主席は江沢民から胡錦濤《こきんとう》に引き継がれたが、江沢民の軍事戦略は胡錦濤の時代にも引き継がれている。

なお胡錦濤は、中央軍事委員会主席就任と同時に組織改編を行い、海軍、空軍、第２砲兵の司令員を新たにメンバーに加えた。

陸軍の比重が圧倒的に高かった中央軍事委員会メンバーのバランスを見直し、統合運用が常識化している世界の軍事趨勢《すうせい》に即した体制がとられるようになったといわれる。

しかし、それでも軍種別にみると、中央軍事委員会のメンバー構成は、陸が6、海1、空2、第二砲兵1である。

兵力の比率から陸軍軍人が多くいるのは当然としても「海主」に舵を取ったにしては海軍1人はやはり少ない。呉勝利《ごしょうり》海軍上将の孤軍奮闘ぶりが目に浮かぶようだ。

4 中国海軍と海上法執行機関

(1) 中国海軍

(ア) 海軍司令員劉華清と中国海軍近代化構想

毛沢東は中ソ対立が表面化する1960年代に海岸線と海洋資源に中国の生きる道を模索し始めている。

海洋の資源等調査・科学技術活動を強化する中国国家海洋局が設立されたのは、1964年である。

毛沢東の死（1976年）後、鄧小平は、「自力更生」路線を改め、西側に門戸を開き資本と技術を導入する「改革開放政策」に転向した。

鄧小平が海洋と海・空軍の重要性に一層の意義を

認めた経緯は、すでに述べた。

1982年、鄧小平は、海軍では海軍副総参謀長の一人にすぎなかった劉華清を中国海軍司令員（司令官）に大抜擢し、中国海軍近代化の戦略を献策させた。この戦略が、海主陸従の背景にある。以後、劉華清は海軍軍人としては異例の昇進をしていく。

国共内戦時に、第2野戦軍の政治将校として鄧小平の部下であった劉は、建国後海軍に転じ、1954年、38歳のときソ連の海軍アカデミーに学んで「ソ連海軍戦略」を研究している。

ちなみに鄧小平の劉に対する信頼には特別なものがあり、劉華清はその後1988年に海軍司令員を退任して事実上引退したが、天安門事件後の1989年11月江沢民が中国共産党中央軍事委員会主席に就任したとき、劉華清は副主席に就任した。

就任当初軍事的な基盤の弱い江沢民の、後見人として鄧小平が任命したという。

通例、中央軍事委員会主席は中国共産党中央委員会総書記が兼任するので、副主席は事実上軍のトップである。

海軍出身の副主席は異例である。

1997年まで8年間同地位にあった劉華清は、鄧小平の意向に従って自らが構想し、温めていた海空軍の近代化を先頭に立って指導した。

さらに1992年、こんどは軍人としては異例の中国共産党中央政治局常務委員に抜擢されている。

1998年、81歳で退任引退するまでに中国は、というより劉は、劉の海軍近代化構想を不動の国家施策として確定させたのである。彼は2011年、94歳で生涯を終えたが、最後まで軍への影響力を残していたといわれる。

しかし、今日ではGDPの伸び率は7・5％の確保がやっとなのに、国防費の伸びは相変わらず2013年も10・5％の伸びである。

逆をいえば軍拡は弾みがついて、劉華清の死後はもはや誰もコントロールできない怪物のように何も

かもを食いつぶしてしまいそうだ。

次に彼の献策した海軍戦略について述べる。この中で劉は有名な第１列島線作戦および第２列島線作戦を構想した。

第１列島線とは九州を起点に、沖縄、台湾、フィリピン、ボルネオ島に至るラインを指す。２０００年から２０１０年までに東シナ海全域および南シナ海の第１列島線海域の制海権を獲得し、２０２０年までには伊豆諸島、小笠原諸島、グアム・サイパン、パプアニューギニアに至る第２列島線内の制海権を、さらに２０４０年までにはアメリカ海軍と対等な勢力を保有するという遠大な構想である。

彼の戦略は「近海防御戦略」の名で知られる。近海防御戦略の目的は、中国の統一、領土および海洋権益の保全であり、脅威となる外国勢力の接近を阻止し、領域への侵攻を拒否することである。

日本帝国海軍は、創立40年足らずでロシア海軍を壊滅させるなど輝かしい戦歴とともに、このたびの敗戦で約70年間の幕を閉じた。

当時の日本とは比較にならない国力を有する経済大国中国は、１９８２年を新生中国海軍のスタートだとすれば、劉の２０４０年に至る遠大な構想も、あながち無理な計画とはいえないだろう。

ただし、現時点では南シナ海も東シナ海も、彼の想定する制海権を獲得するに至っていない。また、新型の潜水艦発射弾道ミサイルの開発ならびに対艦弾道ミサイルの開発も予定どおり進んでいない模様である。

さらに、Ｓｕ-30ＭＫ２戦闘爆撃機（ロシア製）／ＪＨ-７Ａ戦闘爆撃機（国産）等中国海軍航空部隊航空機の世代交代は進んでいるが、知的所有権をめぐるロシアからの疑義が繰り返し提起されている現状下では、これまでのようにロシアからの技術移転を含めて、思い通りの開発、配備ができるかどうかは疑問である。これらを勘案すれば劉の計画は遅れがちであるといえよう。

(イ)主要部隊と配備兵力

中国海軍の総兵力は諸説あるが、約25万５０００人で、その中には海軍航空部隊２万８０００人、陸戦隊約４万人、沿岸防衛陸上部隊（地対艦ミサイル・沿岸砲運用部隊）約２万８０００人を含む。

保有する艦艇は、２０００年代初頭の頃は、いまだ旧式艦がほとんどであったが、１９９０年代半ば以降新型の水上艦や潜水艦の導入が始まり、２０１２年にはソ連の旧「ワリャーグ」を中国初の航空母艦「遼寧《りょうねい》」として就役させ、早速《さっそく》国産の艦載機「殲《せん》15（Ｊ-15）」の発着艦を成功させた。

現在の海軍司令員は呉勝利海軍上将である。２００６年に海軍トップになった呉は現在まで７年間も海軍司令員の地位にある。

呉勝利は１９４５年８月に浙江《せっこう》省で生まれた。呉海軍上将の父親（杭州市長、党委書記等を歴任）は、日本軍を破った祝いに息子に〝勝利〟という名前をつけた。習近平と同じ「太子党」（革命元老の子弟）である。彼の出世には江沢民と習近平のバックがあるといわれる。

報道等によれば、呉勝利は、強烈な対日強硬派として知られ、習近平に強攻策を「献策」しているという。

しかし、習近平は最近、「中国は大国である。それ故に重要な問題にぶつかったとき、絶対に決定的な間違いを起こすことはできない」と述べている。呉のリーダーシップと習近平主席の言動に注視していく必要があるだろう。

前置きが長くなったが、主要基地と配備兵力については図「中国軍の配置」および「主要基地・配備兵力一覧表」を見ていただきたい。

ここでは海軍だけを取り上げる。艦隊には北海艦隊、東海艦隊および南海艦隊の3艦隊がある。

これらの艦隊は、基本的にゾーンディフェンスの体制をとるが異なる艦隊との協同・連携訓練も実施している。

◉——北海艦隊

主要任務は海上の脅威から首都圏を防衛することである。

なお、北海艦隊司令員は済南軍区副司令員を兼任している。首都圏に対する脅威は低下していると判断しているのであろう。東海・南海艦隊に比較して配備兵力は少ない。

原子力潜水艦は6隻ともっとも多く配備されているものの旧式艦が多く、今後新造艦は南海艦隊を重点に配備されるだろう。かつてソ連がオホーツク海をそうしたように中国は南シナ海を晋型SSBN（晋型原子力弾道ミサイル潜水艦）の聖域（SSBNの存在を脅かす他の何人の立入りも許さない海域）とする計画である。

また、中国初の空母「遼寧」は上海を基地にしている。艦載機J-15は海軍航空隊5師団（海航5師）に配備されているのであろう。後方・整備上の観点もあろうが、より人の目に触れる効果を意識していると思われる。

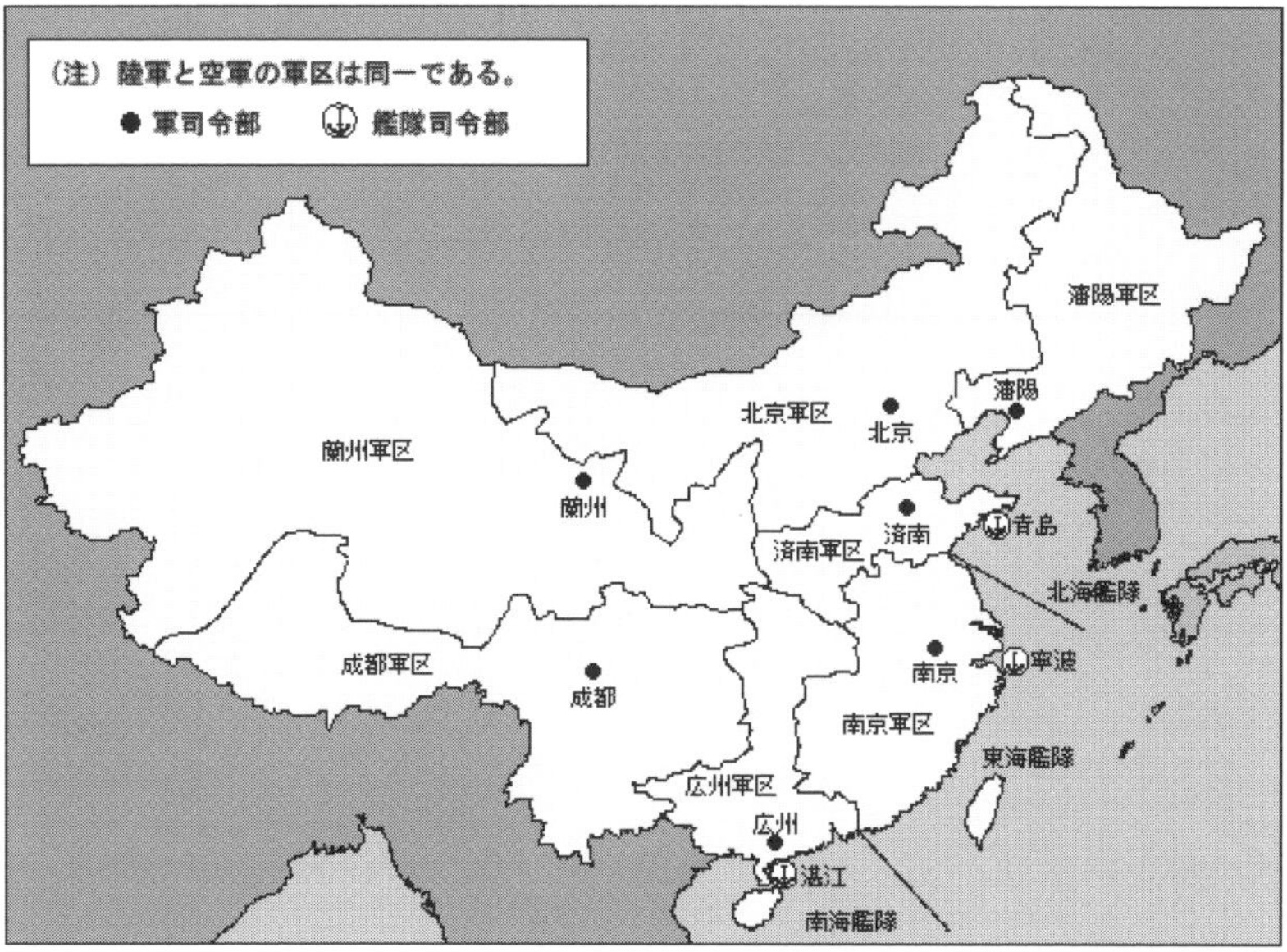

中国軍の配置（出典：平成 17 年版「防衛白書」）

◉―東海艦隊

主要任務は台湾海峡および東シナ海の防衛。東海艦隊は中国政府の台湾侵攻に重要な役割を持ち、人民解放軍陸軍の上陸作戦を効果的にサポートするのが、同艦隊の最重要任務の一つであるとされている。東海艦隊の司令員（司令長官）は、南京軍区の副司令員を兼任する。

近代化水上艦艇の半数にあたる38隻が配備されている。能力の高い杭州型（ソブレメンヌイ型）や旅洋Ⅱ型は、東海艦隊だけに配備されている。

日本の海上自衛隊の護衛艦は、22防衛大綱で48隻に制限されているが、そのうちの主力は4個護衛隊群の32隻である。東海艦隊だけで、海上自衛隊の主力護衛艦32隻を超える（「主要基地・配備兵力一覧表」参照）。

同じく東海艦隊の在来型潜水艦18隻も、海上自衛隊の全潜水艦16隻を超える。

主要基地・配備兵力一覧表（2013 年就役予定艦を含む）

艦隊名	北海艦隊		東海艦隊	南海艦隊	備考
主要基地	青島基地（司令部）、旅順基地、烟台基地、威海基地		寧波基地（司令部）、上海基地、舟山基地、福州基地	湛江基地（司令部）、広州基地、海南省楡林基地	
主要任務	首都圏の防衛		台湾海峡及び東シナ海の防衛	南シナ海防衛・戦略ミサイル潜水艦の防護	
水上艦艇	遼寧	1	0	2	空母 1 ＋ 2 隻
	旅大型	3	2	4	駆逐艦 計 24 ＋ 2 隻
	旅滬型	1	1	0	
	旅海型	0	0	1	
	ソブレメンヌイ型	0	4	0	
	旅洋Ⅰ型	0	0	2	
	旅洋Ⅱ型	0	2 ＋ 2	2	
	旅州型	2	0	0	
	江滬型	3	11	8	フリゲート艦 計 52 隻
	江衛型	0	10	4	
	江凱型	4	6	6	
	ミサイル艇隊	1	2	2	計 56 隻
	補給艦	1	1	2	計 4 隻
	大型揚陸艦（エアクッション艇搭載）	5	6	14	揚陸艦　計 58 隻 能力 / 戦車 402 両 兵員　6600 人
潜水艦	夏型 SSBN（Jl-1）	1	0	0	弾道ミサイル原潜 3 隻
	晋型 SSBN（JL-2）	1	0	1 ＋ 5 ？	
	漢型ＳＳＮ	3	0	0	原潜　5 隻
	商型ＳＳＮ	1	0	1	
	明型	12	0	8	通常型潜水艦 52+ 隻
	キロ型	0	8	4	
	宋型	?	10	6	
	元型（AIP ？）	0	0	4	
航空師団	海航 5 師 独立ヘリ 6 団 独立輸送機 1 団 独立水上機 1 団		海航 4 師・海航 6 師 独立ヘリ 4 団	海航 8 師・海航 9 師 独立ヘリ 7 団	Su-30MK/J-16/J-15(艦載機)/J-11BH/JH-7 KJ-2000AWACS 2 機 等 計 620 機
陸戦隊	陸戦隊 1 個旅団		同左	同左	総兵力 4 万人

（公刊資料を整理したもの。『+』は建造中または計画中を示す）

南海艦隊

主要任務は、西沙諸島と南沙諸島を含む台湾海峡の西南海域の防衛、ならびに戦略ミサイル潜水艦の防護。南海艦隊司令員（司令長官相当）は、広州軍区副司令員を兼任する。

今後とも新型原子力潜水艦および在来型潜水艦の配備が進むとともに、建造中の新型空母も配備されて南シナ海の聖域化を推進するであろう。

なお、各艦隊司令員がそれぞれ軍区副司令員を兼ねていることは中国人民解放軍海軍が軍区司令員の指揮を受けることを示す。

統合部隊としてはあるべき姿だといえるが、海軍には海軍司令員も別に存在している。

さらに総参謀部とは別系統の政治部将校が各部隊レベルにいて指揮官と同等の権限を有している。双頭どころか3頭の鵺状態では柔軟性と即応性に欠けると思うのだが、理解できないシステムである。

たとえば、先の大戦においてミッドウェイ海戦では敵空母発見の報に接し、第二航空戦隊（飛龍、蒼龍）司令山口多聞少将の『直ちに攻撃隊発進の要ありと認む』との進言を無視して、ミッドウェイ島攻撃用の爆弾を魚雷に換装した南雲機動部隊は貴重な時間を浪費している間に奇襲を受けて壊滅した。

進言した山口少将は空母運用のベテランである。南雲中将は水雷の権威ではあるが、空母部隊の戦術には疎い。

中国の軍区司令員（陸軍軍人）が海軍を理解しないで干渉するケースや、拙速《せっそく》を尊ぶ海上では複雑な指揮制度はシナリオどおりにことが進展すればよいが、そうでない場合致命的な欠陥を露呈する可能性がある。

海軍航空部隊

海軍航空部隊は、5個海軍航空師団（海航師）、5個独立飛行団からなり、各種軍用機620機を保有する。特にSu-30MK2は強力な対艦、対地能力とＳｕ-27譲りの対空戦闘能力を兼ね備えた多用途戦闘機である。

２００２年、中国はＳｕ-30ＭＫ２、24機を購入して東海艦隊の海航第4師団に配属した。その他は（ウ）項に改めて紹介する。

◉――海軍陸戦隊

中国海軍陸戦隊は、アメリカ軍でいえば海兵隊に相当する組織であり、陸海空の全機能を備える精鋭部隊である。中国海軍陸戦隊の歴史は国共内戦中の１９５０年に海南島から国民党を駆逐した部隊を母体として、１９５３年に創設された海軍陸戦第一団に始まる。中華人民共和国建国後も大陸反攻を唱える国民党軍との戦いは続いていたが、１９５５年には国民党軍の手にあった江山島を奪還している。しかし、その後毛沢東が台湾を攻撃する計画を放棄したために、１９５７年に海軍陸戦隊は一度解体された。その海軍陸戦隊が再編されるのは、鄧小平の登場により、既述のとおり中国の国家海洋戦略が見直された結果である。

中国共産党中央軍事委員会は、１９７９年海軍陸戦隊の再編を決定し、その規模は、旅団として海軍の3個艦隊に各1個旅団を配備することとした。１９８０年5月南海艦隊陸戦第1旅団が先に正式に成立し、この後まもなく東海艦隊と北海艦隊は相次いで陸戦旅団を成立させた。海軍陸戦隊は全面的に再編成され、中国人民解放軍海軍陸戦隊として独立した組織となった。海軍陸戦隊の総兵力は4万人、各旅団は1万２０００名を有する。装備の近代化にはやはり目覚ましいものがあり、世界レベルと伝えられるＺＴＳ63Ａ式両棲（水陸両用）戦車、新型両棲装甲輸送車、７２２Ⅱ型大型エア・クッション型揚陸艇、直昇8重型運輸直昇機（ヘリコプター）および各種対戦車ミサイル、携帯式地対空ミサイルなど充実している。尖閣諸島でも中国軍として真っ先に上陸してくるのは海軍陸戦隊であろう。

(ウ)主要装備

中国海軍の全体像を紹介した次は水上艦艇、潜水艦、航空機等中国海軍の主要装備について話を進めていきたい。

□水上艦艇

まず水上艦艇の近代化の流れを見てみよう。ただし、この項では文化大革命期以降建造の駆逐艦を中心に記述する。フリゲート艦については最新の「江凱Ⅱ型」を代表として取り上げる。航空母艦については、水上艦艇の最後に紹介する。なお、次頁に中国海軍「駆逐艦・フリゲートの主要装備」一覧表を掲載している。

中国人民解放軍に海軍組織が設置されたのは１９４９年４月であった。保有する艦艇は、国民党軍から接収した約２００隻約４万トンにすぎず、平均すれば1隻約２００トンでしかない。

１９５０年代にソ連から駆逐艦４隻の供与を受けるとともに、４隻の「リガ」型フリゲートをノックダウン（現地組立方式）生産している。

この「リガ」型が、中華人民共和国海軍の近代化の出発点である。

建国直後、１９５０年８月の海軍建軍会議で、「海軍の主要任務は地上軍との協力である」と定められた。そのため人民解放軍海軍は人民解放軍（ＰＬＡのＡはＡＲＭＹの略、すなわち陸軍である。中国人民解放軍海軍とは陸軍の海軍である）を脇役で支える沿岸防備型の海軍として整備された。

しかし１９６９年から１９７０年にかけて国連が行った海洋資源調査で、南シナ海や東シナ海にイラク並みの推定１０００億バレルという海底油田の存在が判明して以降、中国海軍に変化が見られ始めた。

１９７１年６月、沖縄の施政権が日本に返還された半年後、中国は突然尖閣諸島の領有権を主張し始

中国海軍「駆逐艦・フリゲートの主要装備」一覧表

艦の種別	駆逐艦							フリゲート
	旅大型	旅滬型	旅海型	杭州型 / 同改型	旅洋Ⅰ型	旅洋Ⅱ型	旅州型	江凱II型
建造開始	1971	1994	1999	1999	2004	2005	2006	2005
稼働隻数	15	2	1	2/2	2	2+4	2	18
満載排水量（トン）	3670	4600	6600	7940	6600	7000	7100	4050
推進機関	蒸気機関	CODOG（米・ウ）	蒸気機関	蒸気機関	CODOG	CODOG	蒸気機関	ディーゼル機関
対空捜索レーダ	2次元	2次元（カストール）（仏）	3次元（381型）（露）	3次元（フレガート）（露）	3次元（381型）	3次元（348型）（米）	3次元（381型）	3次元（381型）
対空ミサイル（SAM）	なし	HQ-7（仏）	HQ-7	SA-N-7 / -12（露）	SA-N-12	HHQ-9	SA-N-20（露）	HQ-16
対艦ミサイル（ASM／ASCM）	HY-2（露）	YJ-83（米）	YJ-83	SS-N-22（露）	YJ-83	YJ-62	YJ-83	YJ-83
砲	130mm	100mm	100mm	130mm	100mm	100mm	100mm	76㎜
CIWS（高性能機関砲）	（旧式機関砲）	（旧式機関砲）	（旧式機関砲）	AK63（露）	730型（蘭）	730型	730型	730型
戦闘指揮システム（CDS）	なし	ZKJ-4（仏）	ZKJ-4	3K90（露）	ZKJ-5	H/ZBJ-1	不明	ZKJ-4B
SONAR	SJD-2/SJD-4	DUBV-23/DUBV-43（仏）	DUBV-23	MGK-335S（露）	MGK-335MS-E	不明	不明	MGK-335
艦載機	なし	2機	2機	1機	1機	1機	なし	1機

CODOG（Combined Diesel Or Gas turbine）・（国名）：技術をもたらした国名

リガ型フリゲート

めた。

中国は文化大革命（1966～1976年）の間、国内は混迷を極めて海軍の近代化どころではなかった。

しかし文化大革命が終わるやいなや、鄧小平は「待ってました」とばかりに海軍の勢力拡大、近代化に国家の資源を優先的に投入し始めた。

また、中ソ対立を背景に開放政策に転じた中国には、タイミングを合わせるように、「敵の敵は味方」とばかりに、西側諸国から当時の進んだ軍事技術が海軍にも幅広く流れ込んだ。

なお、以下文中に使用したミサイルの射程などは、もとより正確性の期し難い数値であるが、今回はすべて公刊、公開資料を基に筆者が取捨し整理したものである。

◉旅大《ルーダ》型駆逐艦

旅大型駆逐艦は、中国海軍が西側の技術が入る以前に、ソ連の技術を基礎に独自で開発した初めての駆逐艦である。

設計には、ソ連のコトリン型駆逐艦を参考にした。旅大型は17隻が建造されたが、いまも11隻が稼働しているという。

1番艦の就役は1971年である。

初期のタイプは、HY-2（シルクワーム）と呼ばれる対艦ミサイル（射程100キロメートル）以外見るべき装備はなかった。

なお、2隻はのちに対艦ミサイルをYJ-83（中国版ハープーン、後述）に換装されている。

旅大型の最終艦が就役したのは1991年であるので、旅大型の建造が進みその後半期に上述した西側技術の中国移転が始まったことになる。

そのため、旅大型は本格的な西側技術の導入に先立って、複数の艦艇が技術実証艦的に改装され、それぞれにTAVITAC戦術装置情報処理（仏）、Zhi-8哨戒ヘリコプター（仏Z-8をライセンス国産）の搭載および格納庫新設、クロタル個艦防空システム（仏）、Castor-Ⅱ対空捜索レーダー（仏）、3連装短魚雷発射管（伊）等が装備された。

なお、1989年ゴルバチョフが訪中して中ソの和解が成立したが、以後381A型3次元対空捜索レーダー（ロシア製フレガート3次元レーダーを国産）を装備した艦もあった。

◉旅滬《ルフ》型駆逐艦

これらの実証と経験を踏まえて誕生したのが、旅滬型駆逐艦である。

旅滬型駆逐艦は、西側欧米諸国の軍事技術を大幅に採用した初めての中国水上艦艇であり、艦体は全く新しく設計された。

満載排水量4600トン、推進機関には中国海軍の戦闘艦として初めてのガスタービンを採用した。

旅大型駆逐艦

HY-2（シルクワーム）

米海軍ハープーン

旅滬型駆逐艦（写真提供：統合幕僚監部）

エンジンはガスタービン2基およびディーゼルエンジン2基を組み合わせたCODOG（Combined Diesel Or Gassturbin）タイプであるが、ガスタービンは米GE社製のLM2500である。

LM2500は米海軍のみならず、海自もイージス艦をはじめ多く護衛艦が使用している主力のガスタービンエンジンである。

さらに繰り返しになるが、フランスからはTAVITAC型戦術情報処理装置、クロタル個艦防空ミサイルシステム（最大射程15キロメートル）および新型ソナー・短魚雷ならびに哨戒ヘリコプターを導入、オランダからはゴールキーパ近接防御火器システム等の技術を導入して中国海軍の弱点とされた防空力と対潜哨戒能力を大いに向上させた。

しかし、ここまでトントン拍子に進んだ西側からの軍事技術移転も、1989年の天安門事件を契機に再び完全にストップした。

その後、西側の経済制裁は終了したが、軍事技術の移転は2013年のいまも禁止されたままである。そのため、2番艦「青島」はGE製エンジンを搭載できず、ウクライナ製のガスタービンエンジンに変更している（1番艦も2010年ウクライナ製のGTエンジンに換装した）。

当初6隻が計画されていた旅滬型駆逐艦であるが、後続艦の建造は取りやめられた。

◉旅海《ルーハイ》型駆逐艦

旅海型駆逐艦

杭州（ソブレメンヌイ）型駆逐艦（写真提供：統合幕僚監部）

次に旅海型駆逐艦１隻を建造した。クロテイルミサイルシステムなど、購入済みの西側兵器を搭載した。

満載排水量は6000トンと大型化したが、建造は１隻で終わっている。西側の技術者不在では艤装には苦労したものと思われる。

西側からの軍事技術がストップすると、入れ替わるようにソ連（1991年崩壊後ロシア）との交渉が始まった。

交渉には劉華清が自らロシアを訪れ、リーダーシップをとった。

ソ連崩壊後のロシアは、衰退してゆく軍事産業の生き残りをかけて、藁にもすがる状況にあり、堰を切ったようなロシア製兵器の購入と軍事技術の移転が始まった。

具体的には、キロ級潜水艦およびソブレメンヌイ級駆逐艦の導入であり、Ｓｕ-27戦闘機のライセンス生産、Ｓｕ-30戦闘機、各種戦術ミサイル等の導入である。

また潜水艦建造技術、戦略ミサイルに関する技術等の最新技術の学習に国をあげて取り組み、合わせて旧ソ連軍事技術者も相当数中国軍事産業に流れ込んできた。

●――杭州《ハンジョー》(ソブレメンヌイ)型駆逐艦

中国が購入したソブレメンヌイ型駆逐艦である。最初の２隻は、１９９６年当時ロシアで工事が中断されていたものであるが、２隻は１９９９年、２０００年にそれぞれ就役した。

２００１年、中国はさらに２隻の同改型を発注した。

杭州型／同改型の装備する対艦ミサイルＳＳ-Ｎ-22は、最高速度マッハ３、３００キログラムの弾頭、最大射程２５０キロメートル、相手を震えあがらせる威力を有している。

なお、念のために書いておくが、海上自衛隊は派米訓練においてＳＳ-Ｎ-22を模擬した標的を迎撃する訓練を行って、対処能力を確認している。

その一方でＳＡ-Ｎ-７／12（改型）対空ミサイル（ＡＳＭ）は、射程が30／50（改型）キロメートル程度しかなく対潜能力も限定的である。

その理由は、ソブレメンヌイ型が、広域艦隊防空能力を備えたキーロフ型巡洋艦や、スラバ型巡洋艦および対潜能力の高いウダロイ型駆逐艦等で構成されるソ連海上戦闘グループの１艦でしかないという位置づけを理解すれば、バランスの上からもやむを得ない選択の結果だと納得できる。しかし、ソブレメンヌイ型だけを取り出してみると対艦戦闘能力のみが突出した感は否めない。

◉旅洋《ルーヤン》Ⅰ型駆逐艦

次に中国が建造したのは「中国版ソブレメンヌイ」と呼ばれる旅洋Ⅰ型である。

対空ミサイルシステムは改杭州型と同じSA-N-12である。

対空捜索レーダーに3次元レーダー（ロシア製フレガート）を中国艦艇としては初めて搭載した。

3次元レーダーは、2次元レーダーが探知目標の方位と距離のみしか測定できないのに対し、目標の高度を追加して測定することができる。

捜索レーダーで探知した目標は、敵味方の識別を行い、攻撃優先順位を決めたあと、攻撃システムに目標情報を渡す。

攻撃システムには別に射撃管制レーダーというレーダーがあり、このレーダーは指定された目標だけを連続的に追跡して正確な目標情報を解析する。解析後、目標が攻撃圏内にあることを確認したら射撃指揮官の命令一下、間髪を入れずミサイルや砲が火を噴く。

3次元レーダーの高度情報は、捜索レーダーから射撃管制レーダーへの速やかなバトンタッチに大きく影響する。

特に小型かつ高速化した今日の対空目標のバトンタッチには、致命的に重要な情報であり、3次元レーダーの有無と、その性能は重要である。対艦ミサイルはYJ-83（最大射程120キロメートル）である。

◉旅洋Ⅱ型駆逐艦

次に建造した旅洋Ⅱ型は「中国版イージス」と呼ばれている。

写真上：旅洋Ⅰ型駆逐艦、下：旅洋Ⅱ型駆逐艦（写真提供：統合幕僚監部）

旅洋Ⅱフェイズド・アレイ・アンテナとVLS（写真提供：統合幕僚監部）

旅洋Ⅰ型の船体をベースに、対空捜索レーダーとしてフェイズド・アレイ・レーダーのアンテナを4つ、艦橋の周囲に固定装備した。

従来のレーダーはアンテナを一定の速さで回転させながら、全周の目標を捜索する方式であるが、フェイズド・アレイ・レーダーはアンテナを回転させなくとも電子的にビームを回転させる方式で目標を捜索する。

アンテナが4つあれば、合わせて360度を電子的に捜索できる。

たとえば毎分10回転する回転式のアンテナでは、元の位置に戻るまで6秒の時間を要する。この6秒間にマッハ3の対艦ミサイルは約2キロメートル進む。

回転しないアンテナ4面を以て、常に全周を見張ることができれば、「だるまさんが転んだ」状態を解消することができる。

寸秒を競う現代の海戦で、6秒という時間は極めて貴重である。しかも、このフェイズド・アレイ・レーダーは3次元レーダーを兼ねることができる。

対空ミサイルシステムは、中国国産としては初めて本格的艦隊広域防空能力を持つといわれるHHQ-9A垂直発射式長距離防空ミサイルシステムである。

ロシアから購入したS-300P（SA-N-6）を基礎に開発したHQ-9をベースにアメリカから盗取した技術（後述）を加味して改良を加えたミサイルであるといわれる。

最大射程は120キロメートル、HHQ-9A用の垂直発射システム（VLS）はミサイルの入った6個の格納兼発射セルを組み合わせて円形のリボルバー状に配置した形になっており、前甲板に6基、後部のヘリコプター格納庫の艦首側に2基装備している。

ここで垂直発射システムを説明する。

従来のシステムは、ミサイルをランチャーと呼ぶ発射台に装填して、そのランチャーを目標に向けなければ発射できない。

その流れは、弾庫内の弾を選択、その弾を装填ポジションまで移動、発射機に装填、ランチャーを目標方向にセット、発射に至る。その間に5〜10秒程度はかかる。

短射程の軽量ミサイルで、発射機そのものがミサイル格納庫を兼ねている場合は装填《そうてん》に至る手間は省けるが、ランチャーを目標に向けることは同じで、やはり数秒は必要である。

いずれにしても、このランチャーが故障すればミサイルは打てない。

ところが垂直発射システムは、格納した状態から直接ミサイルを打ち上げることができる。ミサイルには、ある程度の高度に至ったら、予めインプットされた目標方向に自ら向かう特殊な機能が備えられている。

したがって、ミサイルを発射するまでの時間が大幅に短縮できるばかりか、格納セルそのものが発射機兼用であり、従来のようにランチャーが故障したら、弾庫に残るすべてのミサイルが打てなくなるという、まさしく致命的な弱点が解消された。

垂直発射システムは、リアクションタイムを短縮するとともに、ランチャーというボトルネックを克服した画期的なシステムである。

ところで、垂直発射システムでは、ミサイルを上空に打ち上げる方式にコールドランチ方式とホットランチ方式の2方式がある。

旅洋Ⅱの発射方式はコールドランチ方式であり、コールドガス発射方式とも呼ばれる。

コールドランチ方式とは、ミサイルをまずガスを利用して格納セルから約20メートルの上空に放り出したのちミサイルロケットモータに点火する方式である。

コールドランチは艦内を高熱のガスにさらさないという点で安全である。

しかし、ユーチューブで見られる動画では、発射されてロケットモータの点火までに数秒はかかりそうだ。

また、ロケットモータ等の不良で点火しないケースでは直ちに別のミサイルを発射しなければならないが、対応が遅れるはずだ。

この間に攻撃目標が飛行経路を変化させたならば、ミサイルは目標を見失う可能性がある。

対艦ミサイルは最終段階で急上昇したり、急な蛇行をするなどして敵の迎撃ミサイルを躱《かわ》そうとするものである。

一方、米海軍や海自の垂直発射システムはホットランチといわれ、システムの中でロケットモータに点火して発射される。また点火しないときは、直《ただ》ちに別のミサイルが発射される。

最後の最後まで目標情報をインプットして発射されるホットランチに比較して、コールドランチ方式は近距離目標対処能力、特に低高度で飛来する対艦巡航ミサイルに対する迎撃能力は低下するであろう。

ここで話が飛躍するが、中国系米国人グループによるスパイ活動に触れる。

２００５年、ロサンゼルス国際空港で中国へ向かう直前の中国系米国人グループがスパイ容疑で逮捕された。

主犯の麦大智は、米海軍から千数頁の極秘ファイルを盗み出し、中国軍に伝えた。公判において判明したことは、彼らが１９８３年から情報の提供を始め、その中には米海軍イージス艦および新型駆逐艦並びに原子力潜水艦に関する膨大な資料が含まれていたことである。

つまり、旅洋Ⅱ型の背後には、麦大智グループの20年間にわたるスパイ活動の成果があるといわれる。

ちなみに、米国の政府関係者によると、中国当局は米国国籍の華人、あるいは、米国在住の中国籍のエンジニア、研究者、科学者、学生などを含む専門家を雇い、米国の学術と研究機構に浸透させ、科学情報を獲得しているという。

しかし、水上戦闘艦はその国の科学技術の総合力を表すといわれ、すそ野の広い産業基盤が欠かせない。護衛艦造りに携わる企業は数千社に及ぶ。

そのうちの1社でも部品の特殊コーティング技術や、特殊な合金技術に欠けるならば、設計図どおりに造り上げることは不可能である。

「中国版イージス艦」は、まさに形だけの「イージス艦」であり、性能的にいえば、似て非なるものであろう。

話を対空捜索レーダーに戻すと、通常の技術革新の流れであれば、まず回転式のアンテナをフェイズド・アレイ方式に変え、それから4固定型へ進むのであるが、中国海軍は2世代前のフリークエンシー・スキャニング方式（TOP PLATE／フレガート／381型）から、一足飛びに4面固定フェイズド・アレイ方式（348型）に切り替えたように見える。


なお、一部の資料にはフェイズド・アレイ方式の381型に言及したものもある。しかし、いずれにしても4面固定フェイズド・アレイ方式はロシア海軍が装備化できていない段階での装備である。従来の軍事技術導入の経緯から見ても不自然であり、この背景にも先のスパイ活動が絡んでいると思われる。

少しくどくなったが、旅洋Ⅱ型は6隻を建造する計画であるという。

旅海型以降、いずれも2隻以下の建造で終了している中で、いよいよ本命登場かと思われたが1年遅れで旅洲型（後述）の建造が同時進行していたことは中国も旅洋Ⅱ型に自信があるとは思えない。

中国海軍の近代化は、いまだ試行錯誤の段階にあるものといえるのではないだろうか。

なお、YJ-62艦対艦ミサイルは、旅洋Ⅰ型駆逐艦に搭載された中国海軍最新の対艦ミサイルである。最大速度はマッハ0・9、射程280キロメートル。巡航飛行時の飛行高度は30メートル、攻撃目標

旅洲型駆逐艦
左：ミサイル管制誘導レーダー（ツーム・ストーン）とリボルバー型VLS
（写真提供：統合幕僚監部）

を探知した後は、逆に探知を避けるために高度を下げ高度7メートルの低空飛行を行うという。

◉——旅洲《ルージョウ》型駆逐艦

右に述べたが旅洲型駆逐艦は、旅洋Ⅱ型駆逐艦とほぼ同時進行で建造された最新型の防空ミサイル駆逐艦である。

しかし、蒸気タービン機関を採用したことは、先祖返りをした感がする。

経験上、蒸気タービン機関は高速力を使用するとき10分、20分と時間をかけて少しずつ速力を上げてゆかなければならない。

バルブ操作やメータ類の監視にも、多くの人を配置しなければならない。

艤装は複雑になるし、艦内に張り巡らす蒸気系統は、熱を艦外に放射する。

蒸気管は膨張収縮のつど、ハンマーでたたくような音を出す。

真水を心配しなくてもよいこと、およびガスタービンに比べて燃料消費が少ないこと以外、蒸気タービンには良いところがない。

ついでにいえば、ソブレメンヌイ型も蒸気機関である。

筆者は若い頃、対馬海峡を通過するソ連海軍のソブレメンヌイ型をたびたび監視した。

夜間、赤外線監視カメラで見るソブレメンヌイは、まさに全体が真っ白（赤外線監視カメラでは温度が高いほど白く見える）であったことをよく覚えている。

旅洲型は対空兵器として、ロシア製のSA-N-20艦隊防空ミサイルシステムを搭載している。

最大射程120キロメートル、発射方式はコールドランチ方式、発射装置はVLS8連装リボルバー型6基、搭載弾数は48発、ミサイルの管制はツーム・ストーン（ロシア製フェイズド・アレイ・レーダー）で同時6発の誘導が可能といわれる。

ただしツーム・ストーンは使用するとき以外は、畳み込むという珍しい起倒式アンテナである。

しかも後部に1基を装備するのみなので、敵の脅威の高い方向に向けるのであるが、背面および左右から飛来する対艦ミサイルを迎撃することは不可能である。

実はロシアは間もなく「ロシア版イージス艦」と呼ばれるアドミラル・ゴルシコフ型フリゲートを就役させる予定（2013年）である。

排水量は4500トン、詳細は省略するが例によって4面固定のフェイズド・アレイ・レーダー（ロシア製）をロシア海軍としては初めて装備する。

対空ミサイル、対艦ミサイル等すべてが一新されている。

ロシア海軍にとってソ連崩壊以降じつに15年ぶりに手にする、待望の新型水上戦闘艦である。

しかしこの技術は、旅洲型には反映されていない。

性能は未知数であり、中国も冒険はしない。

ロシアも最新技術を手渡したくはあるまい。旅洲型に採用された対空ミサイルシステムは、基本的に１９７４年に1番艦が建造されたキーロフ型巡洋艦に装備されたものである。

すなわち、中国の最新鋭駆逐艦には実は１９８０年代のソ連海軍最新技術が採用されているのである。

先日ハワイで米軍人が中国のハニートラップに陥り、戦略ミサイルなどの国家機密漏えいで逮捕されたが、これは氷山の一角にすぎない。

ロシアの技術が、これ以上の要求を満足しえない現状に、中国はあたかも国策として西側先進技術の不正規な入手に、まさに国をあげて本腰を入れているといえるだろう。

◉——江凱《ジャンカイ》Ⅱ型

フリーゲートの代表に、最新の江凱Ⅱ型を表に取り上げた。なお、装備について対艦ミサイルはＹＪ-83および対空ミサイルは射程50キロメートルのＨＱ-16を装備している。

ＶＬＳは、リボルバー式垂直発射システムから箱型にセルを束ねた西側の発射スタイルとなった。発射方式は、引き続きコールドランチ方式を採用しているという。

対空捜索レーダーは、杭州（ソブレメンヌイ）型以降、中国海軍の標準装備となっている3次元捜索レーダー３８１型である。

また、ＭＧＫ-３３５ソナーは、1世代前のロシア海軍の標準的なソナーであり、使用されているのは、やはり１９８０年代のテクノロジーである。米海軍では1世代前のＳＱＳ-23にほぼ匹敵するらしい。

ＳＱＳ-23といえば、海上自衛隊では１９９５年に除籍された「あまつかぜ」に装備されていたソナーである。

筆者は「あまつかぜ」に2回合計3年間勤務して、その性能を現場で承知しているが、潜水艦の探知は、いつも僚艦に先を越された悔しい思い出がある。

上：江凱Ⅱ型フリゲート
（写真提供：統合幕僚監部）
左：江凱Ⅱ型フリゲートVLS
（出典：月刊『世界の艦船』）

中国はソブレメンヌイ型以降、すべての海軍艦艇にＮＫＧ-３３５（旅洋Ⅱ、旅洲型も旅洋Ⅰ型の船体を基本としていることから、ＭＧＫ-３３５をベースとするソナーが装備しているものと推定）を装備している。いずれにしても１９８０年代のテクノロジーで今日の進んだ潜水艦にどれだけ対応できるのかははなはだ疑問である。

◉――航空母艦「遼寧」

２０１２年９月中国初の航空母艦「遼寧」が就役した。その２か月後国産戦闘機「殲15（J-15）」が早速「遼寧」からの発着艦に成功したという報道が映像とともに全世界を駆け巡った。

「遼寧」（中国海軍での型式名は００１型航空母艦）は、旧ソ連海軍が建造したアドミラル・クズネツォフ型航空母艦の２番艦「ワリャーグ」を、１９９８年に中国がウクライナから購入、大規模な改修の末に就役させた艦である。

なお、カタパルトは装備していない。

じつは「遼寧」には長い流浪の歴史がある。ソ連崩壊後、ワリャーグは紆余曲折《うよきょくせつ》を経て、ウクライナの所有となった。

しかし、持て余したウクライナは、本艦をスクラップとして売却する意向を示し、マカオの「中国系民間会社」である創律集団旅遊娯楽公司が1998年に購入した。「中国本国で海上カジノとして使用する予定」とされていた。

また、ボスポラス海峡、ダーダネルス海峡は、空母の海峡通過を禁じたモントルー条約に抵触することから、前例となることを懸念したのであろう。トルコ政府は海峡通過に難色を示したが、中国側がトルコへの観光客増加を約束するという政治的折衝で妥協したという。購入から4年後、ようやく2002年3月に大連港に入港した。

しかし、民間会社の、しかもカジノ用に購入したスクラップを中国政府がそこまですること自体、極めて不自然である。創律集団旅遊娯楽公司は、ワリャーグの中国回航後、ダミー会社の役割を終えて行方知らずとなっている。

また、中国はワリャーグ以前にも、1985年、オーストラリア海軍の退役空母「メルボルン」(旧英空母マジェスティック、排水量2万トン)をスクラップとして購入している。

メルボルンは、中国当局の手でカタパルト等、構造や設備が仔細に調査され、解体されたのは9年後の1994年になってからであった。

1990年代中頃にはロシアからキエフ級空母(排水量4万3500トン)の1番艦「キエフ」と2番艦「ミンスク」をスクラップ名義で購入し、これも徹底的に調査されたはずだ。

フランスはクレマンソー級空母(排水量3万2780トン)の改造プランを中国に持ちかけたが、中国側はシャルル・ド・ゴール級原子力空母(排水量4万550トン)を要求し、結局商談はまと

中国海軍航空母艦「遼寧」（出典：月刊『世界の艦船』）

オーストラリア海軍航空母艦「メルボルン」

旧ソ連海軍航空母艦「キエフ」

まっていない。

しかし、中国が原子力空母の建造を目論んでいることは、これで明らかである。

その後、中国は前述のメルボルンやキエフ、ミンスクから得たデータをもとに、国産空母の設計に着手したが、既述の通り1998年にウクライナからワリャーグを購入する目途が立ったため、その作業は中止されたのである（SeeSaaWIKI「日本周辺の軍事兵器」001型航空母艦）。

中国は長期展望を持って、慎重に空母の建造計画を練って、着実に歩を進めているのである。

また、「遼寧」建造と同時進行で陝西省西安にある閻良飛行場では、航空母艦のスキージャンプ甲板を模した施設が建設されJ-15の発着訓練に使用されている。

さらに、2009年中国はブラジルとの間で、ブラジル海軍の空母「サン・パウロ」（旧仏空母フォッシュ、排水量3万3673トン）で訓練を行うことに合意しており、「遼寧」のフライトデッキ・クルーもサン・パウロで訓練を積んだものと思われる。

建造2か月後に、艦載機J-15の発着艦を成功させた背後には、これだけの周到な準備があったのである。

しかし、一見順調に見えるがまだまだ前途には解決すべき問題が山積している。

たとえば、J-15は、後述するロシアのSu-33艦上戦闘機やJ-11B戦闘機（国産）の技術をベースとした開発途上の艦上戦闘機である。

中国は空母保有を前提に、ロシアとの間にSu-33購入の交渉を行っていたが、価格面とライセンス生産を要求していることから、いまも、交渉は妥結に至っていない模様である。

したがって、J-15はロシアからの技術供与を受けられず、苦労した挙句ウクライナからSu-33の試作機の1機（旧ソ連製T10K-3）を探し出して入手し、これをコピーしたという。

「遼寧」から発進する「J-15」（写真：PANA）

翼の折りたたみ機構・着艦用フック・強化型脚部、空中給油用装備など、艦載機としての基礎はほぼ完成していたらしい。

ところで、ロシアは旧ソ連の時代、すでにSu-33の後継機であるSu-33UBを空母「アドミラル・クズネツォフ」から発艦したことが確認されている。しかし、そのときは発艦はしたものの燃料は最小限に抑え、ミサイルなどもほとんど搭載せず発艦するのが精いっぱいだったといわれている。

J-15が、Su-33UBの性能を凌駕しているとは思われない。世界を駆け巡った映像は、燃料等最小限に抑えた状態であったものと考えられている。

さらに空母には予算上の問題がある。

ウェブ上に2010年、ある中国空軍上佐のコメントが報道されているが、中国において6~7万トン級の通常動力型空母の建造に必要な予算は20億ドル（約2000億円）、艦載機部隊の整備に30億ドル（約3000億円）、護衛艦を含めた空母部隊1個の編制に100億ドル（約1兆円）が必要で、空母部隊の年間の維持費は16億ドル（約1600億円）になるが、その程度の額は、中国にとって、さほど大きな負担にならないという。

しかし中国である。彼の発言を額面どおりに受け取ることはできないだろう。

中国は「遼寧」を足場に、2015年までにさらに5～6万トン級通常推進型空母を2隻、2020年までに6～7万トン級原子力空母2隻の完成をめざし、通常型2隻はすでに建造が始まっている。

原子力空母はさらに高価である。「米国会計検査院1998年空母のコスト比較」によれば、原子力空母のライフサイクルコストは通常動力型空母の約160％である。今後、さらに膨大な金額をつぎ込まなければならない。

先の空軍上佐は、金額を公表してこの計画を暗に非難しているとも考えられる。ざっと計算してみると通常動力型空母群2個及び原子力空母群2個の建造に総額約800億ドル、年間維持費は約85億ドルとなる。

弾みのついた海軍大拡張近代化計画は、原子力空母の建設まで止めようがあるまい。

空軍のみならず、まして陸軍（中国人民解放軍の英訳はPeople's Liberation Army）には、海軍の野放図な浪費だと批判的な勢力が少なからず存在しているものと思われる。

いずれにしても、中国が原子力空母を含む有力な空母部隊を複数個編制するためには、それだけの予算を長期間投入し続けねばならない。

しかし、費用対効果、すなわち、本当に役に立つのかという観点から、現代版「万里の長城」になりはしないかと他人事ながら心配になる。

最後に「遼寧」の対空捜索レーダーについて触れる。

「遼寧」には旅洋Ⅱ型と同じ4面固定型の「346型フェイズドアレイ」アンテナが、艦橋構造物の前

中国海軍航空母艦「遼寧レーダー」（出典：月刊『世界の艦船』）

費用種別	通常動力空母	原子力空母
開発費	3,353.4億円 (29.16億ドル)	7,407.15億円 (64.41億ドル)
運用・維持費	12,793.75億円 (111.25億ドル)	17,114.3億円 (148.82億ドル)
廃棄/処分費	60.95億円 (0.53億ドル)	1,033.85億円 (8.99億ドル)
ライフサイクルコスト	16,208.1億円 (140.94億ドル)	25,555.3億円 (222.22億ドル)
比較	100%	157.70%
	63.40%	100%

通常動力空母と原子力空母のライフサイクルコスト比較
（出典：米国会計検査院 1998 年データより作成）

後左右4面に貼りつけられている。

　また塔型マストが設置され、そのトップに他の艦艇にも標準的な381型3次元対空レーダーが見える。

　つまり、「遼寧」には2種類の3Dレーダーが装備されている。

「遼寧」の対空ミサイルは、HHQ-10である。HHQ-10は、2008年の珠海エアショーで公開された短距離対空ミサイルであるが、最大射程は9キロメートルと短い。

　HHQ-10の管制に、「中国版イージス艦」と同じ346型レーダーは必要あるまい。

　大型艦なので発電機には余力があろうが、なぜ3次元レーダーを2種類装備したのか、信頼性の問題なのか疑問である。

◉──快艇(ミサイル艇)

　快艇としては、紅稗《ホウベイ》型ミサイル艇を紹介する。

「紅稗型ミサイル艇」は旧式化した各種ミサイル艇に代わり中国人民解放軍海軍が開発した最新型のミサイル艇である（排水量満載：220トン、全長：43メートル、全幅：12メートル、機関：ディーゼルエンジン×2基、ウォータージェット推進器×4基、速力：36ノット、時速：67キロメートル、乗員は12名）。

　最大の特徴は、船体にウェーブ・ピアーサーを用いていることである。ウェーブ・ピアーサーは、高速を出すために双胴船のような特殊な船型をして造波抵抗を抑えている。

　兵装はYJ-83SSM（艦対艦ミサイル）、4連装発射機×2基を後部に、艦橋前方にはAK-630CIWS（30ミリ高性能機関砲）1基が搭載されており、火器管制レーダーを搭載している。

　他の艦艇やヘリコプターとの情報共有のためのデータリンクも装備されている。

　海自の200トン型ミサイル艇（中）はガスタービン推進全没水中翼方式で最高速力44ノット、76ミ

紅稗型ミサイル艇（出典：月刊『世界の艦船』）

はやぶさ型ミサイル艇（出典：海上自衛隊ホームページ）

056 型コルベット（写真：櫻井千一）

リ砲を搭載、その他の装備も紅稗型に比較して優れているが紅稗型が56隻（90隻という資料もある）に比べ6隻では少なすぎる。

056型コルベット

なお、表には取り上げていないが現在、江凱型とミサイル艇の間を埋める近海防御型の小型艦艇（056型コルベット）の建造が複数の造船所で急ピッチで進められている。

満載排水量1440トン、ディーゼルエンジン、乗員60名、対艦ミサイルはYJ-83SSM2連装発射機×2基、HQ-10近SAM8連装×1、76ミリ砲×1という兵装である。

なお、ヘリコプター甲板はあるが、格納庫はない。小型艦であり、外洋での行動には制約を受けるであろうが、尖閣周辺海域では侮れない。

2013年2月時点で、20隻の建造が確認されている。乗員も少なく、安価な056型は少なくとも30隻は建造されると見積もられている。それにしても厄介な相手が続々と誕生している。

艦載武器装備のまとめ

近年における人民解放軍海軍水上部隊のもっとも注目すべき能力は、以上述べたように防空（AAD）能力の飛躍的な向上、ならびに先進的な「対艦巡航ミサイル（ASCM）」の標準装備を通じて水上艦への攻撃能力を同様に向上させていることである。

対空ミサイルシステムについていえば、ほんの10年前の最大射程「艦対空ミサイル（SAM）」は、「HHQ-7（仏製Crotaleベースに国産・最大有効射程距離15キロメートル）」であった。

ところが、現在、「旅洋I型」には、「SA-N-12（ロシア製・最大有効射程距離50キロメートル）」を搭載、「旅洋II型」には、「HHQ-9（中国製・最大有効射程距離120キロメートル）」が搭載されて、中国としては、待望の広域防空能力を備えた。

続く「旅洲型」には、「SA-N-20／RIF-M（ロシア製・最大有効射程距離150キロメートル）」が搭載された。

また「江凱Ⅱ型フリゲート」には、「新型垂直発射HHQ-16（中国製・最大有効射程距離50キロメートル）」が搭載されている。

フリゲートにも自艦防空を超える能力が付与されたといえよう。

次に、対艦攻撃能力としては、「杭州（ソブレメンヌイ）型駆逐艦」および「旅洋Ⅰ型駆逐艦」に「SS-N-22（ロシア製・最大有効射程距離250キロメートル）」を搭載した。

一方で、旅洋Ⅱ型には、国産新開発の「YJ-62（最大有効射程距離280キロメートル）」が搭載されているほか、大部分の戦闘艦は、「YJ-8A ASCM（中国製・最大有効射程距離120キロメートル）」を搭載している。

対艦ミサイルシステムは、対空ミサイルシステムに比して改造が容易である。極端にいえば対艦ミサイルそのものだけを取り替えるだけでよい。外観は同じでも、装備する対艦ミサイルに予断は禁物である。

捜索レーダーとしては、「杭州型」以降、3次元レーダーが装備されている。センサーの性能が劣る場合、いくら優れたミサイルも、その能力を発揮できない。

また、戦術情報処理システムは、「旅大型」を含めた各艦に装備され、戦術データリンクは、「旅滬型」以降、標準装備されている。

各艦のレーダーや艦載ヘリコプター、航空機や衛星からの情報は、戦術データリンクを通じて部隊に共有される。戦術情報処理システムは、この情報を総合的に処理して攻撃目標の優先順位と攻撃手段の優先順位とを、部隊指揮官および各艦長に知らせる。

寸秒を争う現代の海戦では欠くことのできないシ

ステムであり、戦術情報処理システムの良否が戦闘を左右するといっても過言ではない。

□潜水艦

潜水艦は、古いタイプからの更新が盛んに行われている。

原子力潜水艦は、「夏（シャー）型戦略原子力潜水艦」の後継として、新型の弾道ミサイル「JL-2」を搭載する「晋（ジン）型戦略原子力潜水艦」および「漢（ハン）型攻撃原子力潜水艦」の後継として、「商（シャン）型原子力潜水艦」が配備されている。

通常、動力潜水艦はキロ型の後継として「元（ユアン）型潜水艦」など、新型潜水艦が次々と配備されている。以下現在主力の潜水艦を原子力潜水艦、通常動力潜水艦の順に紹介する。

◉——晋型原子力弾道ミサイル潜水艦（SSBN）

「晋型原子力弾道ミサイル潜水艦（SSBN）」の1番艦は、2004年に進水。2番艦も、2008年に進水している。

就役年度は不明であるが、すでに「北海艦隊」および「南海艦隊」に、それぞれ1隻が配備されているという。

夏型に搭載した「JL-1A」は弾道ミサイル「東風21」の潜水艦発射型で、最大射程4000キロメートル、アメリカに対する抑止力としては不十分であり、実戦配備にはついていない。

ところで、かつて、晋型に搭載する「JL-2」は射程8000キロメートル以上と推測され、中国は中国近海からアメリカ西海岸を核攻撃できる能力を持つことになると予測された。

しかし最近の見方では、アラスカまでしか届かない。

つまり「JL-2」はロシア、インド、アラスカおよびグアムと日本の米軍基地を射程圏内に収める

晋型原子力弾道ミサイル潜水艦（SSBN）（出典：月刊『世界の艦船』）

ものだという。いずれが正しいのか判断できかねるが、いずれにしても中国海軍は南シナ海を中国SSBNの聖域にしようと着々と手を打っている。

２００６年、海南島三亜に中国としては、二つ目の本格的な潜水艦基地を建設した。海岸に建設された洞窟基地から偵察衛星に発見されることなく、潜水艦は出入りが可能である。

しかし、今のところ「ＪＬ－２」の実用化は遅れている。

遅れの原因は推測するしかないが、その一つに射程の延伸があるのではないか。潜水艦という限られたスケールの中に納まる、何とか米大陸西岸を射程内に収めるための「ＪＬ－２」の開発に総力を傾注するのは当然であろう。

実用化の目途が２０１５年を超えるともいわれるが、中途半端なものを作るよりましだ。

ところで、「A Modern Navy Chinese Characteristics」（August 2009, report produced by the U.S. Navy's

Office of Naval Intelligence（ＯＮＩ））によれば、晋型の発生するノイズは、ソ連が30年前に建造したデルタⅢ型原子力潜水艦より大きい。

また、商型（Ｔｙｐｅ０９３）およびその次に建造されるであろう、Ｔｙｐｅ０９５ですら、そのノイズは、同じくソ連が20年前に建造した「Ａｋｕｌａ-ＩＳＳＮ」よりも大きいと見積もっている。

同レポートに掲載された表にはロシアと中国潜水艦のノイズレベルが、相対的に表されている。

米国潜水艦も海上自衛隊潜水艦もそのノイズレベルは、当然のことであるが、この表には出てこない。

巷間ステルス戦闘機の話題は多く目にするが、ステルス性の競争は、まず潜水艦からスタートしたのである。

今日、中国の潜水艦と日米の潜水艦とはステルスという観点からは、世代が違う潜水艦といえるのではないだろうか。

◉──商型原子力攻撃潜水艦（ＳＳＮ）

「商型ＳＳＮ」は、「漢型ＳＳＮ」に続く中国第２世代のＳＳＮである。現在までに２隻が就役して、「北海艦隊」および「南海艦隊」にそれぞれ１隻が配備されている。今後さらに４隻を建造する計画があるといわれる。

任務は太平洋に進出して、米空母打撃群の接近拒否、ならびに南シナ海における自国の戦略原子力弾道ミサイル潜水艦（ＳＳＢＮ）の防護となるであろう。

先にも触れたが、中国は今後数年間に保有する「商晋型ＳＳＮ」潜水艦に５隻の「第３世代（Ｔｙｐｅ０９５）ＳＳＮ」を追加して、現行の攻撃型原子力潜水艦部隊をさらに拡大する計画である。

しかし、先に述べた通り、潜水艦の雑音レベルは致命的に高く、いくらロシアの技術を頼りにしても、ロシアそのものの技術が遅れているので、解決には程遠い。この分野でも中国は厳しい課題に直面しているといえよう。

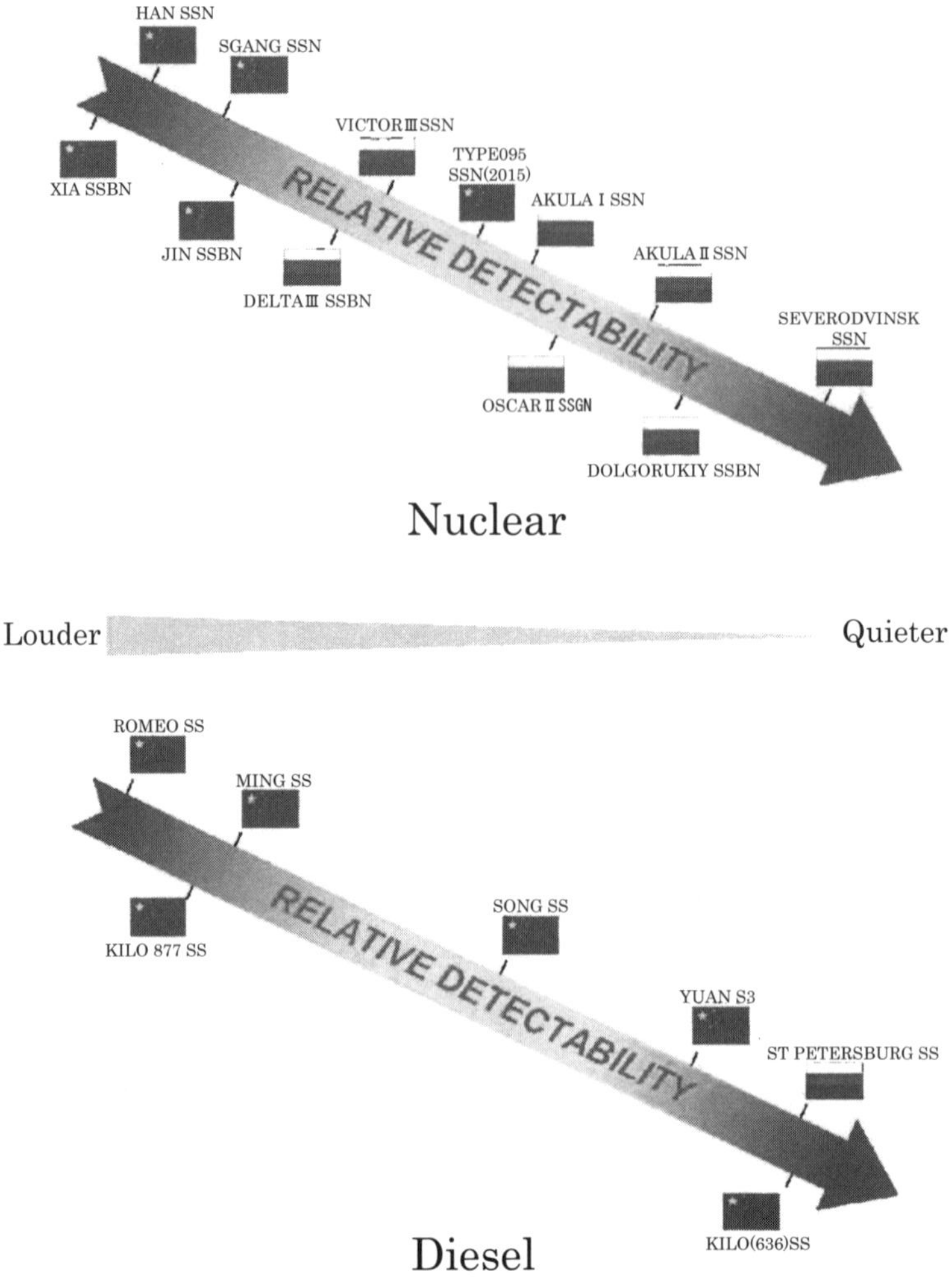

Submarine Quieting Trends（出典：アメリカ海軍情報局（ONI）資料）

◉――通常動力潜水艦（ＳＳ）

人民解放軍海軍が運用した最初の潜水艦は、旧ソ連より供与されたウィスキー型潜水艦であった。

さらにウィスキー型の改良型である「ロメオ型潜水艦」および、その国産版の「０３３型潜水艦」を導入したが、現在はほとんどが退役しているものと思われる。

次に中国は、独自に「０３３型」の改良を行い、１９７０年代より「０３５型潜水艦（明型）」を23隻就役させた。

「明型」は現在も20隻在籍し、数の上ではなお主力であるが、旧式の観は否めない。

国産潜水艦の開発は継続され、１９９５年に公試に入った「０３９型潜水艦（宋型）」は中国が独自に設計した初めての潜水艦である。ところが、なんらかの不具合があった模様で就役は１９９９年まで遅れた。

旧式の「明型潜水艦」がなおも主力の位置を占め、「宋型潜水艦」の不具合も未解決の中で、中国人民解放軍海軍は１９９４年から２００２年にかけて、12隻の「キロ型潜水艦」をロシアから購入して新しい技術の導入を図った。

中国海軍が保有する潜水艦は、現在約60隻。04年にはキロ型の技術を導入して中国が開発した「元型」が初めて確認されている。

元型の外観は艦首部分がキロ型に酷似し、艦尾部分が宋型に酷似している。また、宋型、元型は伝統的な魚雷や機雷に加えてＡＳＣＭを使用する初の国産潜水艦となった。

すなわち、キロ型潜水艦と同様、５３３ミリ魚雷発射艦から「ＹＪ-82系ミサイル」を水中発射できる。

ところで通常動力型潜水艦は、潜航中は蓄電池を使用して電動機とスクリューを回して推進力を得る（電気推進）。消費した蓄電池を再充電するためには、

商型原子力攻撃潜水艦（SSN）（出典：月刊『世界の艦船』）

浮上するかもしくはシュノーケル（海面付近に潜航したまま、シュノーケルという特殊な給気装置を海面上に出す）を使用して空気を取り入れながら、ディーゼルエンジンを駆動しなければならない。

このため原子力潜水艦に比べ、たびたび浮上しなければならないという弱点があった。浮上すれば被探知機会が増える。そこで中国海軍は列国潜水艦の趨勢であった「ＡＩＰ」、すなわち「空気独立推進システム（Air Independent Propulsion）型」の、通常動力潜水艦を開発することとした。そしてまず実験的に宋型、および明型潜水艦の1隻をＡＩＰ化した。元型ＳＳには「ＡＩＰ」システムが搭載されている可能性が高い。ちなみに、詳述はしないが、ＡＩＰには燃料電池方式、液体酸素を使用するスターリングエンジン方式などいくつかの方式がある。

我が国では、スターリングエンジン方式（スウェーデンの技術）を採用したＡＩＰ搭載の潜水艦「そうりゅう」を２００７年に完成させている。

「ＡＩＰシステム」によって、ディーゼル潜水艦は従来よりも極めて長時間にわたって潜航することが可能となった。

なお、最近の報道によれば（毎日新聞２０１３年３月５日）、中国が２０１２年末、ロシア製の通常型（ディーゼル電気推進式）の新世代潜水艦「ラーダ型」の購入に向けて、ロシアとの協定に調印したことがわかった。

静音性を高めた中国製最新の「元型」ではあるが、なお不十分と自覚して、さらにノイズが小さい潜水艦の購入を決めたとみられる。

ラーダ型は、静音性に優れたロシアの「キロ型」の後継艦で、キロ型潜水艦を小型化し、運用性を向上させた潜水艦である。

また、最後に重要な点であるが、人民解放軍海軍は世界最大級の潜水艦部隊を保有しているにもかかわらず、水上部隊との協同訓練や対抗訓練に真剣に取り組んではいないと見られる。

潜水艦にとっても、水上艦にとっても互いの能力を向上するため、および装備の改善のためにも厳しい切磋琢磨が欠かせない。

もし機会が足りないとすれば、人民解放軍海軍は早急に、これらの分野、すなわち水上艦艇は潜水艦からの襲撃阻止に、潜水艦は水上艦艇の襲撃能力の向上に積極的に取り組まなければならない。

しかし後述するが、東シナ海および渤海湾は大陸棚のため、水深はほとんど１００メートル以下である。

このため、潜水艦の訓練には適さない。北海艦隊、東海艦隊は海域の特性から宿命的に対潜能力に劣ると思われる。そのためにも両艦隊は第１列島線を越えて外洋に進出しなければならない。

□海軍航空部隊

◉──戦闘機Ｓｕ－30ＭＫ2

人民解放軍海軍航空部隊が保有する戦闘機は、

SU-30MK2 ベネズエラ空軍

「国産J-8迎撃戦闘機」と「Ｓｕ‐30ＭＫ２」で構成される。特に注目すべきは、人民解放軍海軍航空部隊の「Ｓｕ‐30ＭＫ２」である。「Ｓｕ‐30ＭＫ２」は強力な対艦、対地能力と「Ｓｕ‐27」譲りの対空戦闘能力を兼ね備えた多用途戦闘機である。

２００２年、中国が「Ｓｕ‐30ＭＫ２」を24機購入したことはすでに述べた。

ただし、「Ｊ‐11Ｂ戦闘機」をめぐる中露の知的所有権に関する対立（後述）もあって、ロシアからの戦闘機の輸入は「Ｓｕ‐30ＭＫ２」24機の輸入を最後に、行われていない。

「Ｊ‐８」国産迎撃戦闘機は、もともとロシアの設計に基づいていた。「Ｊ‐８」は、２００１年に南シナ海上空において米国海軍「ＥＰ‐３」偵察機に衝突して墜落した航空機として有名である。

ここで少し長くなるが、「Ｊ‐11Ｂ戦闘機」をめぐる中露の対立に関する報道を紹介する。

「漢和防務評論」2008年4月号、「UPI ASIA On Line」の2008年4月28日付の記事（抜粋）によると、ロシアはJ-11Bについて法律上の問題があるとして中国側に状況説明を求めているとのこと。なぜか。1995年ロシアは中国との間にSu-27SK、200機のライセンス生産契約に調印した。しかし、2004年95機を生産した時点で中国側は一方的に「Su-27SK」（ライセンス生産してJ-11と呼称）の生産を中断してしまった。

中国からは何の説明もない。しかし、「Su-27SK」の限定的な地上攻撃能力に不満を抱いていたことが原因らしい。中国が紆余曲折のあと最終的に選んだ対策は、当座の需要を満たすためにロシアから多用途性に優れた複座戦闘機である「Su-30MK2戦闘攻撃機」を輸入すること。そして長期的な対策としては、「J-11」の対地・対艦攻撃を向上させた改良型（J-11B）を独自に開発することであった。

その裏で中国が、ロシア国内で非合法手段により「Su-27SK」の部品や設計図を入手していた事件が摘発された。「J-11B」に関して中国は「Su-27SK」をベースに全面的に設計を改め、国産コンポーネントを多用して開発された、としているが、ロシア側は、「J-11B」は同機の各種コンポーネントにロシア側の許可なく中国がコピー生産したものが使用されているとの疑いを持っている。

「Su-27SK」のライセンス契約では、コンポーネントの国産化や技術移転に関してはロシア側の同意が必要であることが明記されている。

2005年、中国は「J-11用」という名目でロシアから「AL-31Fエンジン」と、その部品を輸入した。しかし、実際には、このエンジンは「J-11B」の試作機に装備されていたことが判明した。

2008年12月に、ロシアのセルジュコフ国防相が中国を訪問し、それに合わせて3年ぶりに中露軍事協力協議会が開催された。

その席では、ロシア製兵器の知的財産権を中国側が保護尊重することが約束された（注：2008年12月15日、米軍事専門紙「ディフェンスニュース」は中国とロシアが11日に軍事技術分野における知的所有権保護の協議に調印したと報じた）。これは、中国によるロシア製兵器の不正な複製行為を阻止するために定められた規定である。

しかし、先に述べたとおり、「Su-30MK2」の輸入は24機が最後であり、「AL-31F改良型エンジン」の輸入も目途が立っていない。

また最近、ロシアではプーチン大統領自ら技術、および技術者の流出防止に厳しい態度で臨んでいる。

中国では国産エンジンWS-10Aの実用化と量産体制の確立はいまだ試行錯誤の段階にあり、喫緊の課題として取り組んでいるようだ。翻って、わが国の戦闘機用エンジン開発の取り組みの現状に目を転じたとき、これが一筋縄ではいかないことは専門家の一致する見解であろう。

中国の国産エンジンの開発は「J-11B」の量産のみならず、今後第5世代戦闘機の開発にも欠かせない重要な課題となっている。

そんな中、2013年1月9日の報道（Record China）によれば、「ロシアは中国に戦闘機としては数年ぶりに長距離多用途戦闘機「Su-35BN」の販売を決定した。交渉が長引いた理由は知的所有権に関する厳しい制約を中国側が嫌ったためであるが、ロシア側も盗用を防ぐ手立てに苦心していた。中国側が態度を変化したため販売に踏み切った」と、ある。

「Su-35BN」はSu-27を発展させた第4.5世代戦闘機でありエンジンは垂直変更ノズルを搭載したAL-41FIS（AL-31Fの発展型）である。報道が正しいとすれば、中国が咽から手が出るほどに新型エンジンを必要としていることを意味する。なお、新たな厳しい制約を中国が守るか否かはまた別の話であるが、ロシアがどのような知恵を絞ったのかも興味深い。

◉――攻撃機

また、水上目標攻撃のために、人民解放軍海軍航空部隊は「H-6」の多様なバージョンを主用している。「H-6」は「旧ソ連Tu-16」中型ジェット爆撃機をライセンス生産したコピーである。

また、人民解放軍海軍航空部隊は、洋上攻撃用の国産複座戦闘爆撃機である「JH-7」も採用している。JH-7は、元々MIG21をベースにロールスロイスのエンジンを国産化して開発したJ-7の発展型である。

「JH-7」の最新バージョン「JH-7A」は、捜索距離300キロメートルの新型アクティブ・フェイズド・アレイ・レーダーを装備し、エンジンも「AL-31F」の改良型が搭載される予定（現在ストップ）。また、多様な兵器能力を特徴とし、洋上攻撃能力を強化している。

◉――固定翼哨戒機等Y-8X

戦闘機に加えて、人民解放軍海軍航空部隊は、固定翼海洋哨戒機（MPA）、空中早期警戒（AEW）航空機、空中早期警戒管制（AEW&C）航空機の拡充も進めている。

中国はライセンス生産した「Y-8（旧ソ連An-12）」を基本にいくつかの機種を製造した。「Y-8X」は、主要な中国「MPA」であり、「AEW」および「AEW&C」航空機も、この基本機体に基づいている。

さて、これらの航空機は、洋上で探知したすべての水上目標および空中目標の位置情報の提供に重要な役割を果たす。

水上艦のレーダーには電波の直進性と地球の湾曲から自ずと捜索範囲に限界がある。そこで、水上部隊の目や耳となって目標をより早く、より遠くで探

攻撃機 H-6

固定翼哨戒機 Y-8X（写真提供：統合幕僚監部）

KJ-2000

知することができる長距離航空機は、ますます重要な存在となる。

次に、運用は人民解放軍空軍であるが、はるかに大型の、「KJ-2000空中警戒管制システム（AWACS）」を紹介する。

「KJ-2000（空警2000）」は、中国がロシア製IL-76を母機として開発した早期警戒管制機である。開発した中国製レーダーは固定式三面「フェイズド・アレイ・レーダー」で、探知距離200〜400キロメートル程度と推測されている。「12機の戦闘機を管制する能力」があると「Chinese Defence Today」は報じている。2006年1月から配備が開始され、2007年時点では、南京の閻良基地に4機が配備されている。

探知距離400キロメートルといえば、中国本土上空にいて尖閣諸島付近の目標を探知できることを意味する。

●——対艦攻撃ミサイルKh-31A

ロシア製「Kh-31A」は世界初のラムジェット推進対艦ミサイルで、最大速度マッハ4・5という極めて早い速度で、100メートルの低空を目標に向かう。目標の約10キロメートル手前までは慣性航法により進むが、その後、ミサイルは自身の搭載レーダーを発信、目標をロックオンすると相手の迎撃を躱すためにポップアップし、目標に突入する。

弾頭は、当たった瞬間（艦外）ではなく、やや遅れて艦内で作動する遅延信管で、4500トン以内の艦船なら一発で撃沈できる破壊力を持っているといわれている。最大射程は70キロメートルとも100キロメートルとも伝えられる。

また、自らは電波を発射しないが敵のレーダー電波を追跡して電波発射体を破壊する「パッシブ追尾型Kh-31P（国産YJ-91）」射程200キロメートルもある。現在、「Kh-31A／P」は「Su-30MK2」および「JH-7A」によって運用され

Kh-31A（写真：Panther）

ているが、将来的には他の戦闘機などにも搭載されるであろう。

◉——艦載ヘリコプター

中国の艦載ヘリコプターには、フランス系列とロシア系列の2タイプがある。

まず、フランス系列を紹介する。

「Z-9C（Zhi-9）」はフランスのアエロスパシアル社（現ユーロコプター社）が開発した軍用中型双発ヘリコプターAS-565パンサーのライセンス生産型に、独自に改良を加えて開発した「対潜ヘリコプター」である。「Z-9C」は機首に「KLC-1水上捜索レーダー」を装備し、これを通して得た情報をデータリンクで母艦へ転送し、「対艦ミサイル」へ目標データを提供する。また対潜兵器として、「ET52対潜魚雷（イタリア製「A244S」のコピー）」を2発装備できる。

次にロシア系列。中国は1997年ロシア製Ka

着艦するZ-9ヘリコプター（写真提供：統合幕僚監部）

Ka-27

Ka-31（写真：Dmitriy Pichugin）

‐28（Ｋａ‐27の輸出バージョン）対潜ヘリの評価試験を行い、１９９９年に「Ｋａ‐28ＰＬ（対潜型）」および「Ｋａ‐28ＰＳ（早期警戒型）」各４機を導入した。２０１０年５月21日の「ＡＲＭＳ‐ＴＡＳＳ通信」の報道によると、中国はロシアから、新たに「Ｋａ‐31早期警戒ヘリコプター」９機の購入契約に調印したという。

ところで「Ｋａ‐31」が搭載している「早期警戒レーダーＥ‐８０１ＭＯＫＯ」はフェイズド・アレイ・レーダーで、大型の旋回式レーダーアンテナ（重量２００キログラム、全長５・72メートル、面積６平方メートル）は、離着陸時や飛行中の抵抗にならないように普段は胴体下面に密着させて搭載されている。しかし、使用時には下側に90度ひねって垂直に立てて、アンテナの旋回の邪魔にならないように主脚を上側に折りたたむという。「Ｅ‐８０１Ｍ」の最大探知能力は、戦闘機の場合、１００～１５０キロメートル、水上艦艇の場合、最大２５０～２８０キロメートル。データリンク機能を使用して他の部隊に情報を伝達する。それにしても、Ｋａ‐31は、性能はともかく、操縦と運用には苦労が伴うことであろう。

◉――対艦弾道ミサイル

以上でこの項を終わるが、中国には現在開発中といわれる対艦弾道ミサイルという米空母を主目標とするとっておきの兵器がある。対艦弾道ミサイルについては海上自衛隊の弾道ミサイル防御の項で記述することとする。

(2) 中国海上法執行機関

中国にも、我が国の海上保安庁、水産庁、水上警察と同様に、海上において活動する海上法執行機関がある。

代表的な「海上法執行機関」は、次頁の表に

海上法執行機関

名称	海警（China Coast Guard）	海事局（Maritime Safety Administration）	漁政局（Fisheries Law Enforcement Command）	税関総局（General Administration of Customs）	国家海洋局　海監総隊（State Oceanographic Administration）
所属	公安部・人民武装警察に付属する辺防総隊	交通運輸部	農業部	国務院の直属機関	国土資源部
任務	犯罪取り締まり、海上テロ警備にも従事	船舶検査・登録、海上事故調査、海上交通管制、国内・国際法の履行、捜索・救難	漁業監視。違法外国漁船に対するパトロール	関税管理、密輸防止、港湾取り締まり	科学調査、排他的経済水域（EEZ）における権利保護のための法執行
装備	高速艇と小型巡視船を持ち、船艇の多くは小火器を装備 表示は「海警」	保有船艇は非武装 表示は「海巡」	漁政 311 は元軍艦及び漁政 21 は大口径機関砲搭載 表示は「魚政」⇒「海警」	高速艇 200 隻以上	1,000 ～ 4,000 トン級の船艇を 21 隻保有、多数が旧海軍からの転用 今後大中型 36 隻の建造を予定 航空機　9 機 表示は「海監」⇒「海警」
隊員	1 万人	2 万人	1000 人		8,000 人

示す5つの機関であり、通称五つの龍（FIVE DRAGONS）ともいわれている。

これらの機関には、しばしば連携に欠ける縦割り組織の弊害が見られていた。また、「海洋強国」の実現を目指す政府には、そのための中核組織の新設が不可欠となっていた。

複数の報道によれば、2013年3月に開かれた第12期全国人民代表大会で、中国国務院は、これらの現状を踏まえた機構改革を提案した。

その結果、「海洋強国」の実現を目指す政府の中核組織として「国家海洋委員会」の新設が決定された。同時に、左記のとおり国家海洋局の権限強化も決定された。

「現在の国家海洋局と中国海監、中国公安辺防海警部隊（海警）、農業部漁政部門（漁政）、税関総署の密輸取り締まり部門の部隊（海関）を国家海洋局へ統合し、国土資源部の管理下におくこととされた。

その主な職責は、海洋発展計画の立案、海洋権益維持・執法（注：法執行）任務の実施、海域の使用に関する監督管理、海洋環境の保全などである。

すなわち、国家海洋局が一元的にフォース・ユーザーとして機能することとなる。その執法船は、洋上での取り締まりの際は、中国海警局の呼称を使用し、また、国家海洋局次官は公安次官が兼務するなど、公安部の関与が強化されることとなった」

要するに中国の海上法執行機関は、海事局「海巡」を除く、すべてが公安部の業務指導を受けることになった。

もともと国家海洋局海監総隊（海監）は、国土資源部の管理下におかれているが、北海総隊、東海総隊、南海総隊に分かれ、実際に運用・管理しているのはそれぞれ北海艦隊、東海艦隊、南海艦隊の海軍とされていた。国家海洋局は「第2の海軍」とも呼ばれている。

こうした点から見て、日本の海上保安庁よりもアメリカ沿岸警備隊に近く軍事色が強い組織として一

海警（出典：月刊『世界の艦船』）

「漁政 310」（出典：「中国安全保障レポート」写真提供：海上保安庁）

中国海事局「海巡 21」（出典：海上保安庁「かいほジャーナル」）

インペッカブル前に現れた中国の船舶（出典：「中国安全保障レポート」写真提供：米海軍）

尖閣諸島周辺海域を哨戒中の巡視船（写真提供：海上保安庁パンフレット）

本化されたともいえよう。

なお、海監総隊は２０１３年初頭第12次５か年計画で、１５００トン級７隻、１０００トン級15隻、６００トン級14隻の計36隻の建造を盛り込んだという。

(3)海上民兵

兵役に関する中国の憲法は、「法律にしたがって兵役に服し、民兵組織に参加することは、中国人民の光栄ある義務である」（中華人民共和国憲法第55条）と明記されていて、国民すべてが兵役や民兵組織に参加することを義務付けている。

民兵は、人民武装力すなわち人民解放軍、人民武装警察隊と並ぶ３本柱の１本である。民兵は基幹民兵と一般民兵とに分けられる。

基幹民兵は、18～22歳までの期間に30～40日の軍事訓練に参加し、28歳以下の軍役を終えた兵士および軍事訓練に参加した者が、基幹民兵に編成される。約1000万人が、この基幹民兵組織に所属しているといわれる。なお、民兵は中央軍事委員会の指導および指揮を受けるものとされている。

ところで、南シナ海におけるベトナム、インドネシアならびにフィリピンと中国が、それぞれの島嶼をめぐる領土紛争のきっかけとなった中国漁船、海南島沖の公海で米海軍音響測定艦「インペッカブル」の進路を妨害した中国漁船、ならびに尖閣沖海域で巡視船に衝突した漁船には、いずれも海上民兵が乗り組んでいたものと考えられている。海上民兵の活動については、第5章で改めて、少し詳しく紹介する。

第2章 海上自衛隊の現状

周辺諸国の軍事力概観

1 我が国の現状

(1)経済

我が国の経済は「失われた20年」といわれているとおり1991年から20年以上にわたり低迷している。

1980年代後期には実体経済と資産価格のずれは正常な判断力を狂わせるほど大きく、危険なマネーゲームに国全体を誘っていた。

1989年4月1日から消費税が導入され、さらに日本銀行による急速な金融引き締め方針や総量規制を端緒とした信用収縮などから経済活動は次第に収縮に転じ、1990~1991年頃にバブルは崩壊した。

バブル経済の崩壊は、消費や雇用に悪影響を及ぼし、我が国は以来長期間のデフレーションに陥っている。悪いことは重なるもので、1995年1月17日に阪神淡路大震災が発生し、97年から増税した消費税は、消費の急激な落ち込みを招いた。

2007年、米国の住宅バブル崩壊は世界金融危機へ発展し、世界同時不況へと陥った。

さらにEUのギリシャ危機は、一方的な円高を招いて我が国の輸出業界は軒並み低迷し、その結果中間層の没落（貧困層への転落）が急速に進んだ。

その後も2011年3月11日、千年に一度といわれる東北地方太平洋沖地震に襲われ、福島第1原発のメルトダウン、原子力発電所の全面停止と続いた。

　電力確保のために、火力発電所向けの燃料輸入量は急増した。財務省によれば２０１１年の貿易収支は、１９８０年以来31年ぶり貿易赤字国へと転落した。貿易赤字額は２兆４９２７億円にのぼる。我が国は、このように次々に深刻な事態に襲われている。

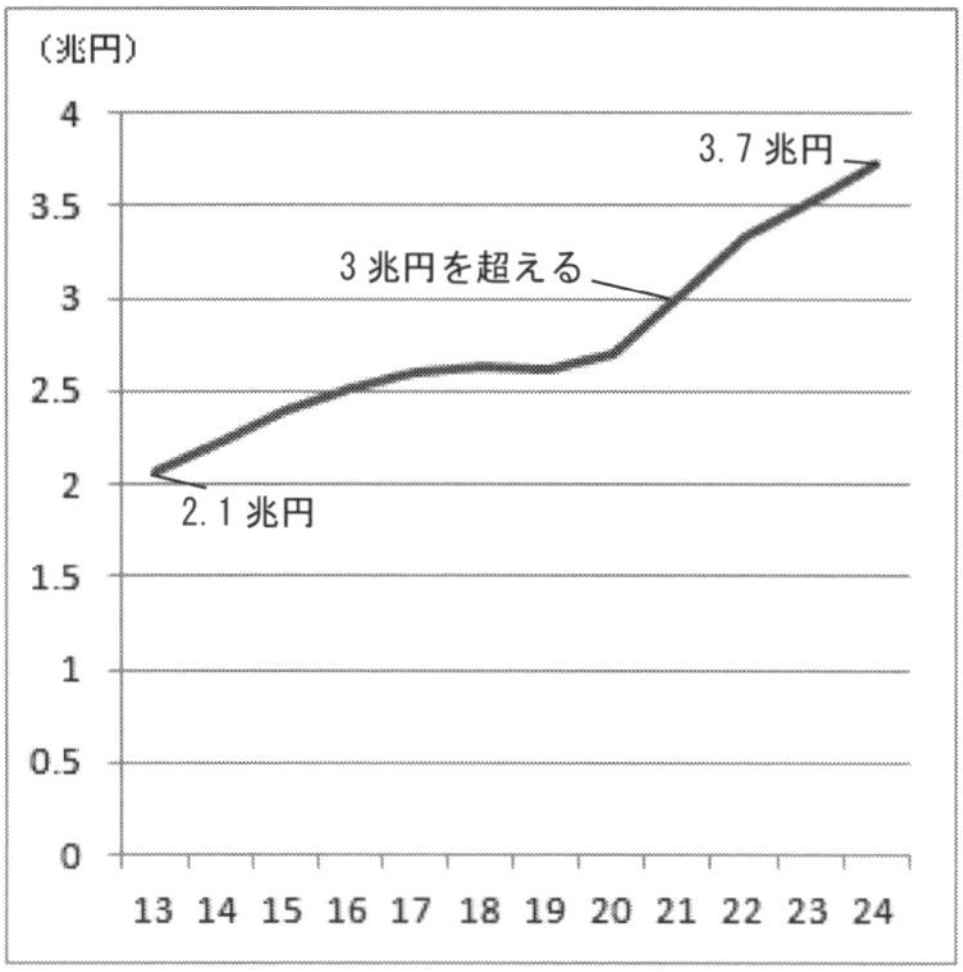

※平成22年度までは実績額、23年度は補正後予算額（前年度精算交付分除く）、24年度は当初予算額

生活保護費負担金（事業費ベース）**実績額の推移**
（出典：厚生労働省「生活保護費負担金事業報告」をもとに作成）

バブル崩壊後の「失われた20年」で株と不動産の損失は、１５００兆円とされる。

　また、我が国の生活保護費は右肩上がりで、12年度の予算は３・７兆円。受給者数は、第２次世界大戦後の混乱期を上回る異常事態が続いている。

　この間、国はさまざまな景気回復策を行っているが、結局、財政赤字は１９８０年以降も増え続け、政府債務残高は12年度末で１１２２兆円を超えた。

　これらの結果、我が国の防衛費は、平成10年度以降毎年前年度マイナスで推移し、平成24年度は平成9年度に比較して約２０００億円少ない。

　しかし、平成24年12月、民主党に代わり政権の座に返り咲いた自民党の安倍政権は、25年度防衛予算を24年度当初より４００億円増加した。日本の防衛予算が増加するのは、平成10年以来である。

　しかしＭＳＮ産経ニュース「防衛関係費４００億円増に圧縮。定員増に財務省が難色」（２０１３年１月26日公開）によれば、

「政府は25日、平成25年度予算案の防衛関係費に関し、防衛省や自民党が今年度の4兆6453億円から約1200億円の上積みを目指していた伸び幅を約400億円に圧縮する方針を固めた。

防衛省は沖縄県・尖閣諸島周辺での中国の活動に対処するため大幅定員増を求めたが、財務省が難色を示した。

防衛省は自衛隊の定員充足率を高めるため、陸海空で『1万8千人の増員が必要』（同省筋）としてきたが、財務省は国家公務員全体の定員削減方針をもとに大幅増を認めず、計300人弱の増員にとどまる見通しとなった」

結果的にこの見通しは的中した。大胆な方向変換を目指したものであったが、夏の参院選を控え、この件ではことを荒立てず、まずは経済を優先するという方針は納得できる。

しかし、この程度の増額・増員はないよりましだが、焼け石に水である。一方で中国はこの間に国防費を約4倍に増加しているのである。

少し長くなるが、ここで日清戦争（1894〜1895年）当時の教訓を振り返ることにしたい。ちなみに、日清戦争当時清国は「定遠《ていえん》」「鎮遠《ちんえん》」（いずれも1885年就役、7200トン、30・5センチ砲4門）というドイツから購入した最新鋭甲鉄戦艦2隻を主力とするアジア最強の北洋水師（艦隊）を有していた。

同艦隊は、日清戦争以前1886年および1891年の2度にわたり我が国を訪問した。表向きは親善であるが、実は朝鮮半島をめぐる砲艦《ほうかん》外交である。

そして2回とも、清国北洋艦隊水兵が乱暴狼藉の限りを尽くした長崎事件を起こしている。特に1886年は、双方に死者が出る騒乱で、在留清国民は、刀剣類を清国水兵に供給したという。当時日本は装甲艦「扶桑」1隻（1878年就役、3700トン、24センチ砲4門）、金剛型コルベット2隻（「金

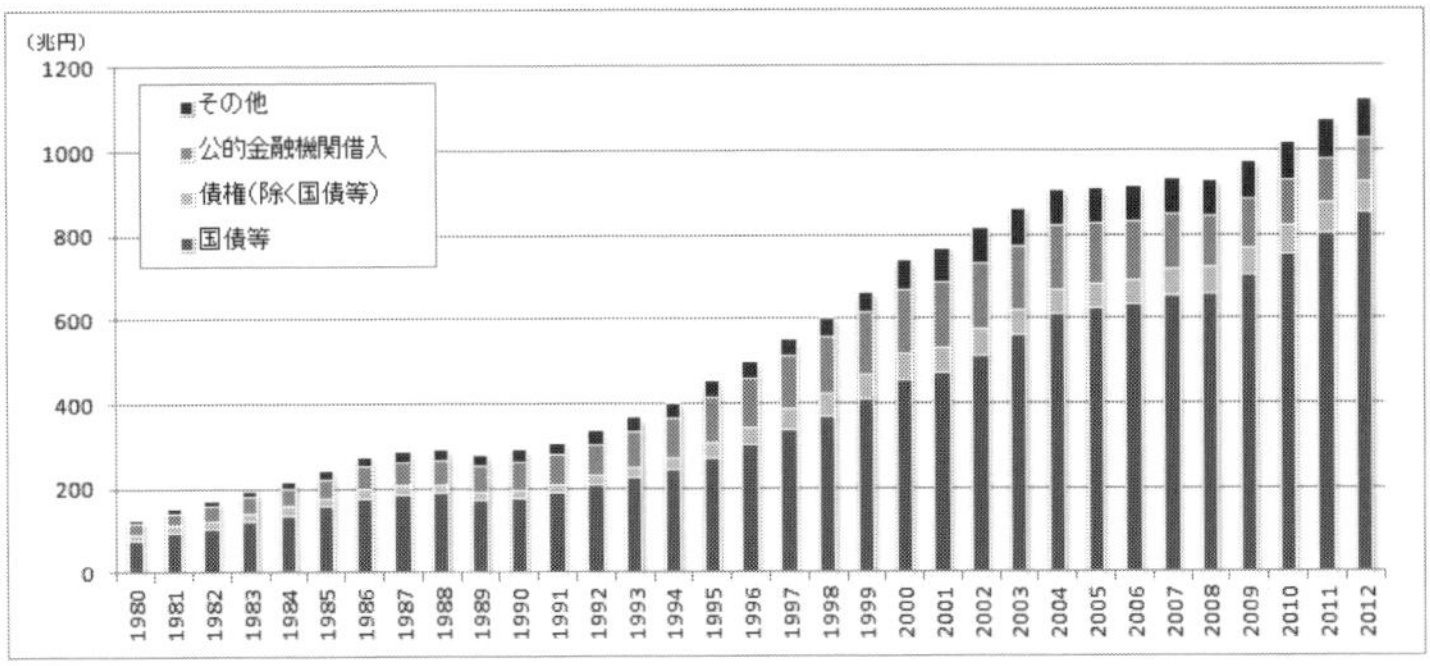

政府総債務残高の推移（出典：日本銀行「資金循環統計」をもとに作成）

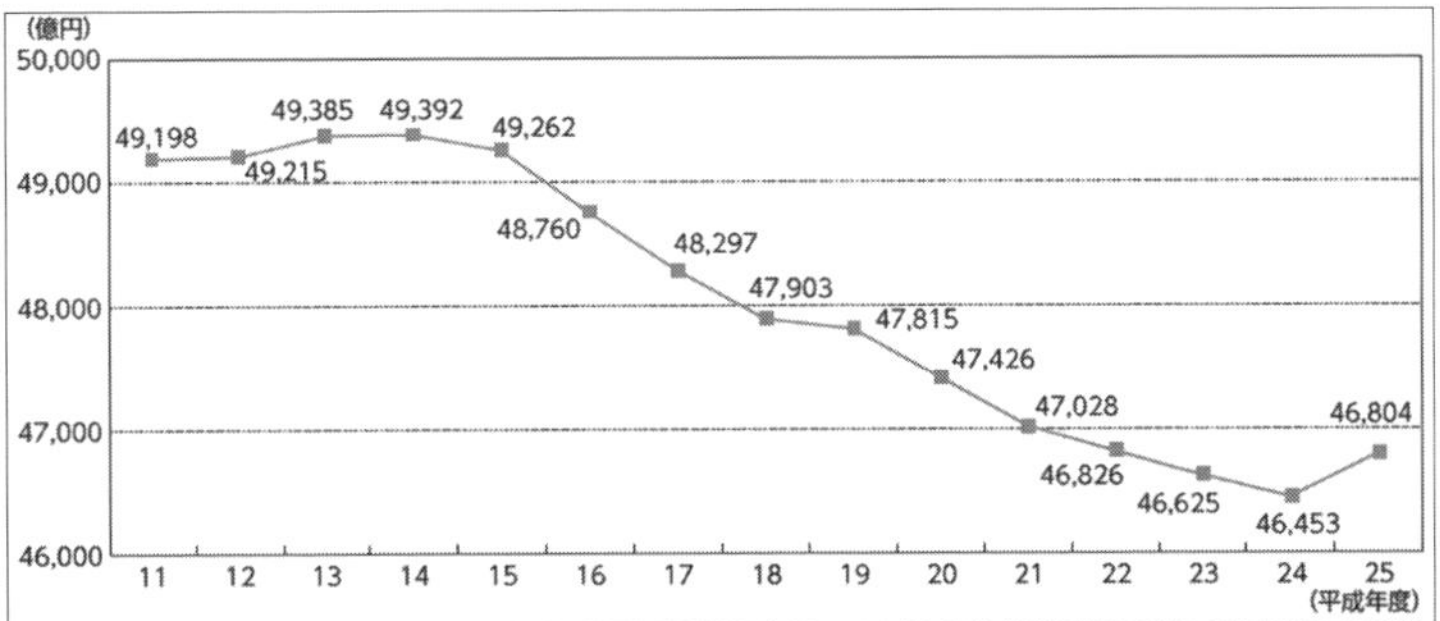

(注)　上記の計数は、SACO関係経費と米軍再編経費のうち地元負担軽減分を含まない。これらを含めた防衛関係費の総額は、11年度は49, 319億円、12年度は49, 355億円、13年度は49, 550億円、14年度は49, 557億円、15年度は49, 527億円、16年度は49, 026億円、17年度は48, 560億円、18年度は48, 136億円、19年度は48, 013億円、20年度は47, 796億円、21年度は47, 741億円、22年度は47, 903億円、23年度は47, 752億円、24年度は47, 138億円、25年度は47, 538億円になる。

過去 15 年間の防衛関係費（当初予算の推移）（出典：平成 25 年版「防衛白書」）

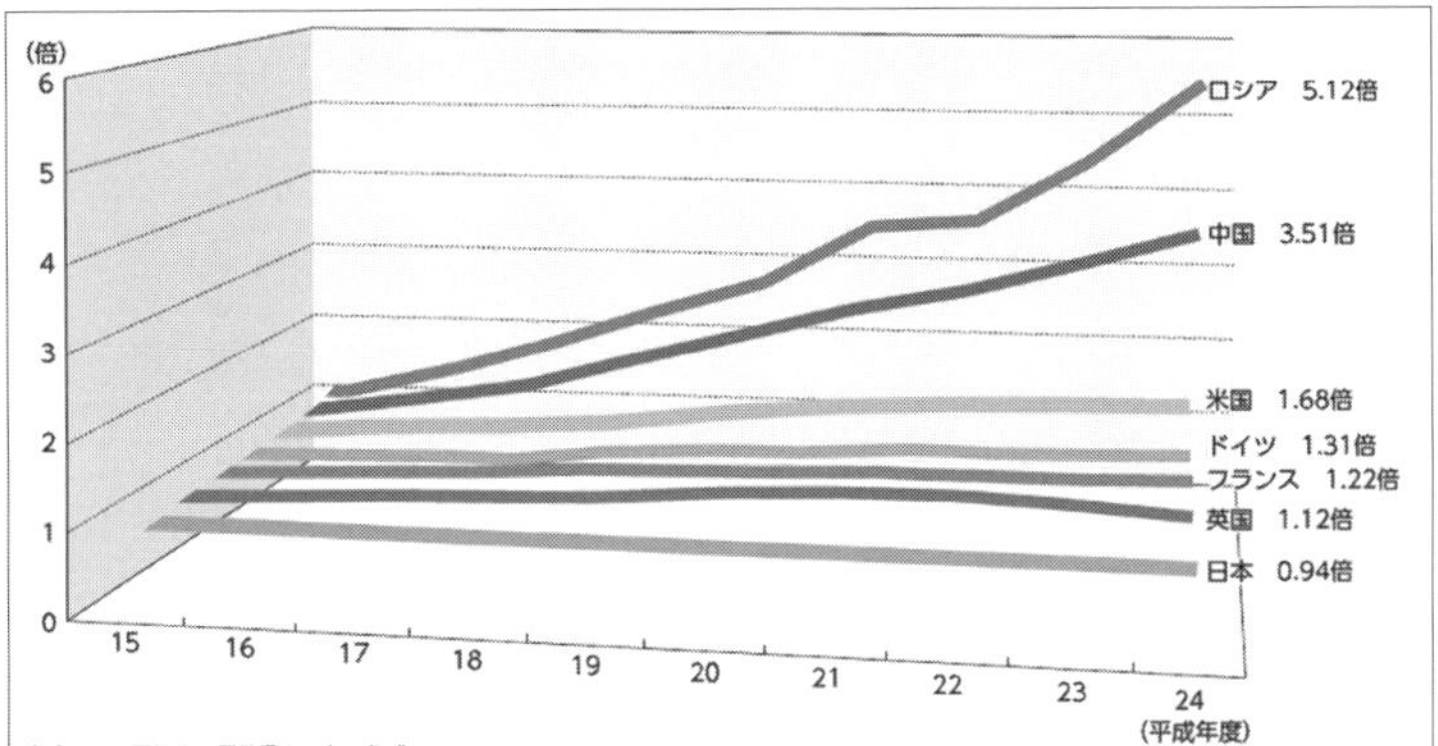

(注) 1　各国発表の国防費をもとに作成
2　平成15年度を1とし、各年の国防費との比率を単純計算した場合の数値(倍)である。(小数点第2位以下は四捨五入)。
3　各国の国防費については、その定義・内訳が必ずしも明らかでない場合があり、また、各国の為替レートの変動や物価水準などの諸要素を勘案すると、その比較には自ずと限界がある。
4　資料19参照

最近 10 年間における主要国の国防費の変化（出典：平成 25 年版「防衛白書」）

剛」、「比叡」、1878年就役、2250トン）があるのみ、あとは旧式艦ばかりでとても対抗できない。我が国政府はひたすら低姿勢を貫くしかなかった。

しかし、当時の日本人はただ黙っていたわけではない。

厳しい緊縮財政の中、野党の反対で海軍拡張計画は、ことごとく縮小、または否決されていたが、このような中でも関係者は英知を結集して清国海軍に勝てる軍艦を追求し、勝てる戦術を研究した。

しかし限られた海軍予算では装甲戦艦「定遠」型にはとても手が届かず、巡洋艦を小出しに建造するしかなかった。

事態を憂慮された明治天皇は、1893年に内廷費と官僚の給与を削減して建艦費に充当する旨の詔《しょう》勅《ちょく》を発布された。

残念なことに、このとき成立した甲鉄戦艦2隻は日清戦争には間に合わなかった。

しかし、それまでの苦労が形となって実ってきた。「筑紫」（1883年就役）、「浪速」（1886年）、「高千穂」（1886年）、「千代田」（1891年）、「吉野」（1893年）、「秋津洲」（1895年）の各巡洋艦には、小口径ではあるが、世界最新の技術を使用した英国アームストロング社製速射砲が搭載された。

および1門ではあるが、「定遠」より大きいフランス製32センチ砲1門を搭載した三景艦型巡洋艦（4300トン）、「厳島」（1891年）、「松島」（1892年）、「橋立」（1894年）の3隻が次々と就役した。

西欧列強は興味深く勝敗の行方を占ったが、予測の大勢は清国の勝利である。

海戦の経緯を述べる余裕はないが、結果は、この予想を裏切って帝国海軍は快勝したのである。

優れた戦術と最新鋭のアームストロング社製速射砲が、その勝因であった。その後判明したエピソードは教訓になる。

当時、清国で権勢を振るったのは西太后である。

彼女の側近が彼女の大寿（60歳）を祝う祭典、および引退後の避暑地となる頤和園《いわえん》の再建と拡張に本来は北洋艦隊用の予算を流用したという。

この額は少なくとも600万両、戸高一成著『海戦から見た日清戦争』によれば、この額は3000万両にものぼる。

「定遠」1隻200万両（当時円換算300万円相当）であった。

定遠クラスがさらに3隻でもあったら、勝利の女神は間違いなく清国に微笑んでいただろう。

言いたいことはこれからだ。民主党が政権をとって、鳩山政権は、インド洋上での補給支援活動から撤退する代わりに、アフガニスタンへ2009年から5年間で50億ドルもの巨額な支援をすることを表明した。インフラ整備や警察官の給与、食糧等支援に使われるということだった。

しかし、テロの防止に役立ったのだろうか。カルザイ政権は、汚職と腐敗で国民の信頼を失い、アフガニスタンに長く赴任して同国の治安情勢に詳しい元陸上自衛隊の友人は、タリバン勢力が近い将来政権に復帰するだろうという。

また、平成22年度　高速道路無料化社会実験計画（案）についた1000億円は、はたしてどんな成果が得られたのであろうか。

ちなみに、いわゆる高校無償化のためについた24年度当初予算額は3960億円である。これらの金額は清国の西太后個人のための国防費流用とは大義名分から異なるが、後世、あのお金を防衛費に充当していたら、と真っ先にやり玉にあがりそうな気がする。

(2) 政治

次に、政治の現状はどうであろうか。

バブル崩壊後の長期経済不振と、米・欧の経済危機および、相次ぐ自然災害等に対する後手後手の対応、並びに一部政治家および官僚のモラルの低下や失言は、マスコミの厳しい批判をあびた。

国民の政治不信は、そのつど高まりを見せ、若者の政治離れと無党派層が着実に増加した。

政権政党は自民党（1993年8月まで）、日本新党（1994年4月まで）、新生党（1994年6月まで）、自社さ連立政権（1998年7月まで）、自公連立政権（2009年9月まで）、民主党（2012年12月まで）、自公連立（現在）とめまぐるしく入れ替わり移り変わった。

1990年から2012年までの23年間に16人の総理大臣が変わり、いまの安倍総理は2005年以降8年間に8人目の総理大臣である。このことは国際メディアにも「日替わりメニュー」と揶揄《やゆ》され、特に国際政治の舞台で、我が国は確実に発言力をなくしていった。

また、2大政党化を目指すものとして1996年の衆院選から導入された小選挙区比例代表並立制（小選挙区300、比例代表200）は、2005年の衆院選・2012年の衆院選における自民党、2009年の衆院選における民主党が、いずれも4割台の得票率で7割から8割の議席を獲得していることから、議席数は民意と大きくかい離している。

その時々の風模様で多数党の議席が得票数以上に大きくぶれることから、1989年の参議院選挙以降、衆議院と参議院の多数党が異なる、いわゆる国会の「ねじれ現象」がたびたび生起している。

2011年に誕生した野田政権は、ねじれ国会下の政界を「決められない政治」とし、「決められる政治」への脱却をめざしたが、言葉だけに終わった。

あとを引き継いだ自民党安倍総理は就任に際し、「決められる政治」を取り戻すことを宣言した。

防衛政策に関しては、新聞報道によれば、安倍内閣は2013年1月民主党政権が作成した「23防衛計画の大綱」（後述）を凍結、併せて現行の中期防衛力整備計画を廃し、これに代わる新大綱および新

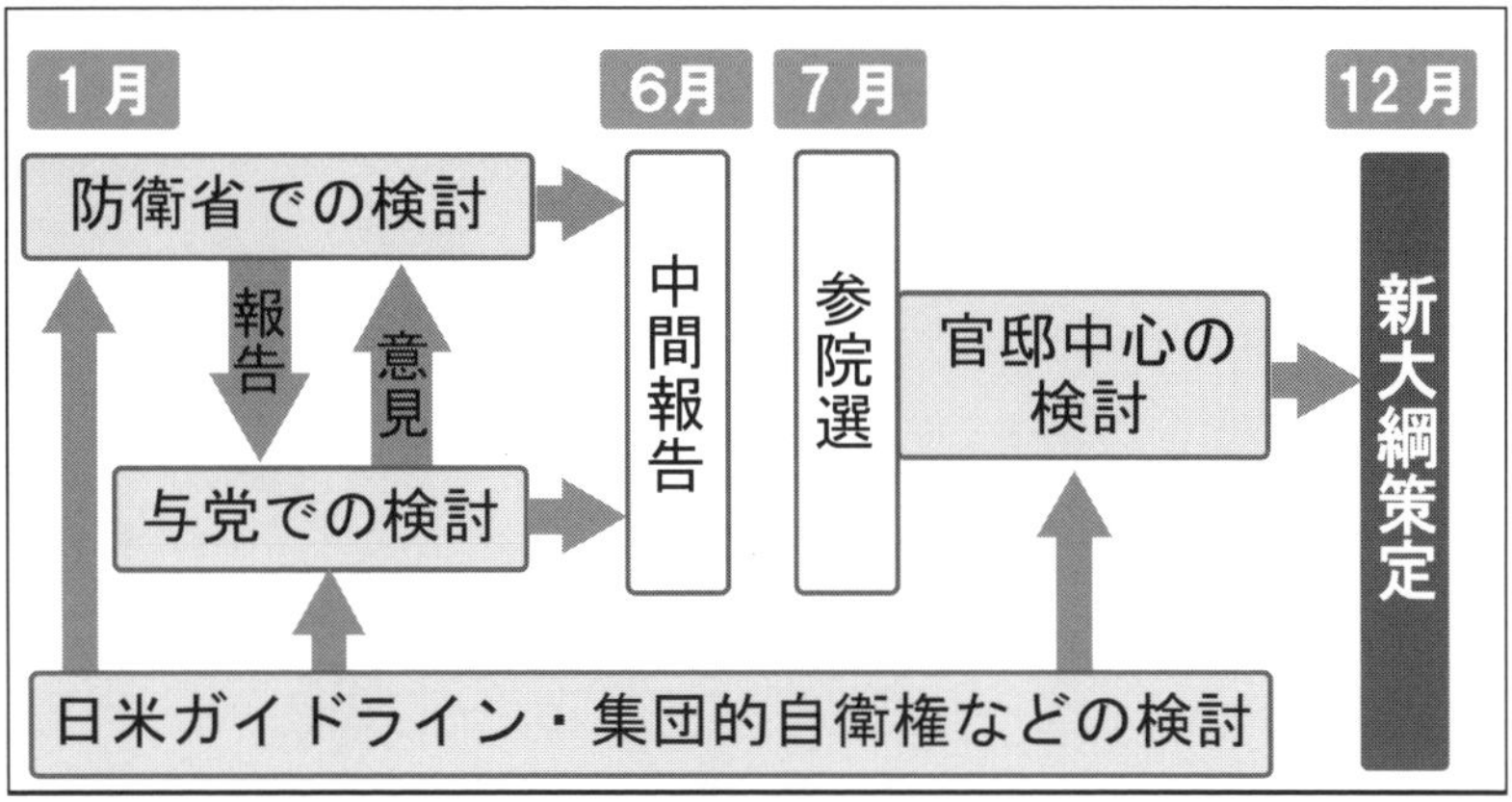

防衛計画の大綱策定の流れ（出典：産経新聞 2013 年 1 月 26 日付）

たな中期防衛力整備計画を年内を目途に作成するという。2013年夏の参院選は経済再生のみならず我が国の今後の防衛のあり方を争点とする極めて重要な選挙になった。

それにしても民主党の3年間は、後世どのように評価されるのであろうか。

鳩山由紀夫元首相は奇行・奇言を繰り返し、日米の信頼関係を著しく低下させた。米英の新聞紙上で「LOOPY（間抜け）」と揶揄《やゆ》された。最高指揮官でありながら、自衛隊観艦式にも外遊を口実に欠席した。

菅直人元首相は、総理大臣が自衛隊の最高指揮官であることを知らなかった。百歩譲って冗談だとしても涙が出る。自衛隊員は最高指揮官の命令で、危険をも顧みず任務を遂行する。これほど自衛隊員を愚弄《ぐろう》した言葉はない。

野田佳彦前首相は、尖閣諸島を国有化したのはよいが、2012年9月のAPECの会場で胡錦濤中国国家主席に睨み付けられている写真が世界中に配信された。野田首相の目は叱られているように伏し目がちである。これでは日本が悪いのだろうと世界が誤解したに違いない。

何度も繰り返すが、中国は虎視眈々《こしたんたん》と尖閣の実効支配を目論《もくろ》んでいる。

誰が政権をとろうとこれは関係ない。自民党にも、かつて冷戦華やかな頃、中距離核戦略ミサイルSS20を知らなかった鈴木善幸元首相、辞任を表明したからと、2日後の自衛隊高級幹部会同を欠席した福田康夫元首相がいた。しかし、このことは、政治家のみの責任ではない。戦後社会が安全保障を米国に頼り、自ら国を守ることを等閑視してきたつけが安全保障に無知な国民と政治家を生み、その累積が、今、国難となって噴き出してきたと捉えるべきであろう。

ではあるが、現実問題として安全保障の分野で失点を重ね、中国の公船が常時尖閣諸島付近を徘徊《はいかい》し、領海を我が物顔に航行するきっかけを与えた民主党3人の首相の責任は大きい。

2　我が国の国防戦略

(1)日本国憲法

国の基本は言うまでもなく憲法であり、憲法は我が国の最高法規である。

国防戦略も当然憲法が基本になるべきだ。ところが国の防衛に関して、我が国の憲法は世界にも希な憲法といわれる。なぜか。

その象徴が憲法第9条であり、その条文を次頁に示す。

日本国憲法第9条は、まず第1項で、国権の発動による戦争を永久に放棄し、国際紛争の解決に際しては武力の威嚇も武力の行使も永久に放棄すると述べている。これが目的である。

そして、第2項では第1項の目的を達成する手段となりうる陸海空の軍隊およびその他の戦力は保持しない、国の交戦権は認めないと続いているのである。

しかも憲法前文には、「日本国民は、（略）平和を愛する諸国民の公正と信義に信頼して、我らの安全と生存を保持しようと決意した」と謳っている。すなわち、憲法を見る限り「戦力を持たず、すべてを平和的に解決する」というのが我が国の国防戦略である。

ちなみに毛沢東は、「戦争は政治の特殊手段であり、それによって政治は目的を達成するものであ

日本国憲法　第9条

1．日本国民は、正義と秩序を基調とする国際平和を誠実に希求し、国権の発動たる戦争と、武力による威嚇又は武力の行使は、国際紛争を解決する手段としては、永久にこれを放棄する。

2．前項の目的を達するため、陸海空軍その他の戦力は、これを保持しない。国の交戦権は、これを認めない。

る」（毛沢東著／尾崎庄太郎訳『持久戦論』人民社刊）と言い切っている。

つまり政治が行き詰まったときに戦争が勃発し、政治の障害を一掃するともいう。これが中国、否、世界の常識である。

ところで、現在軍隊を保有しない国は、26か国とも27か国ともいわれる。

しかし、ほとんどが都市国家、島嶼国家であり、いずれもがＮＡＴＯや英連邦に加盟するか大国の保護下にあり、あるいは相応の警察軍を有している。

憲法の成立過程を詳述する余裕はないが、米国は我が国を、これらの国と同様に「米国の保護下におく。二度と戦争ができない国にして独立させる」ことにしたのである。

併せて、憲法改正には、各議院の総議員の3分の2以上の賛成、さらに国民の承認を得なければならないという二重三重の鍵をかけて、容易に改正できなくした。

さらに、国民に承認を得る具体的手続きは、何も憲法上規定されていないというおまけつきである。

独立後保守派政党は、憲法改正を党是《とうぜ》としたが、現在に至るも実現に至っていない。

ちなみに明治23（1890）年に施行された大日本帝国憲法は、現在の視点で見れば、統帥権の独立および参政権などの基本的人権に関する問題等を内蔵していたが、昭和22（1947）年5月3日の日本国憲法施行までの57年間一度も改正されていない。

憲法は基本であるが、必要な改正を行わなければ、時代に取り残されて、「憲法は残ったが国が滅びた」では本末転倒である。

現実に世界は、戦争を含む大小様々な争いに明け暮れている。

我が国に関しても、中国は尖閣諸島を一方的に自国領土に編入し、核心的利益と宣言した。

韓国は竹島をまさに戦後のどさくさに紛れて、自国の表札を恥ずかしげもなく掲げている。

北朝鮮は国連決議にも従わず、核兵器ならびに弾道弾の開発を続けて国際社会に挑戦している。

ロシアは北方領土を不法に占領したままだ。彼らには聞く耳がないようだ。

諸国民の公正と信義に、我らの安全と生存を託した決意は本当に正しかったのか。「すべてが平和的に解決できる」と本当に信じてよいのか。また、すべてを平和的に解決すると決意した日本国憲法には当然あるはずの国家緊急権に関する規定がない。

つまり有事に関する規定がないという点で主要国では前代未聞の憲法なのである。

憲法を改正するか、改正されるまでの空白をなくすためにも「国防基本法（仮称）」を策定しなければ、いつまでもそのつど重箱の隅をつつくような議論に終始して、的確・迅速な対応に欠けることは眼に見えている。

しかし、それでも今日自衛隊が存在するそもそもの原因は、第2次世界大戦後世界を二分した東西の冷戦である。

極東では、戦後中国に国共内戦が再発、大陸には1949年共産党の一党独裁国家「中華人民共和国」が建国された。

同年、ソ連が初めての原爆実験に成功した。

1950年には朝鮮戦争が始まり、中国義勇軍と米軍主体の国連軍は直接戦火を交えた。

手薄になった日本国内の治安を守るため、同年警察予備隊が創設された。

警察予備隊は、その後、陸上自衛隊に生まれ変わる（海上自衛隊創設の経緯は後述）。冷戦が始まると、米国は手のひらを返したように、日本を西側の有力な一国として取り込むこととした。

この結果、1954年に誕生したのが陸・海・空自衛隊である。

政府見解によれば、憲法は自衛権の放棄を定めたものではない。自衛のための必要最小限度の実力は、憲法第9条第2項にいう「戦力」には該当しない。

自衛権の行使は、交戦権の行使とは別の観念である、という立場に立っている。

しかし、自衛隊は国際法上は軍隊として取り扱われている。でなければ国際法上、自衛官には軍人としての権利が与えられないからである。自衛隊は軍隊ではないことを何度となく外国人に説明したが、外国人を理解させるのは誠に骨が折れる。

(2) 防衛2法

そこで昭和29（1954）年に制定された法律が、「防衛庁（2006年に防衛省）設置法」および「自衛隊法」の防衛2法である。

防衛省設置法は、その名が示すとおり防衛省の設置ならびに任務および明確な範囲の所掌事務等を定めるとともに、その所掌する行政事務を能率的に遂行するため必要な組織を定めた。

自衛隊法は、自衛隊の任務、自衛隊の部隊の組織および編成、自衛隊の行動および権限、隊員の身分取り扱い等を定めるものである。

詳細は省略するが、防衛2法に規定された文民統制および自衛隊の権限については少し説明する。

まず、文民統制とは、民主主義国家における軍事に対する政治優先又は軍事力に対する民主主義的な政治統制を指す。我が国においては具体的には、国民を代表する国会が、自衛官の定数、主要組織などを法律・予算の形で議決し、また、防衛出動などの承認を行う。更に、国の防衛に関する事務は、一般行政事務として、内閣の行政権に完全に属しており、内閣総理大臣は、内閣を代表して自衛隊に対する最高の指揮監督権を有している。また、内閣には国防に関する重要事項などを審議する機関として、安全保障会議が置かれている。現役の軍人は、内閣総理大臣および国務大臣になれないことも憲法に規定された。

次に、自衛隊の権限について述べる。

自衛隊の権限に関する法律を策定するに際しては、軍隊ではないとしたことから範を殊更軍に求めず、母体が警察組織であったことから警察官職務執行法（警職法）および海上保安庁法をたたき台にして作成された。

この結果、すべての基本が正当防衛および緊急避難となっている。

わかりやすくいえば、「先に手を出すな。ほかに手段がないときのみ緊急避難的に反撃してよい。ただし、最小限の反撃にとどめよ」ということである。

しかも、攻撃型空母や戦略爆撃機は保有しないなど、反撃に使える手を自ら縛っている。

これがいわゆる「専守防衛」の基本概念だ。

ただし、防衛出動を命ぜられた自衛隊は、日本国を防衛するため、必要な武力を行使することができる。

なお、その際も、国際の法規および慣例によるべき場合にあってはこれを遵守し、かつ、事態に応じ合理的に必要と判断される限度を越えてはならないものとされている。

しかし、ここで問題となるのは、中国が自分勝手な解釈をゴリ押ししているように、国際法規、国際慣例といえども微妙なところは解釈が複雑であり、国によっても理解が異なることである。

そこで各国は任務遂行部隊に国際法規等を踏ま

えた具体的なアクションレベルを示す交戦規定（ROE：Rules of Engagement）を、米国であれば大統領名で予め作成している。

平時、グレー（平時有事の中間段階）、有事の各段階における各種事態を想定したROEには、してはいけないアクション（つまり禁じ手）が記述されるのが各国の常識である。禁じ手を記述するこの形式を、使える手だけを決めたアクティブリスト形式に対比してネガティブリスト形式という。

ところで我が国には交戦規定がない。イラクに派遣された陸上自衛隊には交戦規定の代わりに武器の使用基準が示されているが、やはりアクティブリスト形式であった。

千変万化する戦場では予想しかねることが必ず生じる。敵は相手の予測しない手を考えるものだ。そのつど、あれはしてよいのか、これはどうかと尋ねる愚はいうまでもない。しかも、防衛2法は中国も、北朝鮮も驚くほどに知り尽くしている。

たとえば、筆者は1999年能登半島沖の工作船事案では、護衛艦「みょうこう」に乗艦して第2大和丸を追跡した。合計13発の警告射撃は実弾を使用したが、船体への危害射撃は厳しく禁止されていた。ギリギリのところに正確に打ち込んだが、不審船は何事もないかのように逃走した。北朝鮮工作船は手を出さない限り、船体を射撃されることはないことを承知していたとしか考えられない。

交戦規定の名称はともかく、この種規定を策定しなければ防衛出動はしたが部隊は迷うに違いない。しかも、ネガティブリスト形式でなければならないことはいうまでもない。

(3) 国防の基本方針

昭和32年5月、自衛隊発足後3年を経過して我が国は国防の基本方針を閣議決定した。その「国防の基本方針」は次頁表のとおりである。

国防の基本方針（昭和32年5月20日閣議決定）

国防の目的は、直接及び間接の侵略を未然に防止し、万一侵略が行われるときはこれを排除し、もって民主主義を基調とする我が国の独立と平和を守ることにある。この目的を達成するための基本方針を次のとおり定める。

（1）国際連合の活動を支持し、国際間の協調をはかり、世界平和の実現を期する。

（2）民生を安定し、愛国心を高揚し、国家の安全を保障するに必要な基盤を確立する。

（3）国力国情に応じ自衛のため必要な限度において、効率的な防衛力を漸進的に整備する。

（4）外部からの侵略に対しては、将来国際連合が有効にこれを阻止する機能を果たし得るに至るまでは、米国との安全保障体制を基調としてこれに対処する。

そのほかにも政府は国会答弁で、一部繰り返しになるが、我が国は、憲法のもと、専守防衛に徹し、軍事大国とならない、日米安保体制を堅持するとともに、文民統制を確保し、非核3原則、武器輸出3原則を守りつつ、節度ある防衛力を自主的に整備すると、防衛政策を遂行する指針を述べている。

以上長々と紹介したが、これを要するに我が国の国防戦略は、「国連尊重」、「専守防衛」ならびに「日米同盟」の3点に集約することができる。

しかし、「国連尊重」はよいとしても、尖閣諸島をめぐる中国との紛争が生じた場合、国連にこの紛争の調停は期待できない。中国は国連安全保障理事会の常任理事国であり中国に不利な何事にも拒否権を使用するに違いない。

常任理事国が1か国でも反対すれば国連安全保障理事会は何も決めることができない。これを常任理事国だけが保有する拒否権という。

次に「専守防衛」とは、先にたとえ話をしたが、

日米安全保障条約 第5条

1　各締約国は、日本国の施政の下にある領域における、いずれか一方に対する武力攻撃が、自国の平和及び安全を危うくするものであることを認め、自国の憲法上の規定及び手続に従つて共通の危険に対処するように行動することを宣言する。

2　前記の武力攻撃及びその結果として執った全ての措置は、国際連合憲章第51条の規定に従つて直ちに国際連合安全保障理事会に報告しなければならない。その措置は、安全保障理事会が国際の平和及び安全を回復し維持するために必要な措置を執つたときは、終止しなければならない

防衛白書には「相手から武力攻撃を受けたときに初めて防衛力を行使し、その態様も自衛のための必要最小限にとどめ、また、保持する防衛力も自衛のための必要最小限のものに限るなど、憲法の精神にのっとった受動的な防衛戦略の姿勢をいう」と記述されている。三番目は「日米同盟」である。

参考に日米安全保障条約第5条を上に示しておくが、過去（1996年）にモンデール元駐日米大使は尖閣問題に日米安全保障条約は発動しないと発言して問題化したことがある。今回の尖閣をめぐる日中の軋轢《あつれき》は再び尖閣諸島が日米安全保障条約の適用を受けるかどうかが重大な関心事となった。領土問題に関して米国は関係国同士で解決するべきとの立場を一貫して貫いているが、2012年末から米国要人はたびたび尖閣諸島が日米安全保障条約の適用範囲であることを公言している。

2012年12月21日には、米下院に続き、上院でも尖閣諸島が、日米安全保障条約第5条の適用対象

日米共同訓練（出典：平成24年版「防衛白書」）

であることを盛り込んだ法案が可決されたという報道がされた。

２０１３年1月17日の報道では、同日、当時のルース駐日米大使は小野寺防衛相に対して、尖閣諸島が日米安全保障条約の適用範囲にあることを確認している。

また、「尖閣での『自制に敬意』安保適用『揺るぎない立場』」（ＭＳＮ産経ニュース２０１３年2月23日公開）では、

「岸田文雄外相は日米首脳会談後の22日、ケリー国務長官と国務省で初会談した。ケリー長官は日本政府が沖縄・尖閣諸島に関して示す『自制と重大な衝突に発展しないようにする取り組みに敬意を表したい』と述べ、尖閣諸島が日米安全保障条約の適用範囲にあるとの『揺るぎない立場』を確認した」

と報道されている。

米国政府および上下両院の双方が、尖閣への日米安保適用の明確な意思表示をした。

しかし、だからといって油断したり、有頂天になってはならない。

中国は挑発活動をやめたわけでもないし、機を見て、さらにエスカレートすることは十分にありうる。

ケリー国務長官は「自制に敬意」を表しているが、日本が挑発に乗り、頭に血がのぼって先に手を出せば（中国は日本人の習癖を熟知している）、中国は待ってましたとばかり「リメンバー・パールハーバー」を声高に喧伝して、米国世論をゆさぶろうと待ち構えている。まさに「輿論戦」である。

次に、日米安全保障条約に基づく日米の対処構想を説明する。

表は、新たに策定された「日米防衛協力のための指針」に記述されている「我が国に対する武力攻撃がなされた場合の作戦構想」をわかりやすく表にしたものだ。

同指針は、すでに昭和53年に策定されていたが、冷戦が終結するなど国際情勢の変化に伴いこれを見直し、平成9年9月新たに策定されたものである。

表の対処構想をさらに要約すれば、「我が国に対する武力攻撃に際しては、自衛隊は主として防勢作戦を行い、米軍はこれを補完・支援するための作戦を行う。米軍は、必要に応じ、打撃力を有する部隊の使用を考慮する」と表すことができる。

たびたびたとえ話で恐縮であるが、以下サッカーの国際試合を例に話をしたい。

ここにいう日本サッカーチームは、国際試合において特別なルールを自らに課している。

試合開始はセンターライン上のキックではなく、なぜか我が国のゴールを狙える地点における相手チームのペナルティキックから始まる。

日本のゴール前で両チームは互いに絡み合っているが、いつキックするかは審判のホイッスルではなく相手チームに委《ゆだ》ねられている。

ゲームはこうして始まる。しかし、鉄壁の守りを誇る日本チームは相手のゴールを許さない。直ちに

作戦など		自衛隊の活動	米軍の活動
わが国に対する航空侵攻に対処するための作戦		○防空のための作戦を主体的に実施	○自衛隊の行う作戦を支援 ○打撃力の使用を伴うような作戦を含め自衛隊の能力を補完するための作戦を実施
わが国周辺海域の防衛および海上交通の保護のための作戦		○わが国の重要な港湾および海峡の防備、わが国周辺海域における船舶の保護並びにその他の作戦を主体的に実施	○自衛隊の行う作戦を支援 ○機動打撃力の使用を伴うような作戦を含め自衛隊の能力を補完するための作戦を実施
わが国に対する着上陸侵攻に対処するための作戦		○わが国に対する着上陸進行を阻止し排除するための作戦を主体的に実施	○主として自衛隊の能力を補完するための作戦を実施（その際、侵攻の規模、態様その他の要素に応じ極力早期に兵力を来援させ、自衛隊の作戦を支援）
その他の脅威への対応	ゲリラ・コマンドウ攻撃などわが国の領域に軍事力を潜入させて行う不正規型の攻撃	○極力早期に阻止し排除するための作戦を主体的に実施。その際、関係機関と密接に協力し調整	○事態に応じて自衛隊を適切に支援
	弾道ミサイル攻撃	○攻撃に対応するため密接に協力し調整	○わが国に対し必要な情報を提供 ○必要に応じ、打撃力を有する部隊の使用も考慮

わが国に対する武力攻撃がなされた場合の作戦構想（出典：平成 25 年版「防衛白書」）

反撃の開始だ。

しかし、なぜかチームの日本人選手はセンターラインを越えて敵陣まで攻め込まない。

敵陣に入ることができるのは、チームの米国人選手だけである。

これも自らに課した特別なルールである。

日本人選手は自陣の守りを固め、米国人選手の攻撃に期待するのみだ。万が一、最初のペナルティキックで得点され、米国人選手が揃っていないか到着が間に合わなければタイムオーバー、そのまま試合は終了してしまう。

かつて、チームのオーナーが米国人選手をチームから遠ざけようとしたが、ライバルチームは心底喜んだことであろう。

同様に、いまも我が国には米国人選手をチームから追い出そうとうごめく勢力が存在するが、彼らは日本チームの勝利よりも対戦チームの勝利を願っているとしか思えない。

（4）防衛計画の大綱

防衛計画の大綱（以下、防衛大綱）は、先に述べた「国防の基本方針」を踏まえて、昭和51年三木内閣のとき、初めて策定されたものである。策定の経緯は後述するが、今後、自衛隊が果たすべき具体的任務の範囲や、見通し得る将来における達成可能な防衛力を提示することが目的である。その後、大きな情勢の変化がなくこの防衛大綱に基づく防衛力整備を継続してきたが、東西冷戦の終結という大きな情勢変化を受け、以降、概ね10年後までを念頭においた中長期的な視点で、日本の安全保障政策や保有すべき防衛力の水準（整備規模）を求めることとされた。

その後は自衛隊の国際貢献、大規模災害対処、北朝鮮の工作船事件やミサイル発射、米国同時多発テロへの対応など多様な事態が生起して、それぞれに対処する必要から、最初の防衛大綱である「昭和52年度以降にかかる防衛計画の大綱」（51大綱）以降も、「平成8年度以降にかかる防衛計画の大綱」（07大綱）、「平成17年度以降にかかる防衛計画の大綱」（16大綱）、および２０１０（平成22）年12月に策定された「平成23年度以降にかかる防衛計画の大綱」（22大綱）と4度にわたり策定されている。

なお、主要な防衛力の整備目標は、防衛大綱別表に示される。

次に大綱策定後の防衛力整備計画について紹介したい。51大綱策定に伴い当初は、防衛庁限りの中期防衛力整備計画として「53中期業務見積もり」、それに続いて「56中期業務見積もり」が作成されたが、政府計画にすべきという世論を踏まえ、昭和61年度以降は5年間を対象として3年ごとに見直す中期防衛力整備計画（以下、中期防）を策定して具体的な政策や装備調達量を定めた。防衛大綱および中期防は、いずれも閣議決定される文書である。

51大綱の策定に伴う、その後の国防会議および閣議において、いわゆる「防衛予算の対ＧＮＰ比１％枠」の当面の経費に関する細部指針が決定され、防衛予算に縛りをかけていたが、昭和62年度の予算編成に伴う安全保障会議及び閣議において、「防衛予算の対ＧＮＰ比１％枠」は撤廃され現在に至っている。最近は、対ＧＮＰで防衛予算をフィルターにかける議論がなされなくなり、意味のない論議が無くなり良い傾向である。

蛇足になるが、年度予算は中期防を踏まえた上で情勢を加味して必要な経費を計上することになる。各大綱の別表は参考として126頁に並列表記しているので、あとで見比べてほしい。

冷戦は終結したものの、それまで抑えられていた民族紛争などは逆に各地で火を噴き、我が国周辺も緊張が高まっているにもかかわらず、目標とする防衛力整備の水準が右肩下がりに下がっていることがわかるはずだ。

ところで、大綱以前の防衛力整備は、第１次防衛力整備計画（昭和33年度から昭和35年度まで）から、第４次（昭和47年度から昭和51年度）までの防衛力整備計画に基づいて整備されていた。

最後になった４次防は当初、中曽根防衛庁長官（当時）の強い意向を反映して、これが完成すれば世界第12位であった防衛費が、一挙に第６位程度まで飛躍する大計画であった。

しかし、昭和46年７月の全日空機雫石衝突事故、同年８月のニクソン・ドルショックで、国は急激な円高不況に陥り国会審議がストップするなど、波乱の中、計画の主要項目は昭和47年２月にやっと閣議決定された。

しかし、１９７３（昭和48）年10月６日に第４次中東戦争が勃発、今度はオイルショックとインフレーションによる大不況のため、51年度予算時点での計画の未達成は確実であり、従来の防衛力整備計画の見直しが重要な課題となっていた。

区分			51大綱	07大綱	16大綱	22大綱
陸上自衛隊	編成定数 常備自衛官定員 即応予備自衛官員数		18万人	16万人 14万5千人 1万5千人	15万5千人 14万8千人 7千人	15万4千人 14万7千人 7千人
	基幹部隊	平素（平時）地域に配備する部隊	12個師団 2個混成団	8個師団 6個旅団	8個師団 6個旅団	8個師団 6個旅団
		機動運用部隊	1個機甲師団 1個特科団 1個空挺団 1個教導団 1個ヘリコプター団	1個機甲師団 1個空挺団 1個ヘリコプター団	1個機甲師団 中央即応集団	中央即応集団 1個機甲師団
		地対空誘導弾部隊	8個高射特科群	8個高射特科群	8個高射特科群	7個高射特科群／連隊
	主要装備	戦車 火砲（主要特科装備）(注1)	(注2)（約1，200両） (注2)（約1,000門／両）	約900両 （約900門／両）	約600両 （約600門／両）	約400両 約400門／両
海上自衛隊	基幹部隊	護衛艦部隊 〔機動運用 地域配備〕 潜水艦部隊 掃海部隊 哨戒機部隊	4個護衛隊群 （地方隊）10個隊 6個隊 2個掃海隊群 （陸上）16個隊	4個護衛隊群 （地方隊）7個隊 6個隊 1個掃海隊群 （陸上）13個隊	4個護衛隊群（8個隊） 5個隊 4個隊 1個掃海隊群 9個隊	4個護衛隊群（8個護衛隊） 4個護衛隊 6個潜水隊 1個掃海隊群 9個航空隊
	主要装備	護衛艦 潜水艦 作戦用航空機	約60隻 16隻 約220機	約50隻 16隻 約170機	47隻 16隻 約150機	48隻 22隻 約150機
航空自衛隊	基幹部隊	航空警戒管制部隊	28個警戒群 1個飛行隊	8個警戒群 20個警戒隊 1個飛行隊	8個警戒群 20個警戒隊 1個警戒航空隊 （2個飛行隊）	4個警戒群 24個警戒隊 1個警戒航空隊 （2個飛行隊）
		戦闘機部隊 〔要撃戦闘機部隊 支援戦闘機部隊〕	10個飛行隊 3個飛行隊	9個飛行隊 3個飛行隊	12個飛行隊	12個飛行隊
		航空偵察部隊	1個飛行隊	1個飛行隊	1個飛行隊	1個飛行隊
		航空輸送部隊 空中給油・輸送部隊	3個飛行隊 −	3個飛行隊 −	3個飛行隊 1個飛行隊	3個飛行隊 1個飛行隊
		地対空誘導弾部隊	6個高射群	6個高射群	6個高射群	6個高射群
	主要装備	作戦用航空機 うち戦闘機	約430機 (注2)（約360機）	約400機 約300機	約350機 約260機	約340機 約260機
弾道ミサイル防衛にも使用し得る主要装備・基幹部隊(注3)		イージス・システム搭載護衛艦	−	−	4隻	(注4) 6隻
		航空警戒管制部隊 地対空誘導弾部隊	− − −	− − −	7個警戒群 4個警戒隊 3個高射群	11個警戒群／隊 6個高射群

（注1）16大綱までは「主要特科装備」と整理していたところ、22大綱では地対艦誘導弾部隊を除き「火砲」として整理
（注2）51大綱別表に記載はないものの、07以降の大綱別表との比較上記載
（注3）「弾道ミサイル防衛にも使用し得る主要装備・基幹部隊」は海上自衛隊の主要装備または航空自衛隊の基幹部隊の内数
（注4）22大綱においては、弾道ミサイル防衛機能を備えたイージス・システム搭載護衛艦については、弾道ミサイル防衛関連技術の進展、財政などを踏まえ、別途定める場合には、上記の護衛艦隻数の範囲内で、追加的な整備を行い得るものとする、とされている。

防衛大綱別表の変遷（出典：平成25年版「防衛白書」）

そこで、51大綱は、周辺国の軍事力に対応して所要の防衛力を整備していた従来の防衛力整備計画（脅威対応型）を改め、「平和時の防衛力の上限」を示す必要最小限の防衛力、すなわち「基盤的防衛力」構想をひねり出して辻褄《つじつま》を合わせた。従来の防衛力整備計画とは方針を大きく変更したものだった。しかし、周辺諸国の軍事力が大幅に増強する中で、我が国の

防衛政策	根拠	内閣
戦争放棄 戦力不保持 交戦権否定	日本国憲法 S22	吉田内閣
専守防衛	国会答弁・S30	杉原防衛長官
国連尊重 日米同盟	閣議決定「国防の基本方針」 S32	岸内閣
非核 3 原則	国会答弁 S42	佐藤内閣
武器輸出 3 原則	国会決議 S42	佐藤内閣
集団的自衛権の違憲判断	1950 年代～ 1970 年代の国会答弁	
GNP1% 枠	51 大綱（S52 ～）	三木内閣
ICBM、長距離戦略爆撃機 攻撃型空母の不保持	国会答弁 S53	柳井外務省条約局法規課長

我が国の防衛政策（いわゆる特別ルール）

防衛力は周辺諸国とのバランスを欠き、力の空白を作らないという「基盤的防衛構想」そのものが、力の空白を生み出している。民主党政権が策定した22大綱では「基盤的防衛構想」の有効部分は継承するといいつつ、「動的防衛力重視」をことさら強調した。武田信玄公にお出ましいただかなくても、本来軍とは「風林火山」併せ持つもので動だけを強調するのは如何なものであろうか。陽動に振りまわされず、要地にしっかり足場を築いて山の如く動かない部隊も必要なのである。

さて、２０１２年の第46回衆議院議員選挙において民主党に代わって政権の座に付いた安倍内閣は、２０１３年１月25日、22大綱を凍結、23中期防衛力整備計画を廃止し、これに変わる新大綱の策定を目指すこととなった。期待は大きい。

安倍内閣が２０１３年度防衛予算の増額を目指したことは先に記述したところであるが、我が国周辺の軍事的緊張はますます予断を許さない。憲法の改正も視野に入れて、国民の英知を結集しなければならない。

前頁の表は、第2章において縷々《るる》述べてきた防衛に関する我が国だけのいわゆる特別ルールである。

これ以上細部には踏み込まないが、渡辺治一橋大学教授（当時）は『有事法制批判』（憲法再生フォーラム編／岩波新書）「第2章　なぜいま有事法制なのか」において、「憲法改正を阻止したのも、非核3原則も、武器輸出3原則および防衛費のGNP1％という枠も総評を中心とした労働組合運動と社会党、共産党それに学者・知識人の三者による共同戦線が力を発揮した成果である」と書いているが、日教組を忘れてはならないだろう。

しかし、これらの活動が真剣に平和を希求したものであったとしても、明らかに東側に利する行為となったことは間違いない。

自衛隊と日米同盟こそが、日本を再び戦争に導くと国民の不安感を煽った人々の予測は全く外れた。

総評は1989年に解散、社会党は1996年社会民主党に改称したが、衆議院議員2名、参議院議員は2名（2013年9月現在）の小政党に転落した。しかし彼らが蒔いた種は、教育界およびマスコミ界にいまも深く根付いている。

なお、野田内閣は武器輸出3原則を緩和して、国際共同開発・共同生産への参加と人道目的での装備品供与を解禁するとして、平成23年12月27日に藤村修官房長官による談話を発表した。内容は、以下のとおりである。

・平和貢献・国際協力に伴う案件は、防衛装備品の海外移転を可能とする。

・目的外使用、第三国移転がないことが担保されるなど厳格な管理を前提とする（目的外使用、第三国移転を行う場合は、日本への事前同意を義務付ける）。

・我が国と安全保障面で協力関係があり、その国との共同開発・生産が我が国の安全保障に資する場合に実施する。

この結果、自衛隊の装備の信頼性が高まるとともに、我が国防衛産業の世界平和に対する貢献の道が開かれることになる。我が国が自らに課した特別ルールの見直しがスタートしたという観点から、武器輸出3原則の緩和は重要なターニングポイントであった。

参考までに、昭和34年3月2日の参議院予算委員会で、岸首相は自衛権の範囲内でも「防衛用小型核兵器は合憲である」と述べていることも紹介しておきたい。

3 防衛省・自衛隊

(1)発足の経緯

昭和20年の敗戦によって日本軍は解体された。

米国の占領統治が始まり、当初、我が国の内乱の鎮圧は米軍の任務であった。

ところが、朝鮮戦争の勃発に米軍は出動、手薄になった我が国の治安を維持するため、新たに警察予備隊が編成された。これが陸上自衛隊に発展したことは前述したとおりである。

また、海上でも、海軍の解体は我が国周辺海域を無法化し海上における治安を確保する必要があった。

加えて、戦時中に我が国周辺海域に投下された機雷を処分し、航路の安全を早期に確保することも急がれていた。海軍省からこれらの業務を引き継いだ運輸省海運総局は、ＧＨＱに必要性を説いていたが、再軍備に反対するＧＨＱ民政局の賛同が得られないまま海上の治安悪化が深刻化し、民政局はしぶしぶ重い腰を上げ、限定的な装備、人員、日本の沿岸および近海でのみの活動並びに「軍隊として組織され、訓練され、又は軍隊の機能を営まない」ことを条件に同意、運輸省に法執行機関として昭和23年4月海上保安庁が設置された。

朝鮮戦争の勃発により指令された海上保安官8000人の増員計画を立案中、こんどは国連軍の元山上陸には元山港前面の永興湾の濃密な機雷源を処理する必要があり、掃海《そうかい》依頼のマッカーサー指令が出された。当時の吉田首相は、これを受け入れざるを得ず、特別掃海隊を派遣したが、残念ながら1隻が触雷し1名の殉職者を出した。また、昭和26年10月マッカーサー司令官の後任の連合国軍最高司令官リッジウェイ大将と吉田首相の会談の席上、パトロール・フリゲートの貸与の申し入れがあり、吉田首相は、これも受け入れた。このように朝鮮戦争、敷衍《ふえん》すれば東西冷戦は、米国の政策を「日本軍」の再建に方向転換させた。

米国からの貸与艦の受け入れのために、海上保安庁内にＹ委員会なる覆面の委員会が設置された。この中心メンバーとなったのは、第2復員局で復員業務のかたわら、米国極東海軍と調整しながら海軍の再建を検討していたメンバーであった。Ｙ委員会において、新組織を海上保安庁内に吸収するか、分離させるかで意見が分かれたが、極東海軍が分離案を支持し、昭和27年4月海上保安庁内に、米海軍から貸与された艦船68隻を集中運用する海上警備隊が設置された。

海上警備隊は昭和27年8月、保安庁の設置により海上保安庁から分離され、航路啓開本部（戦後も機雷の掃海を継続していた部隊）と統合されて警備隊となった。

昭和29年8月、保安庁は防衛庁に移行するとともに警備隊は海上自衛隊に、警察予備隊（昭和27年10月以降保安隊）は、陸上自衛隊に名称を変え、航空自衛隊は新編された。

防衛庁はその後2007（平成19）年1月9日に省に移行した。

発足以降、自衛隊は押し寄せる時代の波に、多くの試練に直面しながらも、着実に実績を積み重ねてきた。

しかし、いわゆる「失われた20年」に、先ほどの大綱別表が示すとおり、自衛隊の装備と隊員は減少し続けた。

この間、活発化を続ける周辺諸国の軍事活動に対応しつつ、災害派遣および国際協力等の海外派遣業務は増加の一途をたどり、自衛隊にはさらに試練を突き付けられた20年間であったともいえる。

説明があとになったが、防衛省と自衛隊について説明する。

行政組織上、「防衛省」とは、本省の内部部局に加えて、陸海空の各自衛隊（制服組）、その他の附属組織（装備本部等）などまでを含めた呼称である。

防衛省職員	特別職			防衛大臣
				防衛副大臣
				防衛大臣政務官（2人）
				防衛大臣補佐官（3人以内）
		定員内		防衛大臣秘書官
			自衛隊の隊員	事務次官
				書記官等（約560人）
				事務官等（約2万1千人）
				自衛官（約24万8千人）
		定員外		自衛官候補生
				予備自衛官（約4万8千人）
				即応予備自衛官（約8千5百人）
				防衛大学校学生
				防衛医科大学校学生
				陸上自衛隊高等工科学校生徒
				非常勤職員
	一般職	定員内		事務官等（在日米軍労務関係）
		定員外		非常勤職員（同上）

防衛省職員の内訳（2010年3月31日の定員基準）

「自衛隊」という用語との関係では、自衛隊法に「陸海空自衛隊」、あるいは「各自衛隊」などという場合は、「防衛省の特別の機関」としての各部隊を指すにとどまるが、何もつけず、単に「自衛隊」という場合は、防衛大臣以下、内部部局から外局までも含む「防衛省」の全体を指す、と定められている。

即ち、防衛省と自衛隊は、ともに同一の防衛行政組織であり、「防衛省」という場合には、陸・海・空自の管理・運営などを任務とする行政組織の面をとらえているのに対し、「自衛隊」という場合には、わが国の防衛などを任務とする部隊行動を行う実力組織の面をとらえている。

また、自衛隊員とは自衛官（いわゆる制服組）のみならず、防衛事務次官などの官僚等（いわゆる背広組）に加え、定員外の職員である予備自衛官、防衛大学校学生等も含まれる。

また、防衛省の職員は、一部の例外を除き、特別職の国家公務員とされている（国家公務員法第2条第3項第16号）。

なお、防衛大臣、防衛副大臣、防衛大臣政務官、防衛大臣補佐官、防衛大臣秘書官は防衛省職員ではあるが、自衛隊員ではない。参考に防衛省職員の内訳表を示しておく。

(2)自衛隊の運用体制

(ア)内閣および内閣総理大臣

我が国は、議院内閣制度を採用して、憲法第73条には内閣が行う事務が列挙してある。

その第1は、「法律を誠実に執行し、国務を統理すること」である。また、内閣法第1条には「内閣は行政権の行使について・（略）・国会に対して連帯責任を負う」、同法第4条には「内閣がその職務を行うのは閣議によるものとする」と規定されている。

なお、閣議による意思決定は「全会一致」が原則であり、これは内閣が「国会に対し連帯責任を負う」とされているからである。

しかし、「全会一致」は、ただ一人の反対でも行政が滞るため憲法第63条は内閣総理大臣に国務大臣罷免権を与えている。最近では鳩山由紀夫内閣が平成22年、普天間基地移設問題に関する閣内不一致で福島瑞穂内閣府特命担当大臣を罷免している。このときもすったもんだしたが、「全会一致」の原則は防衛出動のような切迫した重要案件のときこそ重要であるが、速やかな閣議決定の障害になる恐れもある。

さて、内閣総理大臣は、内閣を代表して自衛隊に対する最高の指揮監督権を有しており、国の防衛に専任する主任の大臣である防衛大臣は、自衛隊の隊務を統括する。また、内閣には、国防に関する重要事項などを審議する機関として安全保障会議がおかれている。

安全保障会議は、内閣総理大臣を議長とし、内閣法第九9条の第1順位指定大臣（副総理大臣）、総務大臣、外務大臣、財務大臣、経済産業大臣、国土交通大臣、防衛大臣、内閣官房長官、国家公安委員会委員長により構成される。内閣総理大臣は次頁に示すことについて安全保障会議にはからなければならないとされている。

また、安全保障会議設置法には議長・議員を補佐する「事態対処専門委員会」の設置についても規定されている。

委員長は内閣官房長官、委員は内閣官房および関係行政機関の職員のうちから、内閣総理大臣が任命する。

ちなみに、２００３年、安全保障会議設置法改正時点での委員は、内閣官房副長官（政務、事務）、内閣危機管理監、内閣官房副長官補、内閣情報官、総務審議官、消防庁長官、法務省入国管理局長、外務省外交政策局長、財務官、財務省関税局長、経済産業省貿易経済協力局長、資源エネルギー庁長官、国

第二条　内閣総理大臣は、次の事項については、会議に諮らなければならない。
一　国防の基本方針
二　防衛計画の大綱
三　前号の計画に関連する産業等の調整計画の大綱
四　武力攻撃事態等（武力攻撃事態及び武力攻撃予測事態をいう。以下同じ。）への対処に関する基本的な方針
五　内閣総理大臣が必要と認める武力攻撃事態等への対処に関する重要事項
六　内閣総理大臣が必要と認める周辺事態への対処に関する重要事項
七　内閣総理大臣が必要と認める自衛隊法（昭和二十九年法律第百六十五号）第三条第二項第二号の自衛隊の活動に関する重要事項（筆者注：国際連合を中心とした国際平和のための取組への寄与その他の国際協力の推進を通じて我が国を含む国際社会の平和及び安全の維持に資する活動）
八　その他内閣総理大臣が必要と認める国防に関する重要事項
九　内閣総理大臣が必要と認める重大緊急事態（武力攻撃事態等、周辺事態及び前二号の規定によりこれらの規定に掲げる重要事項としてその対処措置につき諮るべき事態以外の緊急事態であって、我が国の安全に重大な影響を及ぼすおそれがあるもののうち、通常の緊急事態対処体制によっては適切に対処することが困難な事態をいう。以下同じ。）への対処に関する重要事項
（安全保障会議設置法　最終改正：平成18年12月22日法律第１１８号）

土交通審議官、海上保安庁長官、警察庁次長、防衛省防衛政策局長、統合幕僚長であった。

なお、安倍総理大臣は、平成25年2月14日、安全保障会議の頭に「国家」を冠した「国家安全保障会議の創設に関する有識者会議の開催について」を決裁している。

その趣旨は「我が国周辺の安全保障環境が一層厳しさを増す中、内閣をあげて外交・安全保障体制の強化に取り組む必要があるとの問題意識の下、外交・安全保障政策の司令塔となる国家安全保障会議の創設に向けて、そのあるべき姿について検討するため、『国家安全保障会議の創設に関する有識者会議』（以下「有識者会議」という）を開催する」というものである。

平成25年2月15日、安倍総理は総理大臣官邸で、さっそく、第1回となる国家安全保障会議の創設に関する有識者会議を開催した。

安倍総理は冒頭のあいさつで創設の主旨を述べ、続けて「『国家安全保障会議』を設置することで、内閣総理大臣を中心として、外交・安全保障に関する諸課題につき、戦略的観点から日常的、機動的に議論する場を創設し、政治の強力なリーダーシップにより迅速に対応できる環境を整えたいと考えております」（傍点は筆者）と述べた。

3月末の時点で第3回目の会議を終了しているが、その成果に日本の将来がかかっている。期待したい。

内閣の具体的な活動に関しては、防衛白書から転載した「武力攻撃事態等への対処のための手続き」にわかりやすく描かれているので参考にしていただきたい。なお、武力攻撃事態対処法の正式名称は、「武力攻撃事態等における我が国の平和と独立並びに国及び国民の安全の確保に関する法律」で、平成15年6月6日に成立し、同月13日に施行された。

武力攻撃事態等における国・地方公共団体等の責務、また国民の協力その他の基本となる事項について、必要となる法制の整備に関する事項などを定め

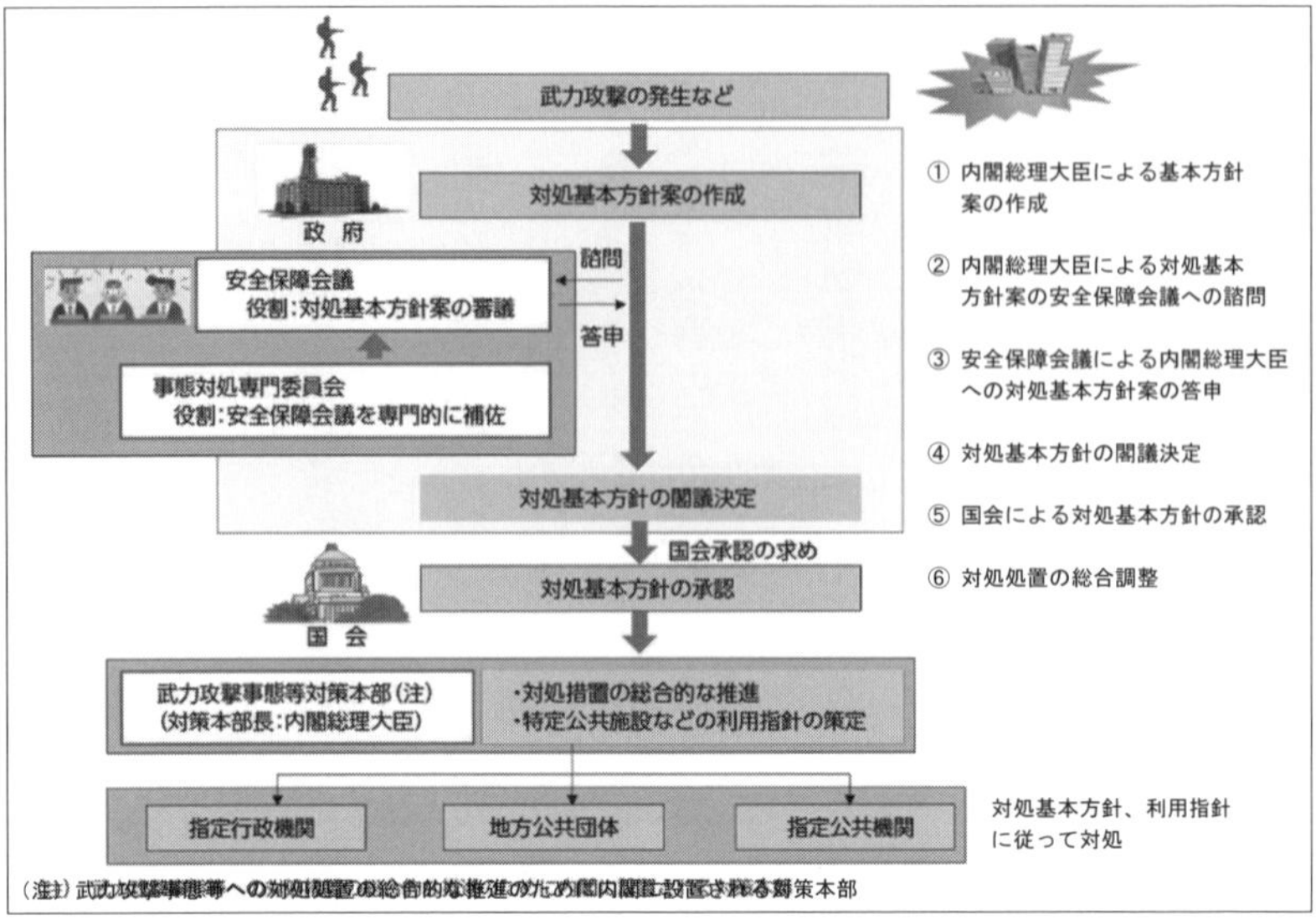

武力攻撃事態等への対処のための手続き（出典：平成25年版「防衛白書」）

ている。

この法に基づき平成16年6月に「武力攻撃事態等における国民の保護のための措置に関する法律」（以下「国民保護法」）が制定され、武力攻撃事態等において、武力攻撃から国民の生命、身体および財産を保護し、国民生活等に及ぼす影響を最小にするための、国・地方公共団体等の責務、避難・救援・武力攻撃災害への対処等の措置が具体的に規定された。

この中で、自衛隊は、武力攻撃事態においては、主たる任務である武力攻撃の排除を全力で実施するとともに、国民保護措置については、これに支障のない範囲で、住民の避難・救援の支援や武力攻撃災害への対処を可能な限り実施するとした。

国民保護法の成立をもって、武力攻撃事態における国の対応は一応整備されたといえよう。しかし、9年が経過した今も国民の間に浸透しているとはいえない。

近々にも発生する可能性があるといわれる、東海地震、東南海地震、南海地震という3つの巨大地震のうち二つ以上の地震が同時発生する連動型の巨大地震に備えるためにも、改めて国民への周知ならびに地道な訓練の励行など国をあげた取り組みが必要である。

(イ)防衛省・自衛隊の運用体制

①——防衛大臣

国家行政組織法および防衛省設置法により、防衛省の長は防衛大臣とされ、防衛大臣は防衛省の事務を管理することとされている。また、防衛副大臣と2人の防衛大臣政務官が、防衛大臣を補佐し、防衛大臣補佐官（事務次官経験者および統幕長経験者が過去に補職）が、所要の進言などを行うこととされている。

ところで、防衛省における官房長および局長と各幕僚長の関係は防衛省設置法に規定されており、その大意は、防衛大臣から各幕僚長に対する指示、或いは各幕僚長からの防衛大臣に対する計画等に関して官房長及び局長がそれぞれの所掌事務に関して防衛大臣を補佐するとされている。

自衛隊の国際貢献が認知されるまでは、この関係が厳格に行われ、当時の防衛庁は防衛行政を立案する官庁ではなく、自衛隊（制服）管理官庁の様相を呈していた。しかし、阪神淡路大震災対処、北朝鮮工作船、ミサイル対処、米国同時多発テロ対処など自衛隊の活動が我が国の国益に直接、間接に結びつくようになり、防衛庁（防衛省）は防衛政策立案官庁に脱皮するとともに、防衛大臣を含めた政治家が制服の意見を直接聞かなければ政策の立案も、決定もできなくなってきている。

現在、防衛省の意思決定機構である防衛会議では、防衛大臣のもとに政治任用者、文官、自衛官の三者が一堂に会して防衛省の所掌事務に関する基本的方針について審議することとし、文民統制の徹底を図っている。

なお、防衛省において防衛大臣を補佐する機構は、上述したように規則上は内部部局の官房および各局であるが、実態としては次の二つがある。

一つは、「文官」として「政策的補佐」をする「内局」（大臣官房と各局からなる内部部局）であり、もう一つは、「自衛官」（武官）として「軍事専門的補佐」をする統合幕僚監部及び陸、海、空の各幕僚監部である。このうち統合幕僚監部は陸海空自衛隊の一元的な運用に関して防衛大臣を補佐している。統合幕僚長（統幕長）について次に述べる。

②――統合幕僚長

自衛隊は現在、米軍と同じ統合運用体制に移行している。

従来、防衛大臣は、特別の部隊（統合部隊）が編制された場合を除いて所要の命令は陸上・海上・航空の各幕僚長を通じて別々に達してきた。しかし、拡大、多様化する自衛隊の任務を迅速かつ効果的に遂行するためには平素から陸、海、空自衛隊を一体的に運用（統合運用）できる態勢を整えることが必要とされ、２００６年3月27日、陸海空自衛隊の一元的運用に関して防衛大臣を補佐する機構として統合幕僚監部が創設された。

統合幕僚長（統幕長）の役割を概括すれば、多様な事態に対する陸、海、空自衛隊を統合した対処計画を立案するとともに、統合部隊の運用に関して軍事的観点から防衛大臣を補佐することである。したがって、内閣総理大臣→防衛大臣→統合任務部隊指揮官への命令は、防衛大臣から統合幕僚長を通じて執行される。

その際、統合任務部隊が組織された場合はもとより、単一の自衛隊の部隊を運用して対処する場合であっても、大臣の指揮命令は、統幕長を通じて行われることとされた（図、参照）。なお、統合幕僚長と

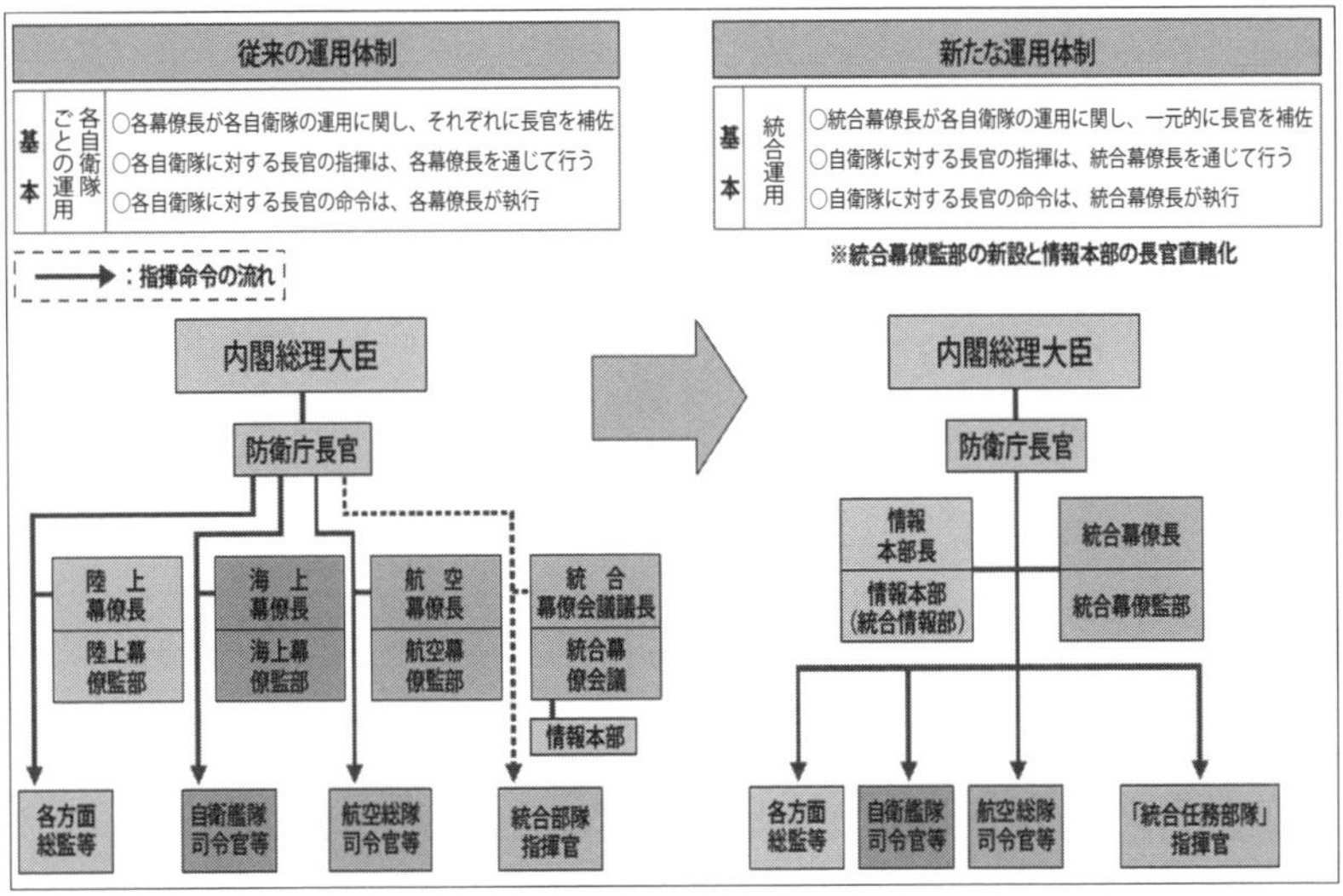

運用体制の変化（出典：平成25年版「防衛白書」）

各幕僚との関係および各幕僚長の役割については後述する。

これによって、統合体制をとる米軍との連携も、相互の窓口が一致しないという不具合が解消した。

ここで統合の経緯について、少し長くなるが触れておきたい。

大東亜戦争以前から帝国陸海軍の確執は激しく、開戦をめぐる不統一、すなわち、日独伊三国同盟をめぐる不統一、仮想敵国を米国とするかソ連とするかの不統一、開戦か交渉継続かの不統一、は内戦の可能性さえも否定できない有様であった。

戦争中も意思の疎通に欠け、陸軍が独自に輸送艦はともかく空母、潜水艦を保有していたという事実および海軍がミッドウェイの敗戦を陸軍に知らせなかったことは、その1例である。このような反省があり、保安大学校（のちの防衛大学校）を創設するとき単独の軍種のディフェンス・アカデミーを作るのではなく、4年間陸、海、空の要員が「同じ釜の飯」を食すよう配慮された。自衛隊発足当時、統合か単独の自衛隊か議論があったものの、統合部隊化は遅々として進まなかった。

1995年の阪神淡路大震災の教訓から、統合の必要性が語られるようになり、特別の（統合）部隊が編制されない場合でも統合調整が可能となった。これが統合化の第1期である。その後、西暦が21世紀に代わるころから、フォース・ユーザー、フォース・プロバイダー議論を中心とする統合化への第2期の動きがみられた。具体的に統合化が進むきっかけとなったのは、2001年の「9・11同時多発テロ」であった。新たな脅威の出現に衝撃を受けた防衛庁は、テロの10日後、「防衛力のあり方検討会議」を開いた。この作業の一つに中谷元防衛庁長官（防衛大卒）が指示した「統合運用に関する検討」があった。

現運用体制は、このときの検討成果である。加えて、2003年のイラク戦争における米統合軍の成果が喧伝されたこと、2004年12月発生した、インドネシア・スマトラ島沖地震に際し、現地に統幕要員が派遣され、陸、海、空の部隊の連絡調整を実施した経験（実質的な統合運用）があった。これらを踏まえて2006年にようやく統合運用体制がスタートしたのである。

初代統合幕僚長は、先崎一陸将（防大12期）である。米軍およびカナダ軍の先例などを研究すると、いずれの軍も同様な困難を乗り越えて軍の統合化を進めていることがわかった。

3軍種が別々に士官養成学校を持つ両国では、軍種間の士官同士が、まず相手を理解することから始めなければならない。

しかし、まさに4年間を横須賀の小原台の防衛大で同じ釜の飯を食べ、寝食も汗も涙もともにした者同士の信頼感は長年離れていても、会えばたちまち蘇って揺らぐことがない。これは統合運用体制における我が国の強点だ。ちなみに、中国も韓国も士官養成学校は軍種ごとに別々である。

③——統幕長と他の幕僚長との関係

統合幕僚監部（統幕）は、陸上、海上、航空幕僚監部（陸、海、空幕）から移管・集約した自衛隊の運用に関する機能を担い、陸、海、空幕は、人事、防衛力整備、教育訓練などの部隊を整備する機能を担う。

加えて、統幕長は、自衛隊の統合運用による円滑な任務遂行を図る観点から、中長期的な防衛構想・戦略や年度計画の方針的事項を作成して、陸、海、空自に対して必要な機能を明らかにし、陸上、海上、航空幕僚長はこれを踏まえ、各種措置を講ずる。

なお、自衛隊の運用に必要な情報については、「防衛省の中央情報機関」たる情報本部が統幕および部隊などに提供する。つまり、軍令は統幕長が防衛大臣補佐を行い、軍政は各幕僚長が補佐を行う体制がとられたのである。

陸海空各幕僚長は、運用以外の隊務について防衛大臣を補佐するとともに、各々の立場から統合幕僚長に意見を述べることができることはいうまでもない。

なお、以上述べたことは、「自衛隊の運用体制および統合幕僚長と陸上・海上・航空幕僚長の役割」（防衛白書）に簡潔に表されているので参考にしていただきたい。

④——統合任務部隊指揮官

特定の目的のために異なる自衛隊（陸・海・空など）の部隊を組み合わせて構成された部隊は、「統合任務部隊」（ＪＴＦ：Joint Task Force）と呼称されるようになり、防衛大臣の下に単一の司令部・指揮官でもって編成される。過去に編成された統合任務部隊および指揮官は表の通りである。

ＪＴＦに必要とされる兵力は、防衛大臣の命令により、各自衛隊からＪＴＦへと差し出される。

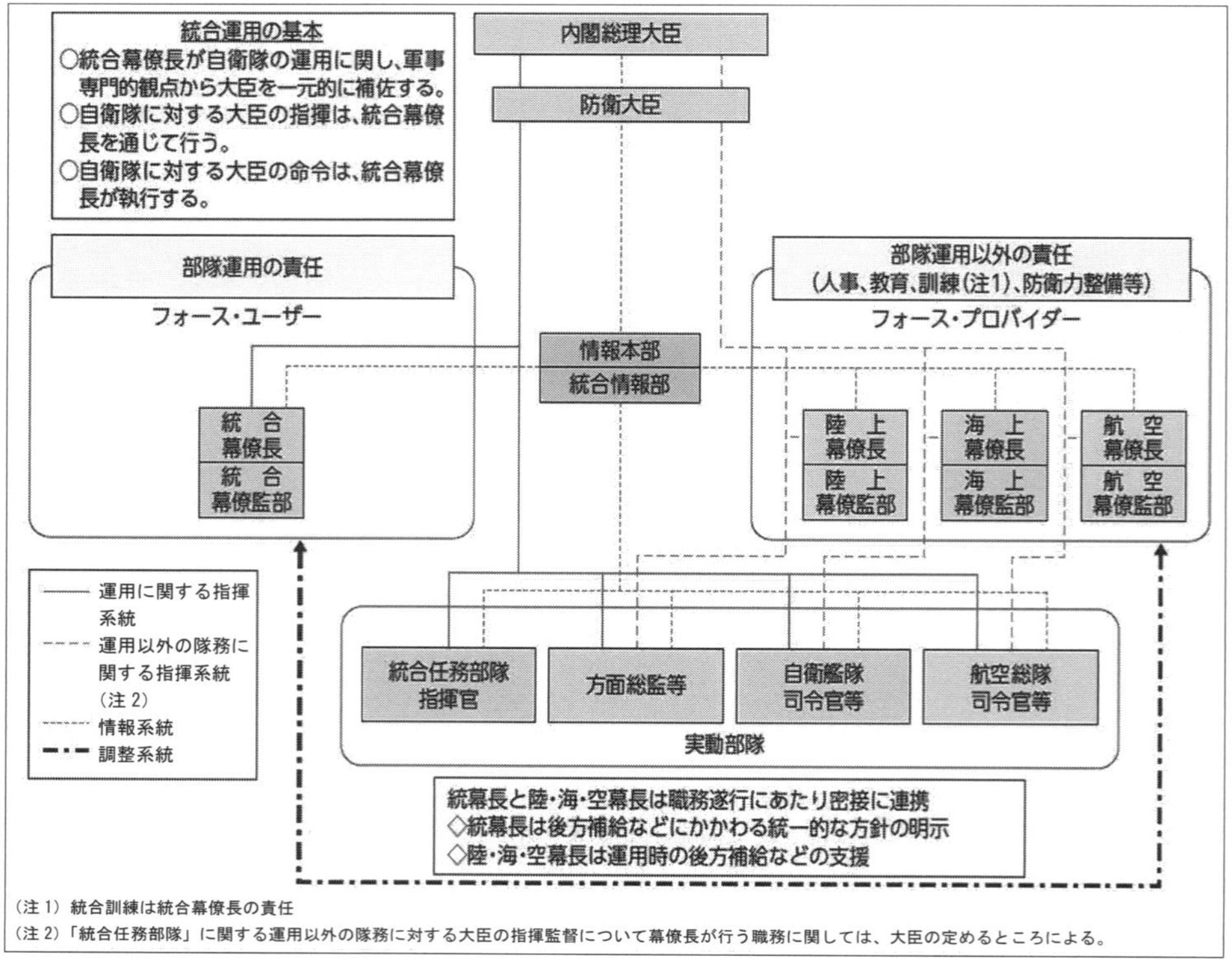

自衛隊の運用体制および統合幕僚長と陸上・海上・航空の幕僚長の役割（出典：平成25年版「防衛白書」）

	統合部隊の名称	編成の理由	統合部隊指揮官	統合部隊
1	BMD 統合任務部隊	2009 年 3 月 北朝鮮ミサイル発射実験	航空総隊司令官	空自 PAC-3 海自　イージス艦
2	BMD 統合任務部隊	2012 年 3 月 北緒戦ミサイル発射実験	航空総隊司令官	同上
3	派遣海賊対処行動航空隊	2009 年 7 月 ソマリア沖の海賊に対応	自衛艦隊司令官（派遣海賊対処行動航空隊司令）	海自　護衛艦・（海自 P3C　陸自　警衛隊）
4	災統合任務部隊 - 東北	2011 年 3 月東日本大震災	東北方面総監	陸自　陸災部隊 海自　海災部隊 空自　空災部隊
5	原子力災派部隊	2011 年 3 月福島第一原子力発電所事故	中央即応集団司令官（陸自）	中央特殊武器防護隊海空の支援部隊
6	災首都圏統合任務部隊（計画）	南関東直下型地震 （想定）	東部方面総監	陸自　陸災部隊 海自　海災部隊 空自　空災部隊

過去に編成された統合任務部隊

ところで、ＪＴＦは有事等の際に編成される特別の部隊を指すが、このほかに常設部隊として自衛隊法第21条の2に基づく共同の部隊がある。

共同の部隊も防衛大臣直轄部隊として統合幕僚長の指揮監督下、単一の司令部（本部）・指揮官で編成・運用され、3自衛隊の隊員で構成されている。

2011年現在、自衛隊指揮通信システム隊と自衛隊情報保全隊の2個部隊が設置されている。話題のサイバー戦防衛隊（仮称）は近々この中に設立されることになるだろう。

尖閣諸島をめぐる紛争が生起するか、その恐れが高じた場合に編成されるであろう統合任務部隊については第5章で述べる。

4　海上自衛隊の現状

(1)黎明期の日本海軍

ここで黎明期の日本海軍について書くのは、中国海軍の今後を占う上で必要な教訓があると考えるからである。

ペリー艦隊の浦賀来航に遡ること9年前、オランダは軍艦「パレンバン」を長崎に派遣した。同艦がもたらしたのは、イギリスの帝国主義とアヘン戦争の惨劇を伝え、開国の勧めと洋式海軍の必要性を説くオランダ国王の書簡であった。しかし、幕府はこれに正式な回答をしていない。

さらに前年の1852年にも、出島商館長クルチウスがペリー艦隊の日本遠征計画を報じ、オランダの貢献策を伝えてもいた。しかし、なんら対策も講じないままペリー艦隊が現れた。

1853年、ペリー艦隊の来航と、その強硬姿勢に驚いた幕府は、直ちに鎖国以来の「大船建造の禁止令」を解くとともに、慌ててオランダに洋式軍艦の注文およびオランダによる海軍伝習を打診した。

幕府が頼るのは、オランダだけであった。商館長は専門家の意見が必要であるとオランダ国王に蒸気軍艦の派遣を要請した。こうして派遣されたのが、スームビング号である。

翌年7月に長崎港へ入港したスームビング号のファビウス艦長は、商館長と協議して、幕府(長崎奉行）へ洋式海軍創設の道筋をより具体的に献策（海軍創設のため「ファビウスの建白書」）した。

その結果、スクリュー式蒸気軍艦２隻の建造、スームビング号の幕府への譲渡、長崎における海軍伝習が決定した。

いったんオランダに帰国して所要の準備を整えた上で、１８５５年ファビウスは再度長崎へ、このたびはヘデー号艦長としてスームビング号を従えて入港した。

スームビング号には第１次派遣隊（ライケン少佐）が乗艦していた。

スームビング号は、オランダ国王から幕府に献呈され海軍伝習所練習艦観光丸となった。日本が所有した初めての洋式軍艦である。

同年、長崎海軍伝習所が開設され、第１回生に対する伝習が始まった。

第１回伝習生には幕府から約70名、その他の藩からも百数十名が参加した。

その中には勝海舟（当時33歳）が、艦長候補の一人として名前を連ねていた。教授科目として、航海術、運用術、造船、砲術の実技、天測の実技、数学、蒸気機関、鉄砲調練、水泳などがあった。

なお、海軍伝習の開始に先立って、ファビウスは文書を提出している。すなわち、改めて海軍教育の重要性を説き、教官は実力主義で選んだこと、生徒の人選にあたっては見込みがある意思堅固な若者であることが肝要であると注文をつけた。

２年間後の１８５７年、第１回生が修業した。同年幕府は江戸にも軍艦操練所を開設した。

第１回生は、独力で観光丸を江戸に回航して、そのまま軍艦操練所の教授方になった。同年（１８５７年）、オランダに注文したうちの１隻ヤパン号（のちの咸臨丸《かんりんまる》）が入れ替わるように長崎着、ヤパン号には第２次派遣隊（カッテンディーケ中佐）が乗艦していた。

ところで勝海舟は長崎に残留して、第２次派遣隊ならびに第2回伝習生の受け入れに奔走した。勝はもともと兵法に通じた蘭学者であり、海防に関する献策が幕府に認められて長崎行きを拝命したのである。そして、長崎に滞在中、オランダ人との交流ならびに海軍伝習を通じて、海舟には新しい世界観と国のあり方に関するある思いが芽吹いていた。

第2回生は1859年に修業した。第2回生の修業をもって、長崎海軍伝習所における教育は幕を閉じた。翌1860年、海舟は「日米修好通商条約」批准の使節を送る米艦「ポーハタン号」の先駆けとして派遣された「咸臨丸」の実質的な艦長に選ばれて米国を往復した。

航海中の顛末《てんまつ》は別の観点から興味深いものがあるが、『勝海舟全集（9）／海軍歴史』（勝安芳著／講談社刊）、『咸臨丸航海長小野友五郎の生涯』（藤井哲博著／中央公論社刊）をはじめ書籍は多数市井に溢れている。しかし、本によって勝の評価は異なっている。ところが、咸臨丸に同乗した米海軍軍人ブルック大尉の日記が、遺言に基づき死後50年を経て公開された。その日記は、『呪われた阿波丸―海戦秘話』（千早正隆著／文藝春秋新社刊）中「咸臨丸航海の真相」に詳しいので勝海舟に興味のある方は手にしていただきたい。

話を元に戻そう。ここまでのポイントは、海舟がこれらの経験を通じてさらなる確信を深めたであろう思想である。つまり、財政的にも、人材的にも、運用にしても、統一国家でなければ海軍は持てないということ。次に、海軍の人材は実力主義でなければならないということ。同じことであるが、自然を相手の海軍では家格や地位は何の役にも立たないこと。海舟自身もとをただせば父の時代に旗本の株を手に入れた町民階級の出身であった。

以上のことから、結論として、新しい統一国家の最大の障害であり、かつ身分社会の根源である徳川幕府は身の引きどころと喝破《かっぱ》したことである。

さて、はたして中国は、この点どうであろうか。

中国共産党の一党独裁は新たな格差社会を生み出している。地域格差、所得格差、血統格差は新たな階級社会を予測させる。

太子党（共産党高級幹部の子供たちの総称）や、共産主義青年団出身者が社会全般、軍においても高い地位についている。

一例をあげれば、中国海軍司令員「呉勝利上将」は太子党である。

共産党員、都市住民、農民工の間には明らかに処遇の格差がみられることは、すでに述べたとおりである。

余談であるが、艦船の出入港にもたつくようでは、いくら人格者でも、艦長は部下の信頼を得られない。これが海軍というものである。

さて、海舟は帰国後、将軍徳川家茂《いえもち》を直接説得して神戸に「神戸海軍操練所」を開設する許しを得るとともに先行して設けた「勝塾」には、出身、身分を問わず幅広く塾生を受け入れた。

この「勝塾」の塾頭《じゅくとう》が坂本龍馬であった。勝の目的は幕府の海軍に非ず、日本の海軍の建設であったことは間違いない。

しかも、１８６４年に開設された神戸海軍操練所は、攘夷派《じょういは》の志士の目を開かせようと、彼らをも積極的に勧誘したため、同年７月の「蛤御門《はまぐりごもん》の変」後は、朝廷の「長州、攘夷派打つべし」のあおりを受けて閉鎖された。勝もお役御免となり江戸で鳴りをひそめた。

その後、幕府は勘定奉行《かんじょうぶぎょう》小栗忠順《ただまさ》を中心に、財政改革および軍制改革を進め、横須賀に製鉄所（のちの横須賀海軍工廠《こうしょう》）の建設を決定し、軍艦の修理と建造ができる体制を整え始めた。日本の動乱はその直後から始まっている。

やがて、１８６８年明治維新政府が成立して、一度は明治政府に明け渡された幕府海軍であったが、ときの海軍副総裁榎本武揚《えのもとたけあき》は海舟の説得も聞かず、８月その主力を率いて函館に脱出、「蝦夷《えぞ》共和国」

を樹立した。

　しかし榎本が率いた艦隊は主力の「開陽」をはじめ、その多くを相次いで台風と荒天下の海難事故で失ってしまった。海図の未整備もあったが、荒天化における操船等技術が、いまだ身についていなかった証左と思われる。

　一人前の海軍軍人の養成には、10年以上の経験が必要である。さらに指揮官の養成には少なくとも20年が必要であり、兵隊も指揮官も、いずれも初心者の域を出ていなかったものと考える。

　なお、新政府海軍は満を持して翌年春に動いた。両者は1869年、宮古沖海戦（3月）および雌雄を決した函館湾海戦（6月）を戦っている。

　函館湾海戦で榎本艦隊は残余の艦船で奮闘したが、新鋭の装甲艦「甲鉄」をアメリカから入手した明治維新政府海軍が勝利した。

　さて、明治新政府の最優先課題の一つが新国軍の建設であった。


　明治元年1月、太政官中に内国、外国、会計等7課の一つとして「海陸軍課」が置かれた。

　なお、「海陸軍課」は以後組織改編に伴ってその名称を変え、同年「軍務官」に、明治2年「兵部省」に、明治5年に「海軍省」および「陸軍省」に分かれた。

　日本初の観艦式が行われたのは明治元年3月、大阪天保山沖である。参加したのは艦船わずか6隻、合計排水量は2450トンにすぎなかった。

　1862年の時点で、幕府は40隻以上の艦船を購入していたというが、木造であることおよびボイラーは海水を使用していたことなどから、当時の軍艦の寿命は短い。

　観艦式にはフランスから1隻の軍艦（1800トン）が参加したが、1隻400～500トンの新政府海軍は誠に貧弱に見えたことだろう。

　同年7月、軍務官大村益次郎は早急に海軍を創設すべきことを上奏している。

明治3年5月兵部省は、ようやく軍艦２００隻、運送船20隻の建造20か年計画という大海軍創設計画を建議したが、これは幻の計画に終わった。

新政府の基盤そのものが脆弱である上に、不平士族の反乱および一揆（解放令反対一揆、地租改正反対一揆等）が相次ぎ、社会はいまだ安定せず、財政難にもあえぐ新政府には、とても無理な計画であった。

なけなしの予算は陸軍に使われ、海軍の整備どころではなくなってしまった。次第に「**海**陸軍」が「**陸**海軍」に変わった。

明治7年の台湾出兵（遭難漂着した琉球船の乗員の大半が台湾先住民から殺害された事件が発端、清国は管轄外であるとして賠償を拒否）に清国が、これを黙認せざるを得なかったのは、維新前後に大量発注した軍艦の中に2隻の甲鉄装甲艦が残っていたことが幸いした。当時、清国には、まだ1隻の装甲艦もなかったのである。

指揮官は陸軍中将西郷従道《さいごうつぐみち》である。使える軍艦は幕府から引き継いだ3隻のみ、征討《せいとう》軍３０００人を輸送する輸送船の手配にも手を焼いて、西郷従道は海軍の必要性を痛感した。

翌8年、早速、明治になって初めて「扶桑《ふそう》」「金剛」「比叡《ひえい》」の3隻がイギリスに発注された。彼がいなければ、海軍の整備はさらに遅れていたに違いない。

一方で、我が国の「台湾出兵」およびその後の朝鮮をめぐる日清の対立を契機に、清国は「定遠」「鎮遠」をドイツから購入するなど我が国を上回る規模とスピードで急速に海軍を充実強化した。その「定遠」「鎮遠」が清国に到着した明治18（１８８５）年に西郷従道は陸軍中将のまま、初代の海軍大臣に就任している。彼は海軍整備の先頭に立ったのである。

西郷従道がいなければ、日清戦争の勝利はなかったであろう。ちなみに彼は日清戦争の渦中、１８９４年10月、我が国初の海軍大将に昇任している。

さて、ここでのポイントは新政府発足当初の国防に関する基本構想が「海陸軍課」の名が示すとおり「**海主陸従**」であったことである。

その後、「陸海軍」に転じた日本は大陸にずるずると大兵力を展開して最終的に大日本帝国を崩壊させた。

ところで、中国が近年「陸主海従」から逆に「**海主陸従**」に政策転換したことはすでに触れたが、このことが将来どのような結果をもたらすだろうか。

別の視点からその将来を予測するために、大航海時代以降海洋の覇権《はけん》を手にした国々の盛衰《せいすい》を急ぎ足で振り返ってみたい。

まず、最初はポルトガルである。

インド洋航路を発見したポルトガルは、香辛料貿易を独占して莫大な利益を得た。胡椒《こしょう》1グラムは金1グラムに等しいという時代であった。

次はスペインである。新大陸を発見し、金・銀を持ち帰った。

その次はオランダである。オランダは地勢的に比較的小型の武装船を多数有し、優れた指揮官を輩出してドーバ海峡およびヨーロッパの主要な港を制した。そこで、ポルトガルが持ち込む香辛料のヨーロッパにおける貿易を独占した。

17世紀初頭ポルトガルとの戦争に勝利して、香辛料取引全体をポルトガルから奪った。

次はイギリスであった。17世紀後半イギリスとオランダは3次にわたる英蘭戦争を戦ったが、一進一退で決着はつかなかった。

ところが、1688年のイギリス名誉革命は、オランダのウィリアム3世をイングランド女王メアリー2世と共に共同統治者に据えることで両国の問題に終止符を打った。

ウィリアム3世はいかなる英蘭艦隊もイギリスの指示にしたがい、オランダ海軍をイギリス海軍の60％に抑えることにした。経済の中心はロンドンに移り、オランダ経済は停滞してゆく。

その結果、1780年頃には、イギリス王国の総生産量は、オランダ共和国のそれを上回るようになった。

オランダ国民の不満は募り、オランダがアメリカ独立戦争でアメリカを援助し始めたときに第4次英蘭戦争（1780〜1784年）が勃発した。

オランダ海軍は、戦争が始まると、圧倒的に有力なイギリス海軍の敵ではなかった。

また、イギリスとの同盟の喪失は、フランスからの侵攻を促すことにつながった。

オランダの国力は疲弊し、海上交易における優勢を失った。

1853年当時のオランダ海軍は、イギリス海軍の顔色を見ながら日本に対する戦略を練ったのである。長崎の海軍伝承は日本開国後も引き続き貿易で好待遇を得たいという苦肉の策であった。

その後、世界の海を制した大英帝国の繁栄については、説明する必要もないだろう。大英帝国が長く、その地位を保つことができたのは強力な海軍を有して陸からの脅威を海上で阻止できたこと。しかも、その大海軍には、いち早く起こった産業革命の成果として、最新の製鋼技術、軍艦建造技術、大砲等製造技術を駆使した世界最強の戦艦を有していたことが大きい。

しかし、そのイギリスも第1次世界大戦、第2次世界大戦を通じて疲弊《ひへい》した。

イギリスに代わったのは、国内の産業がそっくり残った唯一の大国、米国である。そして、米国が現在に至るまで世界の海洋を制することができているのは、米海軍の有する原子力空母打撃部隊および原子力潜水艦の2枚看板によってであることは異論のないところであろう。海兵隊を含めると3枚看板となる。

さて、過去フランスがイギリスに（1805年、トラファルガー海戦）、ドイツがイギリスに（第1次、第2次世界大戦)、また日本がアメリカに(太平洋戦争)、ソ連がアメリカに(冷戦)それぞれ海上の覇権をかけて挑戦したが、いずれも失敗している。

日本を除くと、いずれも大陸の大陸軍国である。

隣接する強国に対する備えは欠かせないため、海軍に回せる資源には人材を含めて限界がある。

さらにいえば、海そのものに経験が乏しく、遮るものがない洋上で千変万化する戦況に、迅速かつ柔軟に対応しなければならない海軍の戦闘リズムに大陸国の人々は戸惑うものかもしれない。

逆に、日本のように狭い島国の陸軍は大陸のスケールを本能的に理解できないのではないだろうか。

何度も繰り返すが、日本が「海主陸従」から「陸主海従」に転換したことは、のちに国の運命を大きく分ける一因になったことを忘れてはならない。

さて、はたして中国は、本当に海上を制する初めての大陸国となれるのであろうか。

中国はいま、カンボジア、ミャンマー、スリランカ、パキスタン、目を南洋に転じるとフィジーならびにパプアニューギニア等諸国の港湾建設に資金と人材を投入するなど、将来中国海軍の根拠地になる可能性を秘めた「真珠の首飾り」と呼ばれる基盤を着々と整備している。

しかし、国内の治安に巨額の予算と人員を投入しながら、中国海軍が海洋を制し、その維持を可能とする手段とは何であろうか。

たとえば、イギリスであれば優秀な戦艦、米国であれば原子力空母並びに原子力潜水艦のように、中国海軍は他国に優越する手段を持てるのだろうか。

でなければ、海外にいくら前進基地を構築しても補給が続かない。

結局ポルトガルがオランダに駆逐されたように、そのオランダがイギリスに駆逐されたように、巨額の投資は無駄になる。

また、不法な手段を駆使して盗取した技術情報をもとに米海軍の跡を追いかけても所詮、米海軍を追い越すことはできないのである。

中国海軍の近代化と著しい増強を見るとき、身近には我が国における海軍の創設と盛衰の歴史があり、世界的には大航海時代から続く海上権力史の変遷は参考になる。

これらの歴史ならびに中国海軍の現状を概観して導くことができる予測は、

① 中国海軍においては、はたして実力主義が貫かれていくのか疑問がある。

② 中国は、中国海軍に無駄な投資をすることになるだろう。

③ 「海主陸従」への政策転換は中国を崩壊に導く可能性が高いということの3点である。

そろそろ次の項目、海上自衛隊の組織について筆を進めることにするが、我が国はこのようにして海軍を興《おこ》し、そして帝国海軍は太平洋戦争で壊滅した。

しかし、海軍の伝統は海上自衛隊に引き継がれている。

海上自衛隊にはすでに海軍の経験者はいないが、筆者が防大学生時代の教官は実戦体験を数多く話してくれた。

江田島の海軍兵学校は、そっくりそのまま海上自衛隊幹部候補生学校になっている。

校長からたびたび体験談を講話していただいた。任官した当時の隊司令クラス以上はほとんど海軍の出身者であった。我々は日々の勤務を通じて海軍の伝統を学び、そして後輩に申し継いだものだ。

はたして、中国海軍は誰から学ぶのであろうか。ソ連海軍には勝利の歴史がない。清国海軍も同様である。文献や戦記を研究するしかあるまい。目には見えないものの、この差は大きいと思う。

(2) 海上自衛隊の組織・編成と主要基地

海上自衛隊の発足の経緯はすでに述べているので、さっそく、海上自衛隊の組織・編成および主要基地について説明する。「海上自衛隊の組織・編成」および「主要基地」は、次頁の図を参考にしていただきたい。

まず、組織・編成について説明したい。

自衛艦隊は、海上自衛隊のいわゆる正面を担当する部隊であり、護衛艦隊、潜水艦隊、航空集団および掃海隊群ならびに情報業務群、海洋業務群、開発隊群から編成されている。

護衛艦隊は4個の護衛隊群（護衛艦32隻）、4個の護衛隊（護衛艦16隻）および第1海上補給隊（補給艦5隻）ならびに第1輸送隊（輸送艦3隻）および海上訓練指導隊群を隷下におき、潜水艦隊は2個の潜水隊群（潜水艦16隻）および潜水艦教育訓練隊、航空集団は7個の航空群（固定翼および回転翼哨戒機ならびに電子戦機等、約150機）、および掃海隊群は直轄艦および4個掃海隊（掃海艦艇11隻）および掃海業務支援隊をそれぞれ隷下においている。

また、自衛艦隊には、先にあげた正面部隊の作戦を側面から支援する部隊がある。すなわち、情報業務群は部隊運用に必要な作戦情報を収集・分析・評価・配布する。海洋業務群は海洋の音波伝搬予測等対潜水艦戦に関係する情報を収集・分析・評価・配布する。

開発隊群は、部隊の運用実績を踏まえて装備品の開発に具体的な要求を作成する部隊である。海上自衛隊の所要装備である水上艦艇、潜水艦および航空機の性能等については後述する。

次に地方隊の説明に移る。自衛艦隊が地域にとらわれず、機動的に運用される部隊とすれば、地方隊はゾーンディフェンスを基本とする部隊である。

地方隊の長は、地方総監である。地方という言葉は誤解を生じる恐れがあるが、その守備範囲は図に示すとおり5つの警備区に分けられている。ちなみに、海上保安庁が日本周辺を11の管区に分割しているのに比較すればかなり広い。

その警備区を護るために、実は、以前は地方隊にも地域配備護衛隊が各1個隊、回転翼航空隊も舞鶴以外には各1個隊が配備されていた。

しかし、海上自衛隊が、2010年にその体制をフォースユーザーとフォースプロバイダーの体制に組み換えて以降地方隊隷下の護衛隊および航空隊はすべて、フォースプロバイダーとなった護衛艦隊および航空集団隷下に、それぞれ移籍されている。

ここで、「フォースユーザーとフォースプロバイ

海上自衛隊の組織（出典：自衛艦隊ホームページ）

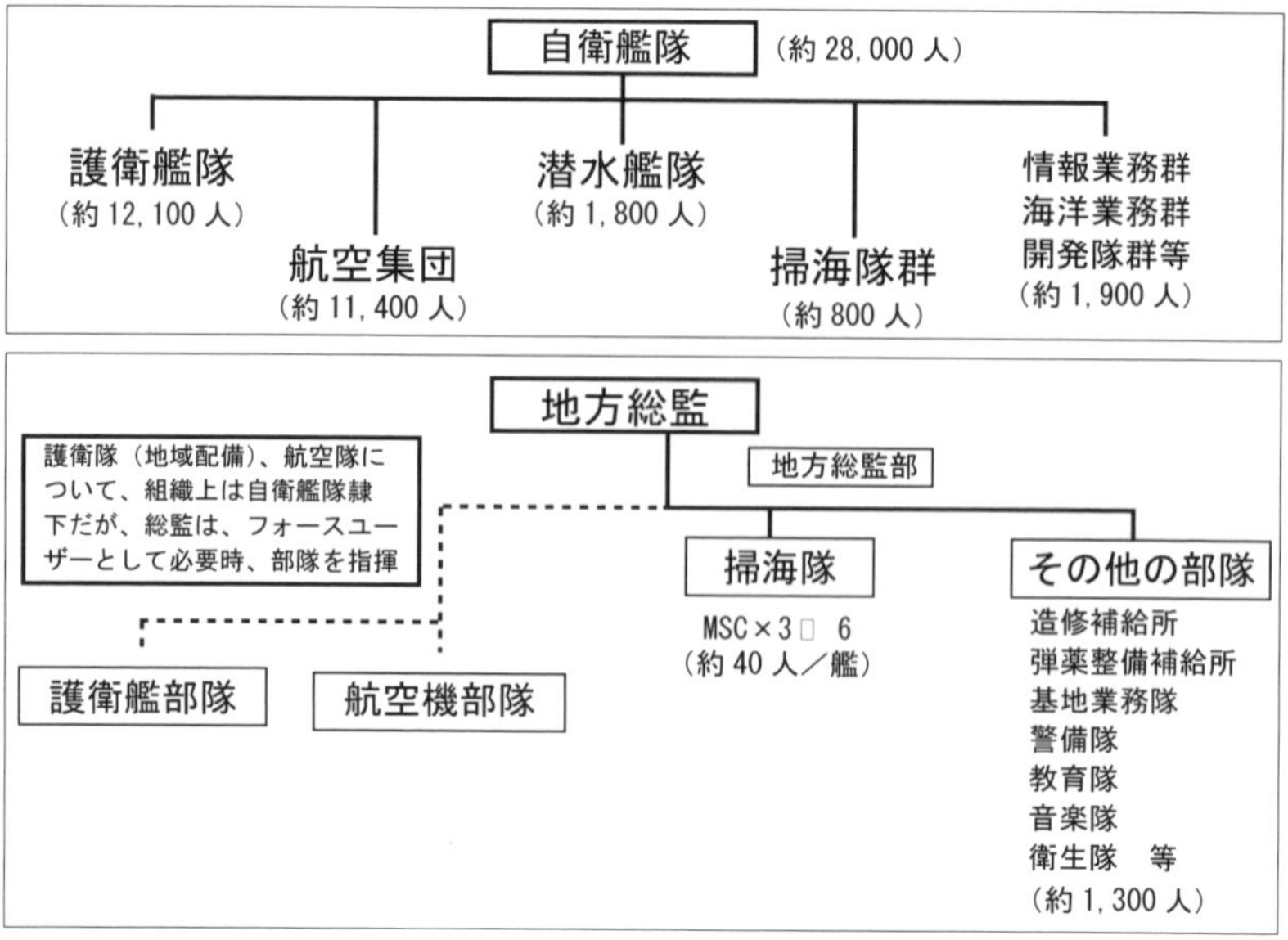

上：自衛艦隊の編成、下：地方隊（出典：海上自衛隊資料）

ダー」について改めて説明したい。

フォースユーザーとは部隊の使用者であり、フォースプロバイダーとは部隊の提供者のことである。即ち、競馬の世界に例えるならばフォースユーザーは騎手であり、フォースプロバイダーは厩舎《きゅうしゃ》であると言えるだろう、

一方で、護衛艦隊および航空集団はフォースユーザーとしての兼務を解かれ、フォースプロバイダーとして部隊の錬成に専念することとされた。この点、組織の目的がすっきりするとともに指揮系統から両部隊が離れたため自衛艦隊司令官はよりスピーディかつダイレクトな部隊運用が可能となった。

併せてこのことは、護衛艦および航空機が減勢される中ですべての護衛艦および航空機をそれぞれ一人の責任者のもとに一括して鍛え上げることにより、均質高練度の部隊を確実に錬成維持するための苦肉の策でもあった。

また、このたびの東北地方太平洋沖大地震では、フォースユーザーである横須賀地方総監は災害派遣海上部隊の指揮官となり、フォースプロバイダーである護衛艦隊からの護衛艦を、同じく航空集団からの航空機を指揮したように、運用態勢を見直すことで減勢する中でもゾーンディフェンスに欠落が生じないよう対策を講じたのである。

しかし、あとでも述べるが、もともと運用構想の異なる部隊である。

機動運用部隊は本来外洋での運用が前提であり、地域配備護衛艦は近海での運用が基本である。現時点ではやむを得ないが、これを前提としては護衛艦の整備構想全体に混乱を生じる恐れがある。

ところで、地方総監は併せて、造修整備、経理補給および人事など地方隊に属していない部隊の後方支援も担当している。

次に、「その他」と編成表に記された部隊・機関には、練習艦隊、教育航空集団、術科学校等および補給本部がある。

練習艦隊は海上実習訓練を担当する部隊であり、旗艦「かしま」は毎年初任３尉の海上実習訓練と国際親善を兼ねて遠洋練習航海を行う。

教育航空集団は、航空機搭乗員の養成を担当する部隊である。

学校等には幹部学校（旧海軍の海軍大学校に相当）、幹部候補生学校（旧海軍の兵学校に相当）および第１（射撃、水雷、掃海、航海、船務、通信）、第２（機関）、第３（航空整備）、および第４（経理補給）の各術科学校がある。

また、海上自衛隊補給本部は説明するまでもないが、海上自衛隊の物品等の調達事務を行う機関である。

(3) 主要基地および所在部隊

次図は、これら部隊が所在する海上自衛隊の主要基地を示す。護衛艦隊は各地方総監部所在地に分散配備され、潜水艦隊および掃海隊群は横須賀および呉、航空集団のうち固定翼部隊は、八戸、厚木、岩国、鹿屋、那覇を、回転翼部隊は、大湊、館山、舞鶴、岩国、小松島、大村をそれぞれの主要基地としている。

ただ、南西諸島方面の備えをみるとき、弧状に連なる鹿児島から与論島に至る島々周辺の海域は、ほとんど岩手県以南の本州がすっぽり入る広さがあるにもかかわらず、海上自衛隊の部隊は、沖縄に佐世保地方隊隷下の掃海艇3隻および航空集団隷下のP-3Cが約20機配備されているのみである。

尖閣諸島は、もっとも近い佐世保基地からでも直線で約1000キロメートル、横須賀からは1900キロメートルも離れている。護衛艦が急行しても、少なくとも佐世保から2日、横須賀からは3日はかかるであろう。

一方、中国東海艦隊の根拠地寧波から尖閣諸島までの距離は約500キロメートルである。

即応性という観点からも南西諸島には護衛艦の配備が望ましい。この件に関しては項を改めて説明する。

具体的な配備状況は、別表「護衛艦隊、掃海隊群、潜水艦隊の配備状況」および別表「航空集団の配備

基地の配置（出典：海上自衛隊ホームページ）

		基地所在地					小計	備考
		横須賀	呉	佐世保	舞鶴	大湊		
護衛艦	ひゅうが型			1	1		4	ヘリコプター搭載重視型護衛艦（DDH）
	しらね型	1	1					
	はたかぜ型	1		1			8	対空装備重視型護衛艦（DDG）
	こんごう型	1		2	1			
	あたご型			1	1			
	ゆき型	1		3	2		30	汎用型護衛艦（DD）
	きり型	1	1	2	1	3		
	あめ型	3	2	4				
	なみ型	2	1			2		
	あきづき型	1		1				
	あぶくま型		3	1		2	6	地域配備型護衛艦（DE）
	小計	11	8	16	6	7	48	
補給艦		1	1	2	1		5	
輸送艦			3				3	
LCAC			6				6	輸送艦搭載ホバークラフト
ミサイル艇				2	2	2	6	
掃海母艦		1	1				2	機雷敷設
掃海艦		3					3	深深度掃海
掃海艇		3	8	9	2	3	25	浅・中深度掃海
潜水艦	はるしお型		2				2	練習潜水隊所属
	おやしお型	7	4				11	
	そうりゅう型	1	4				5	AIP 装備

護衛艦、掃海艦艇、潜水艦の配備状況

	固定翼	回転翼	備考
基地／機種	厚木 鹿屋 那覇 八戸 岩国	館山 小松島 大村 舞鶴 大湊 岩国	
P3C	約 80		哨戒機 ⇒逐次 P1 へ
P1	1		哨戒機
EP3C	約 15		電子線データ収集
OP3C			画像データ収集
UP3D			電子戦訓練支援
US-2	3		救難飛行艇
SH60J		約 40	哨戒ヘリ ⇒ SH60K
SH60K		約 40	哨戒ヘリ
MH53E		約 10	掃海ヘリ ⇒ MCH101
MCH101		約 10	掃海・輸送ヘリ

航空機（航空集団）の配備状況

状況」を参照していただきたい。

次に水上艦、潜水艦および航空機の主要装備を説明する。

(4) 主要装備

海上自衛隊の全体像を紹介した次は水上艦艇、潜水艦、航空機等の主要装備について話を進めてゆきたい。

(ア) 水上艦艇

① 護衛艦隊

まず、我が国の艦艇建造の歴史をごく簡単に振り返ってみたい。先にも触れたが、1865年、徳川幕府がフランスの協力を得て建設を始めた「横須賀製鉄所」は艦船の修理ならびに建造を目的としたものであった。

同製鉄所は明治新政府に引き継がれ、1871年に完成した。1875（明治8）年3月5日、記念すべき1号艦「清輝」が明治天皇の行幸を仰ぎ進水式をあげた。翌年竣工した「清輝」は、スループ型3本マストの木造艦で、排水量は897トン、装備は150ミリ砲1門、120ミリ砲4門、6ポンド砲1門、1吋（インチ）機砲3門を装備していた。その後も、戦艦等主力艦はイギリスから輸入しつつ、次第に人材育成と建造施設充実に努めた結果、1910年に国産初の戦艦「薩摩」型2隻を完成させるまでになった。排水量は約2万トン、主砲は30・5センチ連装砲2基4門である。

しかし、イギリスは1906年に、新機軸の戦艦「ドレッドノート」を完成させていた。舷側の副砲を廃し、中央線上に主砲を配置した同艦は、いわゆる大鑑巨砲時代を先導する画期的な新鋭艦であった。同方式の戦艦は、以後、ドレッドの「ド」をとって「弩（ど）級戦艦」と呼ばれた。

帝国海軍は最新のノウハウを求めて、イギリスに戦艦金剛を発注した。「弩級戦艦 金剛」は1913年に完成したが、これが我が国が海外に発注した最後の軍艦となった。

その間に、人材には平賀譲《ゆずる》造船中将（のちの東京大学総長）はじめ、海軍造船界に多くの優駿が頭角をあらわしてきた。

また、一方で、1903年にそれまでの組織を整理改編して横須賀、呉、佐世保および舞鶴に海軍工廠が開設された。

以降、造船、造兵（兵器）、造機（機関）の体制も整ってきたのである。その後、終戦を迎えるまでに、帝国海軍は世界最大の「戦艦大和」をはじめ独自の技術力を駆使して数々の名艦を生み出すまでに成長したことはいうまでもないと思う。

さて、敗戦後各地の海軍工廠は民間に払い下げられて、主として軍艦の解体で糊口《ここう》をしのいでい

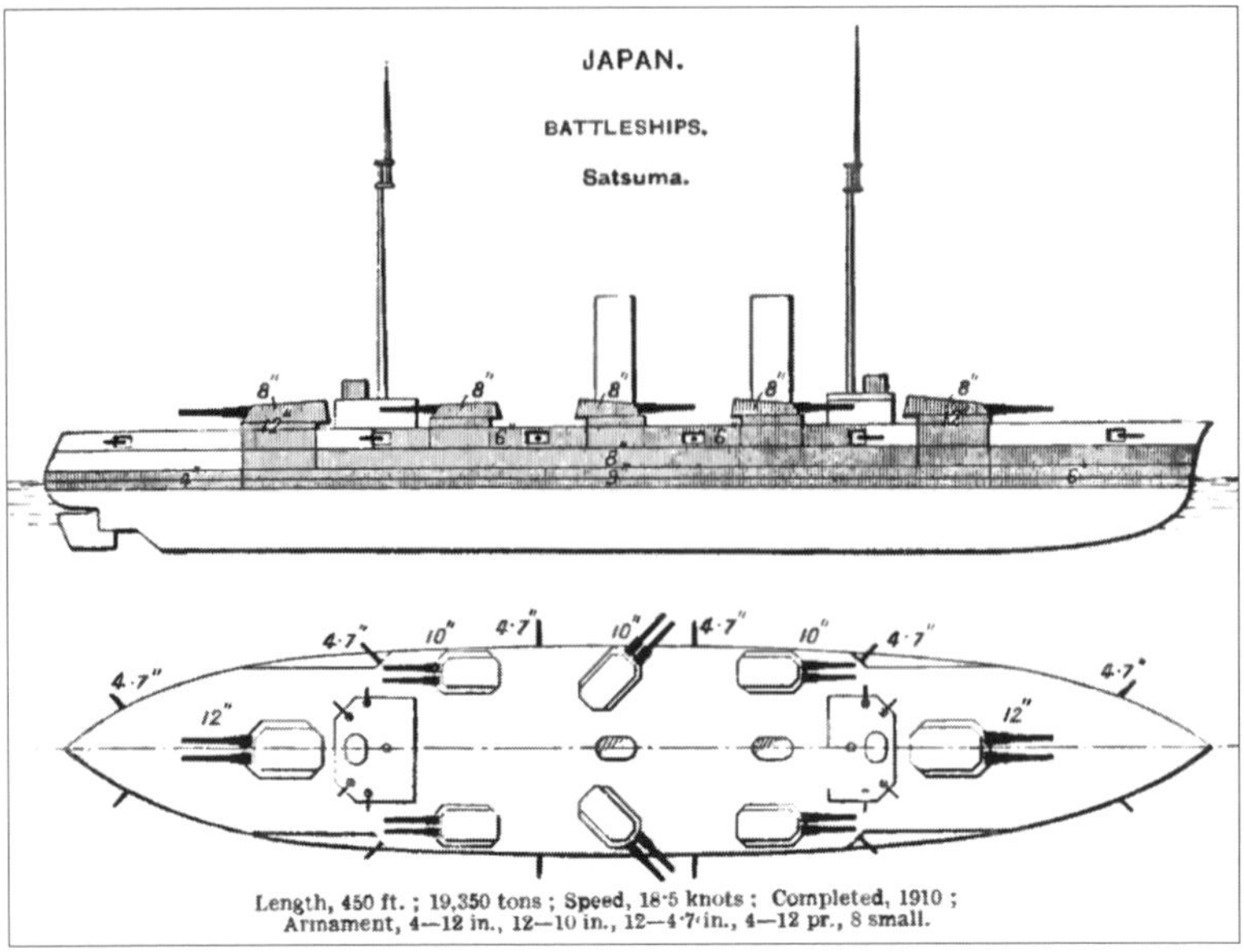

戦艦「薩摩」

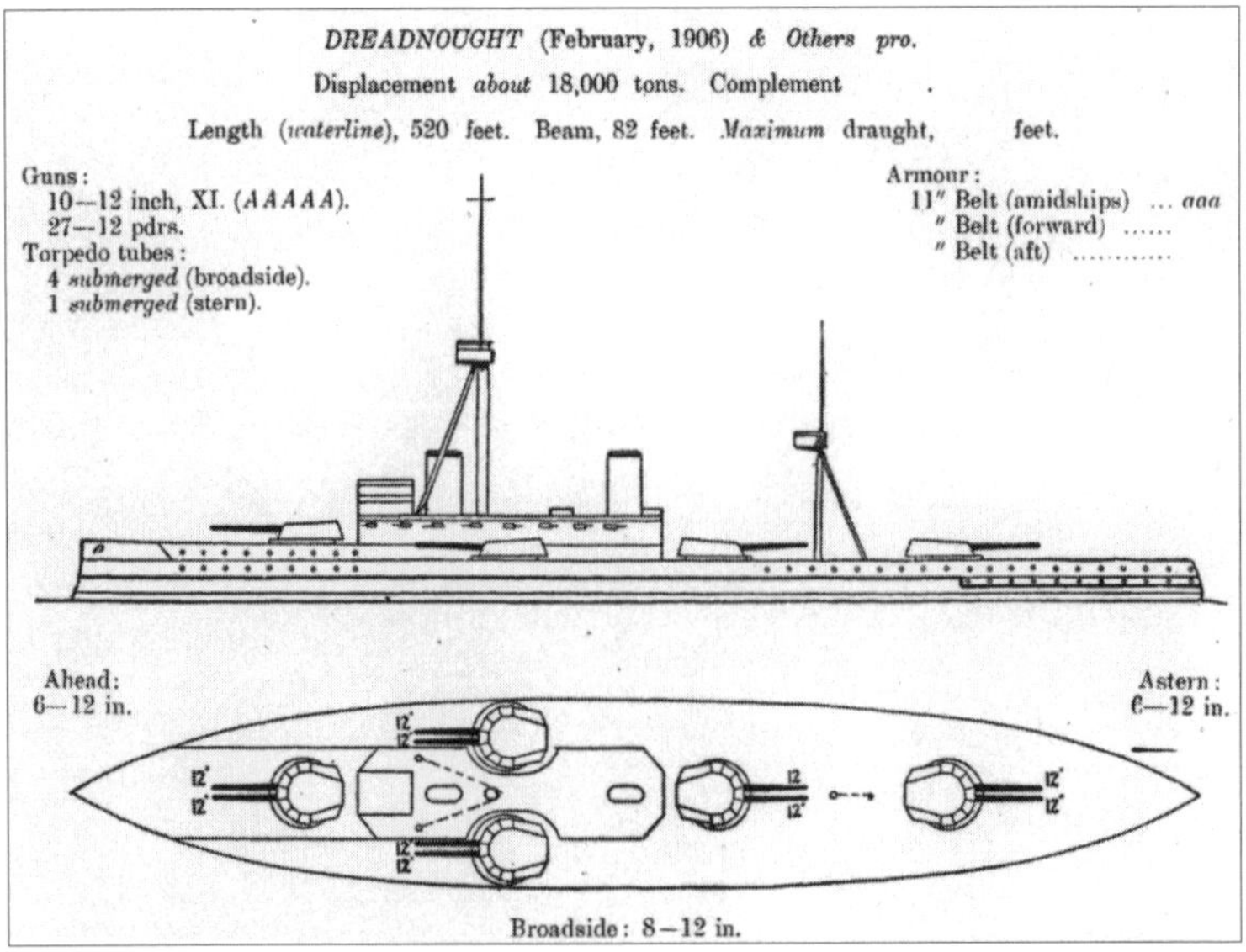

英戦艦「ドレッドノート」

たところ、アメリカ資本が施設の活用に着眼して、1952年、呉海軍工廠跡に「ナショナルバルクキャリア社（NBC）」が進出した。

NBC社は溶接、ブロック建造、生産管理等アメリカで戦時中に開発されていた新技術を導入して貨物船やタンカーを量産した。

これらの新技術は、日本の造船界に開示されることが進出の条件であったため、惜しげもなく伝えられている。

朝鮮戦争特需の追い風を受けて、日本造船業界はたちまち世界一の地位を獲得するまでに復興した。この背景には米国からの新技術とともに日本海軍の残した有形無形の遺産があったことはいうまでもない。

ところで、海上自衛隊が米国から貸与された小型の艦船68隻からスタートしたことは先に述べた。

以後も米国からの貸与は継続していたが、いずれも戦時急造型の旧米海軍駆逐艦等である。老朽化は否めず、国産艦艇の建造計画が立てられた。こうして1956年、戦後初の国産の護衛艦「あけぼの」が石川島重工業東京工場で誕生した。

ただし船体、機関は国産されたが、装備のほとんどは米国製であった。以降、装備の国産化は逐次進んだが、性能面から、特に対空ミサイルシステムに関しては、ライセンス生産するか、米海軍のシステムを丸ごと購入する状態が続いている。なお、海上自衛隊艦艇はすべて国内の民間造船所で建造されている。

前置きが長くなってしまった。以下、就役中の護衛艦の主要装備を紹介する。

◉──しらね型

「しらね型」DDHは対潜水艦用の装備に重点をおいて建造された護衛艦であり、海上自衛隊としては初めてのヘリコプター搭載護衛艦であった。

3機が収容できる格納庫と飛行甲板を後部に設置

した。これは、原子力潜水艦を連続して補足追尾する作戦のOR分析結果に基づいている。DDH２隻で隊を組み、稼働率等を考慮して合計６機を搭載すれば少なくとも作戦に所要の４機を確保することができるという理屈だ。

その他にも「しらね型」には新しい試みが反映されている。

① 対空捜索レーダーOPS‐12は国産初の３次元レーダーである。

② DDG以外の護衛艦として初めて対空ミサイルを装備した。ただし、個艦防御用の短SAMである。また、2番艦「くらま」には、

③ ファランクス高性能20ミリ機関砲近接防御システムおよび、

④ 曳航式パッシブソナーが装備されている。

③④も、護衛艦では初めてのことであった。また、

⑤ 戦術データリンク（LINK‐11）を初めて装備したのも「しらね型」であった。ただし、対艦ミサイルは装備していない。

⑥ 新開発大出力の国産低周波アクティブソナーOQS‐101を装備した。

「しらね型」DDHは、護衛艦隊における対潜戦の主力として長期間、大いに活躍したが就役後すでに三十数年を経過しているため全体に装備の旧式化は否めない。

現在、後継艦として22DDHおよび24DDHが建造中である。後継艦は次に述べる「ひゅうが型」同様空母型をしているが、さらに一回り大型化して建造される。

なお、「しらね型」DDHは、海上自衛隊が有する最後の蒸気タービン推進機関を装備する護衛艦である。

また、「こんごう型」DDGが就役するまでは海上自衛隊最大の護衛艦で、群司令部用の設備も当時としては整っていたので長い間、護衛隊群の旗艦を

務めた。ちなみに、自衛隊観艦式では毎回観閲官の座乗艦に指定されている。

●——ひゅうが型

「ひゅうが型」DDHは、1番艦が2009年に就役した真新しい護衛艦である。

広々とした空母同様の全通甲板方式を採用して、HS3機同時の発着艦を可能にしている。先のしらね型では3機を搭載したが、実際の運用では1機ずつ発艦するために時間を要し、特に3番機の移動には構造上人力を使用するため、とっさの場合には問題が生じていた。

さらに航空機が緊急事態で着艦すると、「しらね型」では飛行甲板の使用が全くできなくなる。

「ひゅうが型」は、これらの懸案を解決した。

また、任務の多様化に伴い、哨戒HSのみならず、HSでは大型最重量のMH53E掃海HSも運用可能である。最大格納機数は、SH60Kを11機格納できる。

艦内には緊急の災害対策本部としての使用も可能な大画面を備えた大会議室および宿泊施設、医療区画も整備されている。

加えて、初めから女性自衛官が勤務することを前提として設計された、海上自衛隊では最初の護衛艦となった。

主要装備には、技術開発本部が開発した固定4面式のFCS‐3多機能レーダーおよび超低周波ソナーシステムOQQ‐21の装備が注目される。

FCS‐3は大きいほうのアンテナが目標捜索、追尾およびミサイルの中間誘導までこなす優れもので、ミサイルの終末誘導だけは並んだ小さなアンテナが行う。これは、イージス艦の技術を応用したものだ。

次に、潜水艦捜索用のソナーを説明する。

一般にソナーは周波数が高いほど探知目標の類別（探知目標が潜水艦か否かを判定すること）には有利であるが、エネルギーの減衰が大きいため遠距離には

しらね型 DDH（出典：海上自衛隊ホームページ）

短距離艦対空誘導弾（短 SAM）
シー・スパロー
（出典：海上自衛隊ホームページ）

高性能 20mm 機関砲
（出典：海上自衛隊ホームページ）

ひゅうが型 DDH（出典：海上自衛隊ホームページ）

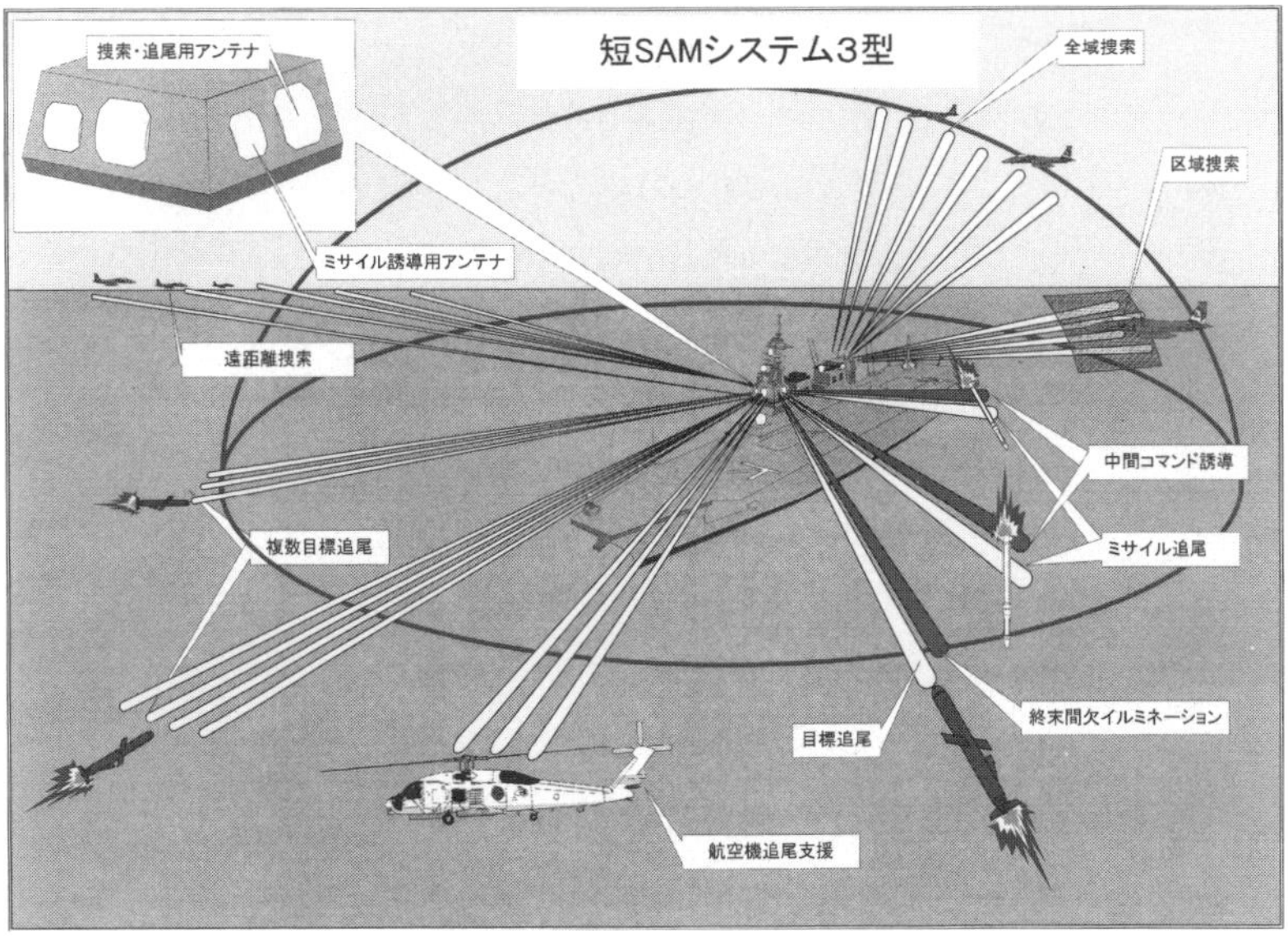

短 SAM システム 3 型（出典：護衛艦「ひゅうが」）

はたかぜ型 DDH（出典：海上自衛隊ホームページ）

ランチャー Mk13（出典：海上自衛隊ホームページ）

届きにくい。

ちなみに魚群探知機は、ソナーの一種である。

小型船舶用魚群探知機が魚影を探知できる水深を発信する周波数別に比較すると、200キロヘルツは100メートル、50キロヘルツは500メートルくらいまで。これが28キロヘルツになると1000メートル以上カバーできるという。

潜水艦探知用ソナーの発信周波数は数キロヘルツであり、OQQ-21の周波数は魚群探知機のそれと比較して二桁は低い。

したがって、OQQ-21は、潜水艦の超遠距離探知を狙うシステムであることがわかるだろう。目標の類別には、データ処理技術の改良で解決できる。

また、潜水艦が被探知防止用に張りつける吸音タイルは、相手ソナーの周波数の高さに反比例するので、ソナー周波数が低いほど厚くしなければならない。

その厚さにも自ずと限界があるのである。なお、OQQ-21システムには魚雷探知ソナーも組み込まれている。

●——はたかぜ型

「はたかぜ型」の船型は基本的に「しらね型」を踏襲しているが、機関は蒸気タービン推進からガスタービン推進（COGAG：Combined Gas turbine And Gas turbine）に変わっている。すなわち、艦のエンジンが蒸気タービン（ST）からガスタービン（GT）に変わった。

ところで、護衛艦には基本的にスクリューが二つある。

これは運動性能を高めることとともに、片方のスクリューが損傷しても運動性能が喪失することを防ぐためだ。

COGAG方式とは、それぞれのスクリューにGT2基がセットされ、低速から高速に至るまでこの2基を組み合わせて自在に速力をコントロールする方式をいう。

「はたかぜ型」以降、護衛艦の推進方式はCOGAG方式が基本とされている。

これは、先にも述べたが、STに比較して、加速の迅速性、整備性（交換方式・少人数）、および優れた静粛性という利点があるためである。

潜水艦の艦長の話では、ディーゼルエンジン（D）やST艦に比べ、GT艦は静かで至近距離になるまで気づかないという。

ちなみに、「ゆき型」のCOGOGとは高速用のGTと巡航用のGTを切り替える方式であり、「あぶくま型」のCODOGとは高速にGTを使い、巡航時はDを使う方式をいう。

「COGAG」および「COGOG」などの表記の「A」はAND、「O」はORを表している。

ここで、中国海軍の艦艇が、STかCODOGであったことを思い出してほしい。

原子力潜水艦は基本的に原子炉の熱で発生させた蒸気を利用する。ST艦であり、在来型潜水艦はDE（ディーゼル・エレクトリック推進）艦であることを考えれば、同系列の推進機関を用いないGT艦のほうが潜水艦の捜索探知には有利である。この点、特にパッシブ戦（潜水艦の発生する音を聴音の手段のみにより探知する方法。これに対して艦艇等のソナーから音波を発信してそのエコーにより探知する方法はアクティブ戦という）に中国海軍はハンディを有しているのである。

さて、「はたかぜ型」の主要装備は艦隊防空用のターターD・スタンダード対空ミサイルシステムである。

リボルバー方式のミサイル格納庫とランチャーを組み合わせ、発射されたミサイルには、発射直後から命中までミサイル追尾レーダー（イルミネータともいう）からインプットされる連続情報が必要である。

このため、ミサイル追尾用レーダーを2基しか持たない「はたかぜ型」の同時対処可能目標数は、2目標に制限される。就役後、すでに25年をすぎて、「はたかぜ型」は世代交代の時期を迎えている。

●――こんごう型／あたご型

「こんごう型／あたご型」DDGは、イージス艦である。中国海軍が、これをまねて「中国版イージス」旅洋Ⅱ型を建造したことは、すでに述べた。

ところで、米海軍がイージス艦を開発した理由である。

冷戦当時、ソ連海軍が米国に対して採用した有名な戦術が「ワンショットバトル（一撃必滅）戦術」であった。

来攻する米海軍空母機動部隊を待ち伏せ、爆撃機、戦闘艦艇および潜水艦を集中運用してワンショットの一斉攻撃でこれを壊滅させるという戦術である。

そのために、ソ連海軍は長射程の対艦ミサイルを発射できる大型の爆撃機を多機種多数揃えた。

水上艦には、一度に可能な限り多数の対艦ミサイルを打つために、甲板上に大量の対艦ミサイルを並べたスラバ型および、キーロフ型巡洋艦を就役させた。中国海軍が購入したソブレメンヌイ型もその一翼を担う艦種であった。

また、潜水艦にも、大量の対艦ミサイルを発射できるオスカー型原子力潜水艦（水中排水量1万8000トン）を就役させている。

イージス艦は、この一斉攻撃から空母機動部隊を防護するために開発されたのである。

4面固定のSPY-1Dフェイズド・アレイ多機能レーダーは、AWS（Aegis Weapon System）の重要なサブシステムであり、マッハ3とも4ともいわれる対艦ミサイルを数百のオーダーで自動探知、自動追尾するだけでなく、中間誘導に必要なデータをSM-2ミサイル（迎撃艇対空ミサイル）に送る。

終末誘導を引き受けるイルミネータは、時分割方式で多数の迎撃ミサイル（SM-2）を同時に誘導す

こんごう型DDG（出典：海上自衛隊ホームページ）

あたご型DDG（出典：海上自衛隊ホームページ）

イージス艦垂直発射システム（VLS）から
発射されたSM-2（写真提供：海上自衛隊）

ることが可能である。

ミサイル発射方式が、垂直発射方式（ＶＬＳ）であることはいうまでもない。

先に、「はたかぜ型」は2目標の同時対処が可能であると書いた。「こんごう型」が同時対処できる目標数は桁《けた》が違う。

探知された目標は、ＡＷＳ戦術情報処理システムで瞬時に分析、評価されて攻撃優先順序が決まる。

ところで、これら敵味方の戦術状況は戦闘区画に設置された4面の大型ディスプレイにシンボル表示される。

同ディスプレイには、ともに行動している僚艦の探知データや攻撃状況も表示される。そればかりか、出動したほかの海上自衛隊部隊および友軍の行動状況ならびに探知情報も表示することができる。一目で彼我の状況が把握できるので、艦長にも部隊指揮官にとっても大変ありがたい。いざとなれば、艦長は発射許可のキーを回し、発射管制士官は発射ボタンを押すだけだ。

次に、「こんごう型」と「あたご型」との違いを説明する。

まず目につくのは、「あたご型」には「こんごう型」にないＨＳ格納庫が設けられていることだ。しかし、目に見えないところでは、ソナーシステムに米軍からデータ処理技術が格段に進んでいるＳＱＳ-53Ｃシステムを初めて導入している。

「こんごう型」のＯＱＳ-102ソナーは、就役した当時、潜水艦隊にパニックが生じたほどの探知実績をあげているが、「あたご型」はさらにその能力を向上させているはずだ。

イージス艦は対空能力のみが喧伝されているが、対潜水艦能力も同様に優れた万能艦なのである。加えて、「こんごう型」4隻には就役後の改造で付与された弾道ミサイル防御（ＢＭＤ）能力がある。ミサイルはＳＭ-3ブロックⅠＡである。中国および北朝鮮が我が国を射程内に入れる弾道ミサイルを開発したのみならず、その照準を我が国に合わせているることは疑いようのない事実である。

北朝鮮が国の存亡をかけて、弾道ミサイルの長射程化に取り組んでいることはいうまでもないが、中国も同様に新型弾道ミサイルの開発に真剣に取り組んでいる。

その例は、先に中国海軍の装備の項で述べたとおり、晋型戦略潜水艦から発射して米本国を射程内に入れるJL-2の開発であり、米海軍空母をターゲットとして開発中の対艦弾道ミサイルDF-21Dである。なお、「あたご型」2隻へのBMD能力付与はすでに予算化されている。

また、「はたかぜ型」DDGの後継艦については、今後の検討が待たれるところであるが、イージス艦となれば初めからBMD能力を備えることになるはずである。

ところで現在、日米は、SM-3ブロックIAの射程を延伸しかつ命中精度を高めた改良型SM-3ブロックⅡAを共同開発している。さらにその先の開発計画がある。弾道ミサイルが進化すれば、弾道ミサイル防御も負けずに進歩させなければならない。

ここで、対艦弾道ミサイル（ASBM）について述べる。

中国が開発中の対艦弾道ミサイルは、DF-21（IRBM）を基礎としている。

空母キラーの切り札として、世界中の多くの軍事専門家が注目する。そもそも弾道ミサイルは、敵国の都市など固定目標をターゲットとする。

米・露のICBMは、1万キロメートルを超える射程でも命中精度は50％の確率で、200メートル以内に収まるそうだ。

しかし、空母は洋上を高速で移動する。

米軍の衛星警戒探知システムをもってすれば、DF-21D弾道ミサイル（最大射程は2150キロメートル）を探知して迎撃するまでには、少なくとも5分程度の余裕があるはずだ。

5分あれば30ノット以上の高速が出せる空母は4500メートル以上移動できる。4500メートル以上離れれば、核弾頭でも空母を無力化することは困難だろう。

1950年7月の長崎市原爆資料保存委員会の発表では、原爆による建物の全壊（木造が多数）は半径1キロメートル以内に、半壊は半径4キロメートル以内に集中している。

5キロメートルを超えると、被害は急激に少なくなる。広島も同じであった。

では、空母を連続的に追尾するシステムを構築して、空母の未来位置に対艦弾道弾を誘導できるかというと、これが大変難しい。

大気圏外から再突入する弾頭部は、鉄をも溶かす高熱にさらされる。そのため弾頭部にセンサーおよび姿勢を制御する機構は取り付けられない（仮に、制御翼機構が取りつけられるとしても、空力的に秒速数キロメートルで落下する弾頭部の制御がどれほど可能となるか、極めて疑問である）。

かといって、最終段ロケットは大気圏に再突入するはるか以前、というよりも発射して間もなく切り離されている。

したがって、弾頭部を格納する函体に火薬を用いた姿勢制御機構を取り付けて修正することになるだろう。

そして姿勢制御のための信号は、空母を追跡しているシステムと弾頭部を追跡しているシステム双方のデータを比較した上で算出されて、函体に送信され、必要な方面の火薬を必要量点火して姿勢を変える。

その後、弾頭部はようやくターゲットに向けて函体から分離される。

以上はあくまで推測であるが、中国自身が対艦弾道弾には未解決の課題が多くあることを発表している。

実は、ソ連も対艦弾道弾を開発していたが、断念している。断念した年代、理由は不明であるが、ワンショットバトル戦術に磨きをかけるとともに、以後、ソ連が空母の建造を本格化した一つの要因になったものと考えられる。

中国海軍が、「遼寧」に続く本格的空母の建造を開始し、かつ対艦弾道弾を開発することは、どちらにも決めかねている様子が窺える。

どちらも多くの予算と人材を投入しているようだが、「二兎を追うもの一兎をも得ず」といえば言い過ぎであろうか。いずれにしても、日米には洋上に「こんごう型」のSM‐3があり、陸上には移動式のPAC‐3がある。そして、先に述べたとおり、弾道ミサイル防衛システムはさらなる改良が進んでいる。

次に汎用護衛艦DDについて説明する。

◉――はつゆき型

「はつゆき型」は、海自初のオールガスタービン艦（COGOG）である。小型艦ではあるものの、ヘリコプター1機を搭載するとともに対潜、対空および対艦の各装備がコンパクトにまとめられた往年の傑作艦である。

「はつゆき型」戦術情報処理システムのソフトウエアは、初めて国内開発された。しかし、同艦も最終番艦でさえ、就役してすでに26年が経過している。対空捜索レーダーは2次元であること、ミサイル発射装置は格納庫と発射機の一体型（VLSではない）であることおよび戦術データリンクLINK‐11を装備していないことなど旧式化した。

現在は護衛艦隊に籍をおいているが、先に触れた2010年の体制移行前は地域配備護衛艦であった。「あさぎり型」は、「はつゆき型」の後継艦であり、装備体系は踏襲している。

なお、「ゆき型」からの相違は次のとおりである。

① LINK‐11を装備したこと

② ソナーは同じOQS‐4であるが、「ゆき型」

はつゆき型DD（出典：海上自衛隊ホームページ）

あさぎり型DD（出典：海上自衛隊ホームページ）

が船底に装備しているのに比べて艦首に装備していること。自身の雑音源からは離したほうが、ソナーの探知性能が高まるからである。

③　4番艦以降3次元対空捜索レーダー（フェイズド・アレイ方式）が装備されたこと

④　ダメージコントロールの観点から、「ゆき型」では並列においた機関室を前後に離して配置したことである。そうすれば、1発の被弾で二つの機関室が同時に被害を受ける確率を下げることができる。

このようにして汎用型護衛艦は、「ゆき型」の基本を踏襲しながら性能の近代化を進めた。しかし、「きり型」も艦齢は22年を超えて、現在は旧式に属している。

◉――あめ型／なみ型

「あめ型」は、「きり型」の後継艦である。

「きり型」からの相違は、

①　3次元レーダー（フェイズド・アレイ方式）が1番艦から標準装備されたこと

②　ミサイル発射方式が垂直発射方式（VLS）に変わったこと

③　戦闘区画の情報表示にイージス艦に準じる2面の大型ディスプレイを採用したこと

④　ヘリコプター格納庫が1機から2機収容可能となったこと

⑤　ステルス船体を採用したこと

⑥　自動化と省人化を図り、同一の装備体系で乗員数は「きり型」に比べて約50人少ないこと

⑦　3段ベッドを2段ベッドに変えるなど居住性を改善したこと

などをあげることができる。なお、「なみ型」と「あめ型」の違いは、「なみ型」の主砲が76ミリ砲であるのに対して「あめ型」には127ミリ砲が搭載されたことである。主砲以外に基本的な装備に変更はない。

たかなみ型 DD（出典：海上自衛隊ホームページ）

76mm 砲（出典：海上自衛隊ホームページ）

127mm 砲（出典：海上自衛隊ホームページ）

◉——つき型

「つき型」は、1番艦「あきづき」が2012年3月に就役した新鋭艦である。「なみ型」の後継艦である「つき型」のもっとも大きな相違点は、多機能捜索レーダーFCS-3Aを装備したことである。

FCS-3Aは、「ひゅうが型」に装備されたFCS-3をバージョンアップしている。もちろん4面固定式である。

見えないところでは、短SAMシステムの能力向上がある。

従来のシースパロウの後継として開発されたESSMには、イージス艦のSM-2と同様な最新の技術が反映されている。

射程は「はたかぜ型」DDGのSM-1と同等、もしくは、それ以上ともいわれている。

さらにもう一つ、新しい装備に魚雷防御（TCM）システムがある。TCMは、技術研究本部が開発した水上艦ソナーシステム・OQQ-22のサブシステムの一つである。

魚雷音を探知して、対処が必要と判断すると曳航式ジャマー（FAJ：Floating Acoustic Jammer）や艦上の発射管から、自走式デコイ（Mobile Decoy）を発射・管制する。攻撃に加えて、守りをさらに固めた護衛艦であるといえよう。

また、TCMは現在建造中の1万9500トン型護衛艦（22DDH）にも搭載予定である。

◉——あぶくま型

「あぶくま型」は、満載排水量が2500トンという小型の護衛艦であり、地域配備用護衛艦として建造された。対空レーダーの装備もなく、対空ミサイルも装備されていない。1番艦の艦齢は25年であるのでもう一働きが期待されるが、そろそろ後継艦の姿が見えてもいいはずだ。

話が横道にそれるが、防衛計画大綱別表には防衛力整備の目標水準が隻数で示されていることは先述

あきづき型 DD（出典：海上自衛隊ホームページ）

あぶくま型 DE（出典：海上自衛隊ホームページ）

米海軍 LCS

DD				DE
ゆき型	きり型	あめ型 / なみ型	つき型	あぶくま型
1979-1987	1985 ～ 1991	1993 ～ 2006	2009 ～	1988 ～ 1993
8	6	14	2	6
4200	4950	6100/6300	6800	2500
				CODOG
OPS-14(2D)	OPS-24 (3D) [4 隻は OPS-14（2 D）]	OPS-24（3 D）	FCS-3A（3 D）	OPS-28（2 D）
短 SAM (発射機 8 連装× 1)	短 SAM (発射機 8 連装× 1)	短 SAM　(VLS)	短 SAM　(VLS)	なし
HPN（4 連装× 2)	HPN（4 連装× 2)	90 式 SSM (4 連装× 2)	90 式 SSM（4 連装× 2）	HPN（4 連装× 2)
76mm	76mm	76㎜	5 吋	76㎜
単装× 1	単装× 1	/127mm	単装× 1	単装× 1
		単装× 1		
				同左× 1
OYQ-5	OYQ-6/ 7	OYQ-9	OYQ － 11 LINK-11/14/16	OYQ-7
	LINK-11/14	LINK-11/14/（16 は、なみ型のみ）		
				LINK-　11
OQS-4	OQS-4	OQS-5	OQQ － 22	OQS-8
		OQR-2		
SH60-J	SH60-J	SH60-J/K	SH60 － K	なし
1 機	1 機	1-2 機	1-2 機	

艦の種別	護衛艦			
	DDH		DDG	
	しらね型	ひゅうが型	はたかぜ型	こんごう型／ あたご型
建造期間	1977 ～ 1981	2006 ～	1983 ～ 1988	1990~2008
隻数	2	2	2	6
満載排水量（トン）	6800	19000	5900	9500/10000
推進機関	ST	COGAG（ゆき型は COGOG）		
対空捜索レーダ	OPS-　12（2 D）	FCS-3（3 D）	SPS-52(3D)	SPY-1D (FAR)
対空ミサイル	短 SAM (発射機 8 連装× 1)	短 SAM (VLS)	SM1（発射機 × 1 ）	SM-2・SM-3/ SM-2（VLS）
対艦ミサイル	なし	なし	HPN（4 連装 × 2）	HPN 90 式 SSM (4 連装 × 2)
砲	5 吋	なし	5 吋	127mm
	単装× 2		単装× 2	単装× 1
近接防御速射機銃	20mm ファランクス× 2			
戦闘指揮支援システム	OYQ- 3	OYQ-10 LINK- 11/14/16	OYQ-　4	AWS
	LINK-11/14			
				LINK- 11/14/16
対潜捜索ソーナー	OQS-　101	OQQ-21	OQS-4	OQS-102／
				SQS-53C
艦載ヘリコプター	SH60-J	SH60-J	発着甲板のみ	発着甲板のみ
	3 機	3 機 [最大 11 機]		／ SH60-J/K 1 機

護衛艦の主要装備

した。

そのためばかりではないが、隻数が同じであればどうしても護衛艦は大きくなる。１隻に、できるだけ多くの機能を詰め込もうとする傾向は否めないだろう。予算内であれば隻数にこだわらず、適切な艦種・隻数を柔軟に建造できるように大綱別表の表現を見直すべきだ。地域配備型護衛艦については米海軍の沿海域戦闘艦（ＬＣＳ：Littoral Combat ship）が参考になると考える。

●──補給艦

補給艦には、「とわだ型」３隻および「ましゅう型２隻」の計５隻が活動中である。両者の相違は表に示すとおりである。

「ましゅう型」は「とわだ型」の船型を基本にしているが、さらに１万トン大型化して、燃料および弾薬、食料その他貨物搭載量を大きく増加させている。

近年、護衛艦部隊は、弾道ミサイル警戒監視活動や中国海軍に備えた南西諸島方面での行動、加えてテロ特措法等に基づく海外での活動など洋上における長期の行動が増えている。

燃料等補給のために毎度基地に戻るようでは、大変効率が悪い。したがって、補給艦は部隊と行動をともにすることもあれば、デリバリーボーイよろしく分散する各部隊に燃料を届けて回ることもある。補給艦の貨油は多ければ多いほど効率がよい。

次に、機関には補給艦として初めてオールガスタービンエンジン方式を採用している。これは、敵潜水艦に補給艦を特定されないためであるが、ノイズを海中に拡散させて友軍の潜水艦探知を妨害しないためでもある。

補給艦が被害を受ければ、燃料のない護衛艦は立ち往生するしかない。補給艦にはソナーも装備されていない。潜水艦にとって格好のターゲットである。ここで、目を中国海軍の補給艦に転じると、外洋で行動できる補給艦は老朽化した福清型を除くと、３

ましゅう型（出典：海上自衛隊ホームページ）

海自補給艦	とわだ型	ましゅう型
就役期間	1987 ～	2004 ～
満載排水量	1 万 5859 トン	2 万 5000 トン
機関	ディーゼル機関（ＤＥ）	ＣＯＧＡＧ
ヘリコプター	飛行甲板のみ	飛行甲板 格納庫（兼、荷集積取扱い所）

中国海軍補給艦	福清型	青海湖型	福地型
就役期間	1979 ～	1996 ～	2004 ～
隻数	2	1	２＋２（建造中）
排水量	不明	3 万 7000 トン	2 万 3000 トン
機関	ディーゼル機関	ディーゼル機関	ディーゼル機関
備考	国産初・老朽化	ウクライナから購入	

隻を保有するのみであり、この方面は、意外なほど弱体であることがわかる。

しかも、推進機関はすべてディーゼルエンジンである。潜水艦にとって、中国海軍補給艦の識別は容易であろう。

◉――おおすみ型輸送艦／LCAC

「おおすみ型」輸送艦の基本任務は、3隻で陸上自衛隊の1個連隊戦闘団の人員、装備を輸送することである。主要装備は、輸送用エアクッション艇（LCAC）2隻である。

「LCAC」は、空中に浮遊して、ある程度の障害は乗り越えて移動できるので、港湾に横付けするか、砂浜でなければ物資の陸揚げができなかった「おおすみ型」以前の輸送艦に比べて、運用性が画期的に向上した。サンゴ礁の上も問題ない。

インドネシア・スマトラ沖地震で、輸送艦は陸自CH-47を現地に輸送した。また、LCACを駆使して重機を孤立した地域に陸揚げするなど、その有用性を遺憾なく発揮した。

このたびの東北地方太平洋沖大地震においても、港湾施設が使えなくなった上に、海中にさまざまな漂流物があって普通の船舶が航行できないところでも、LCACは救援物資を陸揚げした。

また、孤立地区の調査、救援に文字通り休む暇もなく活動している。

小名浜港、塩釜港、石巻市渡波地区および牡鹿半島孤立地区における「おおすみ」およびLCACの活動は、「東北大震災・海自・LCAC」のキーワードで検索すれば、動画共有サイトのユーチューブ（You Tube）で見ることができる。

なお、いつどこで発生するかわからない災害に備えて、輸送艦部隊は時間をかけて日本全国のLCACが使える海岸線を調査している。南西諸島についても同様である。

おおすみ型（出典：海上自衛隊ホームページ）

エアクッション艇：LCAC（出典：海上自衛隊ホームページ）

②――掃海隊群（機雷戦艦艇）

掃海隊群の任務は、敵に敷設された機雷の無力化および所要の海域を敵に使用させないための機雷敷設である。そのために掃海隊群は、掃海艦艇および機雷敷設が可能な掃海母艦2隻を保有している。

機雷は、海底や海中に設置されて通行する艦船を待ち受ける。陸上でいえば地雷である。一般に、機雷は船舶のエンジン音やスクリュウ音、船体の磁気、船舶の通過に伴う水圧の変化および物理的な衝撃のいずれかもしくはいくつかを感じ取って起爆スイッチをONとする。

普通は固定されているが、センサーが目標を探知したら動きだし、魚雷化する機雷もある。掃海艇は、さまざまな掃海具を用いて、この機雷を無力化してゆく。

たとえば音響掃海具は、船舶の音を模擬する。磁気掃海具は磁気を、水圧は遠隔操縦式掃海具（自走式）や掃海用ヘリコプター（MH-53E）が模擬航走体を曳航するなどして模擬する。

なお、掃海艦艇は自身が発生する磁気を嫌うために、いまは逐次FRP（強化プラスチック）製掃海艇に移行しているが、従来は木造であった。

数百メートルの深々度《しんしんど》に敷設された機雷を探知、掃海するために建造された「やえやま型」掃海艦は、その機材を装備するために排水量は掃海艇の約2倍近く、1000トンを超えるが、今日では世界最大級の木造船舶でもある。

掃海艇は、深深度より浅い海域に敷設された機雷を掃海する。排水量は5〜600トン程度の大きさである。

なお、魚雷化する機雷など高性能化する機雷に対して、2008年に就役した「ひらしま型」掃海艇から新型国産の水中航走式機雷掃討具（S-10）が採用されている。

S-10は、掃海艇からの有線遠隔操縦で、掃海艇と並走しながら自身のソナーで機雷を捜索すること

えのしま型（出典：海上自衛隊ホームページ）

うらが型（出典：海上自衛隊ホームページ）

はやぶさ型（出典：海上自衛隊ホームページ）

ができる。

発見した機雷は、搭載した処分用爆薬を使って無力化する。

係維《けいい》機雷は、係維索をカッターで切って機雷を海面に浮上させ、前部甲板上の20ミリ機関砲で射撃処分する。掃海艦艇も日進月歩の性能向上を強いられているのである。

掃海母艦は、燃料、真水等および掃海艇に搭載できない掃海具を掃海艇に供給する一方で、機雷を敷設することを目的に建造された。

津軽海峡と対馬海峡など、主要な海峡を迅速に封鎖するために2隻を保有している。ちなみに、機雷の敷設は、潜水艦ならびに航空機（P－3C）からも可能である。

機雷掃海に関するエピソードを一つ。

1991年に派遣されたペルシャ湾機雷掃海派遣部隊は、現地到着後、すでに派遣されていた各国の機雷情報を収集したが、掃海しやすい海域はすでに掃海は終了しており、なんらかの理由で掃海は困難であるとされた海域しか残されていないことに驚いたという。

しかし、職人集団である掃海部隊は逆に燃えた。それらの海域の掃海を無事完了して掃海部隊は粛々と帰国した。

湾岸戦争には130億ドルの資金協力を行ったにも拘わらず、ワシントンポスト紙に掲載されたクウェート政府の謝意広告にJAPANの文字も国旗も見られなかった。

しかし、これ以後、日本の国旗が加えられ、記念切手にも日本が加えられた。

処分した機雷は合計34個、水中処分隊員が、危険を冒して手作業で処分用爆薬をセットして処分した機雷は、そのうち29個にのぼる。

「海猿」と呼ばれる海上保安庁の潜水士の活躍は、国民に広く知られるところとなったが、地味ながら海上自衛隊には「海ゴリラ」とも呼ばれる水中処分隊員のいることを紹介しておきたい。

③——地方隊

◉——ミサイル艇

「はやぶさ型」ミサイル艇は、中国の紅稗型ミサイル艇とほぼ同じ大きさである。違いは表に示すとおりである。

	はやぶさ型	紅稗型
満載排水量	240 トン	220 トン
推進機関	DE	GT
最高速力	36 ノット	44 ノット
対艦ミサイル	YJ-83 × 8	90 式× 4
砲	30 ミリ機関砲× 1	76 ミリ砲× 1
隻数	6	50 ～ 90

ミサイル艇同士が対艦ミサイルを打ち合うことは想定しにくいので、もし有事に遭遇すれば高速かつ76ミリ砲を装備する「はやぶさ型」が紅稗型を駆逐できる可能性が高い。

ただし数的には格段の差がある。増勢の上、南西諸島方面に配備することが望まれる。

◉——掃海艇

掃海艇に関してはすでに述べたが、地方隊の掃海艇はゾーンディフェンスの真骨頂ともいうべく、定期的に港内外の航路を調査している。どこにどんな岩があり、どこに沈没船があるかを周知している。まさに自宅の庭先に変化があればすぐわかる態勢にあるといえよう。

	おやしお型	そうりゅう型
水中排水量	4000トン	4200トン
推進機関	DE	DE + AIP
魚雷	○	○
対艦ミサイル	○	○
機雷	○	○
静粛性（吸音タイル）	○（一部除く）	○（全体）
運動性	十舵　＜	X舵
魚雷防御装置	なし	○

(イ) 潜水艦

潜水艦は海の忍者といわれ、その隠密性は筆者にも知り難い存在であった。

現在、海上自衛隊は3タイプの潜水艦を保有しているが「はるしお型」は練習用潜水艦に区分されている。したがって、第一線で活動するのは「おやしお型」と「そうりゅう型」の2タイプである。

両者の相違は表に示すとおりである。

もっとも大きな相違点は、「そうりゅう型」にはAIP（空気独立型推進システム）が採用されていることである。

AIPに関しては、中国海軍の通常動力型潜水艦の項で紹介しているので繰り返さない。

また、海自潜水艦の静粛性についても既述のとおり、折り紙つきである。

「そうりゅう型」が採用したX舵とは、後ろから見たときにX状に舵が配列されていることで、この4枚の舵が連動して「そうりゅう型」の運動をコントロールする。

「おやしお型」は十状舵で、左右の動きは艦尾の垂直舵、上下の動きは艦尾の水平舵に加えてセイル横

おやしお型（出典：海上自衛隊ホームページ）

そうりゅう型（出典：海上自衛隊ホームページ）

に張り出した潜舵と呼ばれる舵で別々に行っていた。

さて、その実力である。

我が国周辺の海域は、まさに多様である。

浅いところ、深いところ、対馬海流、黒潮、朝昼夜、晴れか曇りか、加えて春夏秋冬の季節ごとに海は変化する。

海は、と書いたが、詳しくは海域の音波の伝わり方（伝搬《でんぱん》）の変化である。

音波伝搬は、海水の温度分布や塩分濃度で異なる。天候は海中の温度分布を変化させるので、海中の温度分布はBTという測定装置で、かなり頻繁に測定しなければならない。

このデータに海底地形や海流の位置を加味して、海域の音波伝搬状況を予察する。

音波伝搬予察モデルには、過去何十年にわたり蓄積しているデータが反映されている。

このアウトプットをもとに各艦のソナー捜索モードを決め、部隊配備を決める。

たとえば輸送船を護衛している場合、輸送部隊を中心に敵潜水艦の存在が予想される場合はその方向に重点的に兵力を配備する。

予測できない場合は、全周を警戒する形に配備する。しかも、配備した外から魚雷を発射されないよう魚雷の射程も考慮する。ここからが勝負である。

「P‐3C」や「こんごう型」が部隊配備された当初は訓練で、潜水艦は部隊に近接する以前に探知されて、潜水艦隊がパニックに陥ったことはすでに述べたが、「そうりゅう型」の配備で、いま立場は均衡状態か、やや逆転しているのではないだろうか。

後述する「P‐3C」後継機の「P‐1」の部隊配備が始まり、艦艇のセンサー能力および新戦術も開発中であり、対潜部隊は巻き返しを期していることだろう。

このように海上自衛隊は潜水艦と対潜部隊が互いに鎬《しのぎ》を削って能力向上を競い合っている。しかし、護衛艦の隻数が減り続け、海外の行動や警戒監視などの実任務が増える中で相互の訓練機会が確実に減っていることは懸念される。

(ウ)航空機

◉──固定翼機

「P‐3C」哨戒機は1978年から調達を開始して、1997年に最終号機が領収されるまでに通算101機が配備されている。

しかし、導入当初は素晴らしい実績を誇ったものの、導入から35年近くを経過して相対的な能力低下は否定できない。

その後継機として「P‐1」哨戒機の1号機が2013年3月厚木基地に配備された。「P‐3C」と「P‐1」の比較表を示すので参考にしていただきたい。

目につく違いは、「P‐3C」がプロペラ機であり、「P‐1」がジェット機であるということだ。また、「P‐3C」は米国製であったが、「P‐1」は機体、エンジンおよび搭載電子機器（Avionics）ともに国産で開発したものである。実用高度が1・5倍、巡航スピードが1・3倍となったことで、単位時間あたりの捜索範囲は1・8倍に増加している。

また、高速化は遠距離になるほど指定海域のオペレーション時間が増加することを意味する。センサーも情報処理も、最新の技術が反映されているという。

「P‐3C」には米軍の実績があったが、「P‐1」はまだ導入されたばかりである。

センサー類も国産であることから、今後実績を自らの努力で積み重ねていかねばならない。

しかし、逆に積み重ねていけるということは、オペレーターとメーカーの意思疎通を通じて「P‐1」が我が国が本当に必要とする哨戒機として育つということも意味している。

ところで、「P‐3C」は逆合成開口レーダー

P-3C 固定翼機（出典：海上自衛隊ホームページ）

P-1 固定翼機（出典：海上自衛隊ホームページ）

固定翼機

種　別	P-3C	P-1
メーカー	ロッキード社	川崎重工 エンジンは IHI
エンジン	ターボプロップ	ターボジェット
巡航速力	330 ノット	450 ノット
実用上昇高度	8600m	13200m
航続距離	6600km	8000km
魚雷・対潜爆弾	○	○
対艦ミサイル	○	○
機雷	○	○

EP-3 固定翼機（出典：海上自衛隊ホームページ）

OP-3C 固定翼機（出典：海上自衛隊ホームページ）

UP-3D 固定翼機（出典：海上自衛隊ホームページ）

（ＩＳＡＲ）という分解能に優れた特殊なレーダーを装備しているので、探知目標の種類をも判別することが可能である。

ある訓練でのこと、島影から少し離れるとすぐに探知判別されるので驚いたことがある。

次に、「Ｐ-３Ｃ」のオリジナルの多用途機を簡単に紹介する。「ＥＰ-３」は電子戦データ収集機である。

「ＯＰ-３Ｃ」は画像データ収集機である。細部は省略するが、「ＳＬＡＲ（側方画像監視レーダー）」または「ＬＯＲＯＰ（長距離監視センサー）」を装備している。

「ＵＰ-３Ｄ」は電子戦訓練支援機である。妨害電波を発射したり、レーダー探知を妨害する反射チャフを散布して電子戦環境下の部隊訓練を支援することが目的であるが、必要に応じ標的の曳航も行う。

固定翼機の最後は「ＵＳ-２」救難飛行艇である。航続距離は４７００キロメートル、巡航速度は、時速約４７０キロメートルである。波高３メートルの海面でも着水できる。父島における救急患者輸送にも使用されて、そのときは二見港湾内に着水することができる。

なお、武器輸出３原則の緩和については既述のとおりであるが、産経新聞の報道（２０１３年３月24日）によれば、「防衛省はＵＳ-２をインドに輸出する手続きを検討していることがわかった」と、掲載されている。

◉回転翼機（ＨＳ）

海上自衛隊の護衛艦が、艦載回転翼航空機（ＨＳ）を搭載したのは、すでに除籍された「はるな型」ＤＤＨ（１９７３年就役）が初めてであった。以来40年を経過したが、その間に機体は、「ＨＳＳ-２」「ＨＳＳ-２Ａ」「ＨＳＳ-２Ｂ」「ＳＨ-60Ｊ」と逐次、更新されている。そして、いまは「ＳＨ-60Ｊ」から「ＳＨ-60Ｋ」への更新の時期を迎え、更新が約

US-2 固定翼機（出典：海上自衛隊ホームページ）

SH-60J 回転翼機（出典：海上自衛隊ホームページ）

50％終わった時点である。昭和48年2月ＤＤＨ1番艦が就投し回転翼機の艦上運用が開始された。それから約40年を経て護衛艦隊にとって、「ＨＳ」は対潜のみならず対水上戦にも不可欠の存在であり、艦とＨＳが一体となったウェポンシステムになってきている。

余談であるが、２００４年の中国漢級潜水艦領海侵犯事件を覚えているだろうか。

このときは護衛艦「くらま」および「ゆうだち」が出動して搭載するＨＳが約60時間にわたり、一瞬の空白もなく漢級原子力潜水艦を連続追尾している。潜水艦は宮古島と石垣島の領海中間を北上、その後尖閣諸島手前で右折、沖縄本島に向かい、反転、最後に北上したものである。

中国は航法装置の故障と言い訳したが、航法装置が故障していれば潜航したまま通過できる海域ではない。

それはともかく、潜水艦の動きは想像を超えるものであった。ただ高速で進路変換を繰り返すのみだ。探知された場合の回避要領を知らないものと思われる。しかし、中国海軍に詳しい友人の話では同潜水艦艦長はその後も順調に昇任しているらしい。回避要領の稚拙な潜水艦艦長など海上自衛隊では即刻交代である。

少し飛躍するが、先般ＦＣレーダー照射事件がニュースで話題になったが、これも別の意味で考えられない事件であった。

ＦＣレーダーで照射された護衛艦「ゆうだち」は詳細な電波緒元を記録して、これを情報資料隊で分析しているはずだ。

米海軍はじめ海自も含めて、筆者の知る範囲の海軍は常日頃から電波の秘匿《ひとく》のために厳しく電波を管制している。これも、中国海軍が現代の電子戦を理解していない証左《しょうさ》ではないだろうか。

閑話休題、「ＳＨ-60Ｊ」と「ＳＨ-60Ｋ」の相違については、大きく変わった部分だけを紹介する。

SH-60K 回転翼機（出典：海上自衛隊ホームページ）

MH-53E 回転翼機（出典：海上自衛隊ホームページ）

MCH-101 回転翼機（出典：海上自衛隊ホームページ）

①　水上捜索レーダーがＩＳＡＲに変更された

②　ディッピングソナーは低周波ソナーに変更された

③　ヘルファイア対艦ミサイルの発射能力が新しく加えられた

海上自衛隊の艦載ＨＳは40年間独自に発展を続け、いまあらゆる観点から評価して世界最高の域に達した海上自衛隊が誇る精鋭部隊である。

太平洋戦争開戦当初、米海軍を恐怖に陥れたゼロ戦のように、「ＳＨ‐60Ｊ／ＳＨ‐60Ｋ」は敵にとって手強い相手となろう。

掃海用ヘリコプター「ＭＨ‐53Ｅ」についてはすでに触れたが、海上自衛隊最大かつもっとも重いＨＳである。「ＭＨ‐53Ｅ」の後継機が「ＭＣＨ‐101」である。

なお「ＭＣＨ‐101」と同じ機体であるが呼称を変えて「ＣＨ‐101」は砕氷《さいひょう》艦「しらせ」に搭載されて南極輸送支援にあたる。ちなみに

「M」は掃海用を示す記号である。

(5)サイレントネイビーの悲鳴

ここまではどちらかといえば海上自衛隊の優れた面を記述してきたが、この項では海上自衛隊の悲鳴を聞いていただきたい。以下は、筆者が22防衛大綱の見直しの機会に、日本ビジネスプレスに発表した「サイレントネイビーが悲鳴をあげている！　減らされる艦船と人員、増え続ける海外派遣」（2010年8月27日公開）である。

2010年以降も予算、人員は減り続ける一方で、尖閣諸島の緊張は高止まりするとともに中国海軍の行動はより活発かつ挑戦的になっているので、実情は2010年当時よりさらに厳しくなっているものと考える。安倍政権が新たな防衛大綱の策定を進めているタイミングで海上自衛隊の窮状を改めて理解していただければ幸いである。なお、念のために補足するが、以下に記す厳しい実情は現役当時も機会があるたびに改善を主張したが、海上幕僚監部から上には届かなかった。

サイレントネイビーが悲鳴をあげている！
――減らされる艦船と人員、増え続ける海外派遣

はじめに

平成21年度に改訂されるはずであった新たな情勢に基づく「防衛計画の大綱」は、新政権により1年先延ばしされた。鳩山前首相は普天間問題で安全保障に関する勉強不足を自ら露呈させたが、最高指揮官がこれでは、多くの国民が国の安全に不安を覚えたはずだ。この1年間に新政権ははたしてどれだけのことを学んだのであろうか。一方、サイレントネイビーの伝統を受け継ぐ海上自衛隊は自らを語ることが苦手である。厳しい現場に対してもヤセ我慢を奨励する体質がある。観艦式等で紹介できる海上自衛隊は、海上自衛隊のほんの一面でしかない。しかも、出港すれば数時間で水平線に姿を消す護衛艦部隊は、どうせ理解されないと半ば諦めている。しかし、これでは、正しい姿は国策に反映されないだろう。

そこで、今回は、少しでも多くの方に理解していただきたいとの思いから、海上自衛隊の、特に護衛艦部隊の厳しい現実を紹介したい。筆者が護衛艦隊司令官を最後に退官したのは3年前（平成19年）である。現実といいつつもその当時の記憶が中心になるが、その後、中国艦隊の堰《せき》を切ったような太平洋進出、韓国哨戒艦「天安」沈没と北朝鮮潜水艇の魚雷能力およびロシア海軍復活の兆しに、現場はさらに厳しさを増しているものと思われる。

(1) 我が国周辺の安全保障環境

我が国周辺には、米・中・露の軍事力が指呼の間に存在し、北朝鮮という火薬庫に手を焼きながら、当事国は虚々実々の駆け引きを繰り広げている。表面的にはまさに北朝鮮を取り巻く緊張であるが、どの国にとっても現状維持が最善である以上、小競り合いが起きたとしても第2次朝鮮戦争に拡大する可能性は極めて低い。

実は、極東の安全保障の観点からもっとも留意すべきは北朝鮮ではなく、着々と軍事力の増強を図る中国である。中でも、中国海軍は30年後に 米海軍と対等な海軍を建設するという遠大な計画を有しているといわれる。これを裏付けるように中国海軍の増強、近代化は目覚しく、中国海軍は極東における米中の軍事バランスを壊しかねない存在になりつつある。

最悪のケースは、台湾が中国に吸収され、与那国島から次々と宮古島までもその勢力圏に取

「防衛計画大綱別表」比較一覧表

海上自衛隊	区分	51 大綱	07 大綱	16 大綱	22 大綱（注）
護衛艦部隊	機動運用 地域配備	4 個護衛隊群 12 個隊 地方隊 10 個隊	4 個護衛隊群 12 個隊 地方隊　7 個隊	4 個護衛隊群 （8 個隊） 5 個隊	4 個護衛隊群 （8 個護衛隊） 5 個護衛隊
	主要装備	護衛艦 約 60 隻	護衛艦 約 50 隻	護衛艦 47 隻	護衛艦 48 隻

（筆者注）：22 大綱の内容は 2010.8. 27 時点では空欄

り込まれてしまうことである。そのとき、尖閣周辺に埋蔵される1000億バレルを超えるといわれる石油の帰趨はもはやいうまでもない。

(2) 海上自衛隊艦艇部隊の規模の変遷

このような中、「防衛計画大綱別表」比較一覧表のとおり、我が国の防衛予算は、厳しい財政事情の下、平成10年以降ほぼ一貫して減少の一途をたどり、現在、海上自衛隊艦艇部隊の規模は51大綱時の約4分の3、隻数にして13隻を減じ、地域配備護衛隊は、10個から5個に半減した。なお、区分欄の機動運用とは、事態に応じて、地域を限定せず運用される部隊であり、地域配備とは、我が国周辺海域を北から右回りに、大湊、横須賀、呉、佐世保および舞鶴の各地方総監部警備区に5分割し、主として、その警備区内でゾーンディフェンスにあたる部隊である。従来は各警備区に2個隊（5〜6隻）が配備されていたが、いまは1個隊（3隻）に減じた。地域配備護衛艦は機動運用部隊に比較して、航続距離が短く、排水量も小型である。また、機動運用の1個護衛隊群は従来3個隊8隻であったが、現在は2個隊8隻で編成されている。

(3) 海外派遣活動の変遷

海上自衛隊が、艦艇部隊の主な活動状況を冷戦期および平成以降に分けて作成した一覧表が手元にある。この表を見れば、一目瞭然であるが、冷戦期には皆無であった艦艇部隊の海外活動が、平成3年のペルシヤ湾掃海部隊派遣を嚆矢として、カンボディアPKO、トルコ、インド、インドネシア国際緊急援助活動、東ティモール国際平和協力業務、テロ特措法に基づく協力支援活動、イラク人道復興支援特措法に基づく活動、ロシア潜水艇救助国際緊急援助活動、補給支援特措法に基づく協力支援活動（本年1月終結）、ソマリア沖海賊対処（派遣中）等々平成3年以降は飛躍的に増大している。

ちなみに、テロ特措法に基づく協力支援活動および補給支援活動期間中に派遣された補給艦および護衛艦は合計8年間に延べ73隻であり、1年間の派遣平均隻数は9隻を数えた。もともと、「『海上における侵略等の事態に対応しうるよう機動的に運用する艦艇部隊として、常時少なくとも1個護衛隊群を即応の態勢で維持しうる1個護衛艦隊を有していること』そのために、ローテーションで運用する必要最小限度が4個護衛隊群である」とされたのは、このような海外派遣などを想定していなかった51防衛大綱（1976年に策定）である。

しかし、上述のとおり、護衛艦部隊の活動の推移を見れば、常時即応の護衛隊群は少なくとも2個以上と書き換えなければなるまい。

(4) 我が国周辺海域の活動

平成11年3月、能登半島沖不審船（後日北朝鮮工作船と判明）の不法行動に対し、海上自衛隊に対する我が国初の海上警備行動の発令を皮切りに、北朝鮮の弾道ミサイル警戒、外国（中国）潜水艦の領海侵犯に対する海上警備行動が次々と発令された。すなわち、海上自衛隊では、周辺海域においても、以前に増して日常的な警戒、即応態勢の充実強化が必要とされている。

しかし、地域配備部隊が半減した結果、海峡を含む周辺海域の警戒・監視に目が十分に届かなくなっている。

その上、中国海軍艦船の活発化に、警戒すべき海域は九州西方海域および琉球諸島海域全般にまで拡大した。琉球諸島方面は主に機動運用部隊が担当して何隻かが常時付近海域で目を光らせているようだが、もっとも近い佐世保を母基地とする艦艇でも沖縄までは遠い（直線で約800キロメートル）。与那国島までにはさらに500キロメートル以上もある。

警戒海域も警戒対象も増大した今日、艦船の数が絶対に不足している。さらにいえば、現状、地域配備部隊の減勢は機動運用部隊をもって補完しているが、機動運用部隊も手一杯の状態である上に、もともと運用構想そのものから異にする部隊である。当面はやむを得ないとしても、防衛力整備の根本から見直さなければならない大きな問題である。

(5) 即応態勢

縷々述べたとおり、一段と厳しさを増す環境であるが、海上自衛隊は精強・即応を合言葉に日々精進を積み重ねている。部隊は当然ながら常時24時間の即応体制を維持している。

修理以外の艦船は入港しても休むことなく直ちに燃料を満載して次の行動に備えるのが慣例だ。乗員も、特に、即応状態にある1個護衛隊群、国際緊急援助指定艦、地域ごとに指定された応急出動艦等の乗員は停泊中といえども、平日、休日を問わず、外出範囲に厳しい制限を設けて緊張状態におかれている。

また、海上自衛隊は、隊員の募集に困難を極めたバブル期以降、定員を大幅に削減した省人型護衛艦を建造している。艦が非稼動となる定期検査などの修理の際は、定員を削減した分、艦船修理費を増額し、所要の作業量を民間の力で補完することが一つの前提条件であった。しかし、バブル崩壊後は、防衛予算の減少に必然的に艦船修理費の削減が重なり、隊員一人あたりの作業所要量は年々増大している。

たとえば、甲板の整備を予定の修理期間に完了するためには、普段は監督にあたる上級者を含め、手に血豆を作りながら、雨天でも雨合羽をつけて甲板の錆び落としを行わなければノルマを消化できないほどである。即応態勢を維持するためには、修理期も決して疎《おろそ》かにできない。艦艇の乗組員は、代休など1年間を通じてほとんどの隊員が全く消化できていなかった。この現状はさらに厳しくなっているだろう。家族との対話、子弟の教育、友人との交流等々が犠牲になっている。

(6) 日・米艦艇（イージス艦）定員の比較

次に、艦艇の定員について興味深い数字を紹介したい。

それは日・米イージス艦の定員の差である。「こんごう型」と略同等の「アーレイ・バーク型」を比較する。大きさも武器システムもほとんど同じといってよい。ただ大きな差は定員である。ジェーン年鑑を見ると、こんごう型定員300名、アーレイ・バーク型346名である。

海上自衛隊の定員は先に述べたように修理期の前提を含めてまでギリギリまで定員を絞り込んだ結果である。しかし、海外派遣活動の実績、海上警備行動の実績等を通じて、現在の定員では長期の警戒活動の維持のほかにも、船体や武器の整備にすら相当の無理を強いていることが判明してきた。充足率（＝実員÷定員、有事の際は緊急募集等で充足するという考えの我が国は自衛隊の平時充足率を90％前半に抑えている。一方、前方展開する米第7艦隊のイージス艦は充足率約100％）を考えると、現に乗り組んでいる乗員（実員）の差は、定員の差よりもさらに開いていることは間違いない。

米海軍は、副長を中心に業務管理班、訓練指導班を海上自衛隊のように兼務ではなく独立させている。複雑な業務管理を行い艦長の負担を軽減すると共に、長期母国を離れる行動に伴う個人およびチーム練度の低下を防ぐためである。

さらに、戦闘配置になると訓練指導員たちは重要な配置でダブルで目を光らせることになる。負傷等で重要な配置が欠員となったときは彼らが補充される。すなわち、米海軍は、長期行動と数々の戦闘の教訓を艦船の定員数に反映している。

海上自衛隊が海外に派遣され始め、長期警戒活動の実績を積むにしたがい、この定員の相違が際立ってきたように思う。

(7)　艦艇部隊の現状（まとめ）

くどいようであるが、これらの現状を理解していただくために、たとえは悪いが、果物売り場でお馴染みのネットに詰められたみかんを想像していただきたい。

すなわち、冷戦の終結と共に右肩下がりで、つまりダウンサイズされてゆくネットに、まるで逆行するがごとく冷戦期にはなかったみかん（海外派遣活動、弾道ミサイル警戒、活発化する中国海軍への対応等）が次々に押し込められていった。その過程でネットはそのつど、ふくらみを増し、支える繊維は当然伸びて細くなる。

その上、総人件費抑制という追い打ちをかけられてネットはさらに絞られた。

その結果、1本1本の繊維は今にも悲鳴をあげて千切れんばかりとなった。対策を急ぐ海上自衛隊は、このような現状とさまざまな懸案を一挙に解決せんと喧々諤々の議論を重ねた末、平成19年度から新体制に移行した。しかし、この新体制もあくまでも過程であり、根本的な解決にはいまだ課題は山積している。

筆者にも責任があるが、このゆさぶりがさらに負荷を増したことも否めない事実であろう。隊員の一人ひとりは、文字通り歯を食いしばってこの状況に耐えている。

しかし、ギリギリまで伸びきったネットはところどころで弱い部分が切れ始めた。切れるとそこを補うためにほかの部分が弱くなる。悪循環の始まりである。負荷がかかりすぎると組織は適切なガバナンスを失う。必要な目が届かないために、過度に集中した部分（あるいは逆に弛緩した部分）が露呈するのである。昨今、海上自衛隊を取り巻くさまざまな不祥事はこのことを言わずもがなに物語っているように思えてならない。

平成23年度予算の策定にあたり民主党政権は各省一律10％の削減を求めているが海上安全保障を取り巻く環境を考えれば極めて深刻である。

おわりに

この艦艇部隊の窮状に寄与する一案がないわけではない。

その第一は、補給支援活動を速やかに再開し、終結の代わりに検討を急ぐとされた民生支援用追加50億ドル（約4500億円）を海上自衛隊の現状改善にこそ使うということである。

その第二は、常時少なくとも2個護衛隊群を即応の態勢で維持しうるために、地域配備護衛隊5個（15隻）を廃し、2個の護衛隊群を増設することである。現有4個と合わせて6個の護衛隊群があれば、2個以上の護衛隊群を即応状態に維持することは可能である。その場合、6個の護衛隊群は佐世保に2個群、その他の総監部に1個群ずつ配備することで機動運用の護衛隊群に地域性を加味することができるだろう。

さらに、海上保安庁は近年、工作船事案等の教訓を背景に武装強化高機動巡視船等を整備して、陣容を一新させた。極めて長い海岸線を持つ地域の防備を限られた資源で実施するには、海上保安庁との協力・協同の一層の促進が必須である。依って立つ法的根拠の違う二つの組織の協力についてさらに検討が望まれる。

防衛計画大綱の見直しを目前に、特に、海上自衛隊艦艇部隊を取り巻く現実を少しでも多くの方に理解していただければ幸いである。

5　海上保安庁

(1) 組織と主要基地

海上保安庁は、国土交通省の外局である。組織としては、海上保安庁本庁と地方機構に分かれるが、その他にも施設等機関として海上保安大学校と海上保安学校がある。

本庁には総務部、装備技術部、警備救難部、海洋情報部、交通部があり、地方機構には第一管区（小樽）、第二管区（塩釜）、第三管区（横浜）、第四管区（名古屋）、第五管区（神戸）、第六管区（広島）、第七管区（福岡）、第八管区（舞鶴）、第九管区（新潟）、

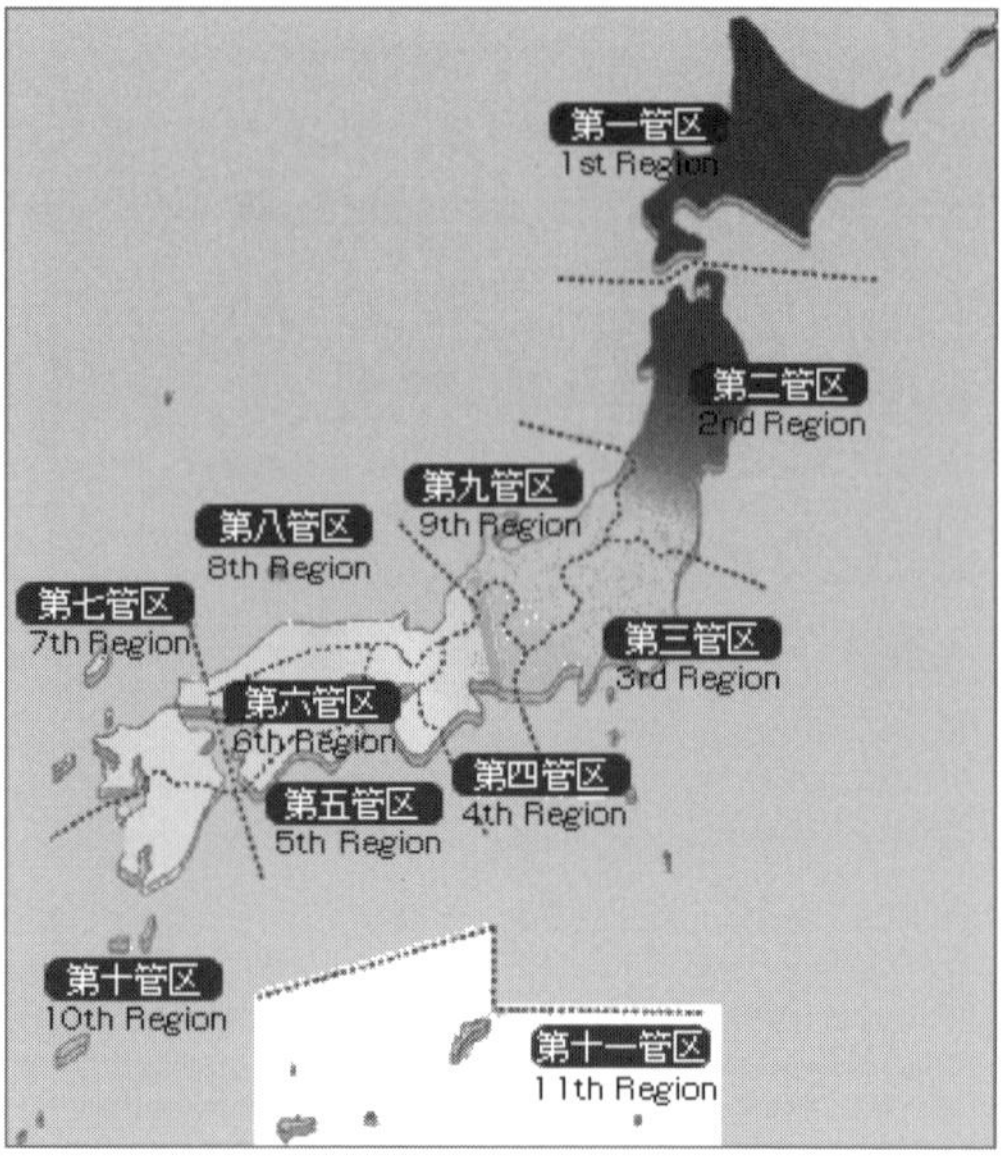

管区海上保安部（出典：海上保安庁ホームページ）

第十管区（鹿児島）および第十一管区（那覇）がある（注：（　）内は保安本部所在地である）。

各管区の担当海域の区分は次頁図のとおりであり、尖閣諸島を含む沖縄本島以南は第十一管区海上保安本部の担当である。海上保安庁の勢力は、船艇446隻、航空機73機、定員は約1万2800人である。

さて、海上保安庁の任務は、海上の安全および治安の確保である。

その内訳は、主に、海難救助・交通安全・防災および環境保全・治安維持であるが、現実には海洋権益の保全（領海警備・海洋調査）も任務としている。

しかし、領海警備についていえば、現在我が国として「領海警備法」のような形で領土や領海を警備する法体系にはなっていない。その機能の一部（領海警備）が海上保安庁の任務規定に明文化されたのは、ようやく2012年のことである。

尖閣海域で発生した2010年9月の中国漁船体当たり事件を契機に領海警備を強化する機運が高まり、領海警備強化法案として「海上保安庁法」および「領海等外国船舶航行法」の改正案が成立したのである。衆議院、参議院とも全会一致の採択であった。

この成立により、

①　警察官がいない離島では海上保安官（特別司

法警察職員）の警察権執行が認められた
②海上保安官の質問権の対象者を乗組員、乗船者に加えて船舶所有者等にまで拡大した
③海上保安庁が行う領海等の警備業務を、任務および所掌事務規定に明記した
④領海等で不審な航行を行う外国船舶に対して、立ち入り検査を行うことなく、勧告・退去命令ができる

等々の権限が法律化された。

特に④を根拠に、領海に侵入した外国公船に対しても退去命令を行うことが可能になった。外国の公船には国際法上立ち入り検査はできないからだ。

また、立ち入り検査は危険を伴うケースがあるので海上保安官の安全のためにも必要な改正であった。大きな前進ではあるが、自衛隊法改正による海上自衛隊に対する領海警備の任務規定は見送られている。中国海軍を含めてどこの海軍にも領海警備は基本的な任務の一つである。

サッカーのたとえ話に戻れば、海上保安庁の対応能力を超えて初めて海上自衛隊に選手交代するのではなく、ともに協力して領海警備にあたるべきではないだろうか。相手の力が海上保安庁を超えると判断した時点ですでに得点されていたのでは遅い。また、選手交代する時間的空白をさらに相手は狙っていると考えるべきで、スポーツマンシップなど期待するほうが愚かだ。

ところで、海上保安庁と海上自衛隊の関係については、自衛隊法第80条第1項（海上保安庁の統制）および海上保安庁法第25条に規定がある。

自衛隊法第80条第1項は、防衛出動および治安出動が発動された場合で特別の必要があると認められる場合、「海上保安庁を統制下におき防衛大臣に指揮させることができる」としている。

なお、防衛大臣の指揮は海上保安庁長官を通じて行われる。これに対して、海上保安庁法第25条「この法律のいかなる規定も海上保安庁またはその職員

が軍隊として組織され、訓練され、または軍隊の機能を営むことを認めるものとこれを解釈してはならない」に抵触するのではないかとの議論が持ち出されることがある。

しかし、自衛隊は軍隊ではない。海上保安庁が防衛大臣の指揮下に入ることが同25条に抵触するとはいえないだろう。

海上自衛隊との連携の一例として1999年に発生した能登半島沖不審船事件があげられる。事態が海上保安庁の能力を超えているとして海上自衛隊に初の海上警備行動が発動された事案である。

この時、筆者は護衛艦「みょうこう」に乗艦して「第2大和丸」と書かれた不審船を追跡した。

巡視船との通信手段は国際VHFという船舶万国共通の通信系しかなく、不審船が装備している可能性も高いため使いづらい。

巡視船との意思疎通は必ずしも円滑とはいえなかった。

事件後、さまざまな教訓を整理して、海上保安庁と海上自衛隊との間で「共同対処マニュアル」が策定され、情報連絡体制の強化や合同の訓練が行われるようになった。

また高速で防弾性に優れ射撃能力が強化された巡視船（高速高機能型、後述）が建造されるようになった。

さらに2001年には海上警備業務における武器使用基準を定めた海上保安庁法第20条第2項の改定が行われ、一定の条件下に限って危害射撃が可能になった。遅まきながら海上保安庁巡視船そのものおよび権限の強化と海自との本格的な連携が始まったのである。

2000年8月の三宅島噴火のとき、筆者は第1護衛隊群司令として房総沖で対潜訓練を実施中であったが、現場に急行した。到着後、海上自衛隊の現場指揮官として海上保安庁の指揮船から派遣された海上保安官を通じて、全島民の脱出計画を練った。

この計画は実行されなかったが、海の男同士（いまは女性もいる）の調整は多言を要することなく極めてスムーズに行うことができた。このときの海上保安官に対する好印象は、いまも記憶に残る。

その後、２００９年3月14日、ソマリアで頻発する海賊被害に対する対応として、政府は取り急ぎ海上警備行動を発令し、海上自衛隊の護衛艦２隻をソマリアに向けて出航させた。これは中国海軍に先を越されたことが一因である。

遅れて6月、急がれていた「海賊行為の処罰および海賊行為への対処に関する法律」（海賊対処法）が成立した。派遣当初は、海上警備行動を根拠とした警備であったが、同法の成立後、派遣部隊は、停船命令を無視した海賊船が護衛対象船舶へ接近した段階で船体射撃（危害射撃）ができるようになり、護衛対象船舶の船籍や乗組員の国籍にかかわらず護衛をすることもできるようになった。

ところで、今回の派遣では、海賊の逮捕などの司法手続きは同乗する海上保安庁派遣捜査隊の海上保安官が行うこととされ、毎回8名の海上保安官が派遣される護衛艦に同乗している。現在、第14次隊がアデン湾で行動中であるが、２００９年3月の第1次から通算すると寝食をともにした海上保安官は延べ１１２名を数える。この交流は今後の海上自衛隊と海上保安庁との連携をさらに深化する上で貴重な機会になってくるものと考える。

(2) 主要装備

(ア) 巡視船艇

巡視船は合計すると１１７隻、その型も16種類を超えるので代表的な巡視船を抽出して紹介することとしたい。

なお、巡視船を記号で表示する場合、ＰＬＨは７００トン以上のヘリコプター搭載型（13隻）、

PLは700トン以上（38隻）、PMは350トン以上（38隻）、PSは350トン未満（27隻）の巡視船を意味している。

ちなみに、PはパトロールボートのP、LはラージのL、HはヘリコプターのH、MはメディアムのM、SはスモールのSである。装備については別表「代表的巡視船」を参照していただきたい。

●──しきしま型／みずほ型

「しきしま型」は、世界最大級の巡視船である。プルトニウム運搬船の護衛用に建造された。現在は「みずほ型」とともに長い航続距離を生かして警戒監視に従事し、在外邦人の緊急脱出にも備えている。また、大規模な警備救難活動を行う場合は指揮船としての機能、設備を設けている。

●──ひだ型／あそ型／つるぎ型

「ひだ型」「あそ型」「つるぎ型」は、いずれも工作船事案等の教訓から、高速化、射撃能力および防弾性を強化した巡視船である。

「つるぎ型」巡視船は1993年の能登半島沖不審船事件の教訓を踏まえて建造された高速特殊警備船である。「ひだ型」「あそ型」（高速高機能大型巡視船）は、2001年12月銃撃戦の後の自爆沈没した九州南西海域工作船事件の教訓を更に加味して建造された巡視船である。

この事件では工作船が予想を上回る重武装であることが判明した。そのため、RPG-7（携帯型対戦車ロケット弾）等の射程外から目標を停船させることを可能とするため、「ひだ型」「あそ型」は、「つるぎ型」巡視船よりも射距離の長い大口径の40ミリ機関銃を装備した。

工作船等対処に際しては、「ひだ型」1隻、「あそ型」1隻および「つるぎ型」2隻の4隻で機動船隊を編成するという。主に日本海、東シナ海等を管轄する保安部に配備されている。

代表的巡視船

種別	PLH	PL		PM	PS
型	しきしま型／みずほ型	ひだ型／あそ型	はてるま型	とから型	つるぎ型
船種	2 機搭載型	高速高機能大型	拠点機能強化型	汎用高機能型	高速特殊警備船
隻数	1 + 1（建造中）／2	3 ／ 3	9 + 3	19 + 3	6
排水量	7175t ／ 5300t	1800 ／ 770t	1300t	335t	220t
速力	25Kt ／ 23Kt	30Kt +	30Kt +	35Kt +	40Kt +
射撃指揮装置	○	○	○	○	○
砲	35㎜連装× 2 20㎜× 2	40㎜単装× 1 20㎜× 1 40㎜単装× 1	30㎜× 1	20㎜× 1	20㎜× 1
搭載機	AS332L1 × 2 ベル 212 × 2	飛行甲板	飛行甲板	なし	なし

PLH 型（ヘリコプター 2 機搭載型／総トン数：約 6,500 トン）
巡視船「しきしま型」

PL 型（2,000 トン型）巡視船「ひだ型」

PS 型（高速特殊警備船）巡視船「つるぎ型」

40mm 機関砲
（出典：海上保安庁ホームページ）

不審船追跡・捕捉訓練

PL型（1,000トン型）
巡視船「はてるま型」

PM型（350トン型）
巡視船「とから型」

◉——はてるま型

「はてるま型」は、拠点機能強化型巡視船である。「海上保安庁トピックス」（2012年12月31日）によれば、平成26年度を目途に「はてるま型」巡視船12隻からなる尖閣警備専門船隊を編成する。

その暁には、各管区から派遣された巡視船は通常業務に戻るとのことである。ようやく、海上保安庁の尖閣諸島警備態勢が整うことになる。

◉——とから型

「つるぎ型」が工作船対応に特化した特殊警備船であるのに対して、「とから型」は少し大型化して汎用性を持たせた。旧式化した巡視船の後継として建造が進められている。

なお、表中いずれの巡視船も射撃指揮装置を備えているので、荒れた海面でも遠隔管制で安定した目標の自動追尾ならびに正確な射撃が可能である。

飛行機　27 機		ヘリコプター　46 機	
★ガルフ V	2 機	スーパーピューマ 225	2 機
ファルコン 900	2 機	スーパーピューマ 332	3 機
ボンバル 300	8 機	アグスタ 139	14 機
サーフ 340	4 機	シコルスキー76	3 機
ビーチ 350	9 機	ベル 412	5 機
ビーチ 200	1 機	ベル 212	16 機
セスナ 206	1 機	ベル 206	3 機
飛行機・ヘリコプター　　計 73 機			

海上保安庁の航空機 平成 25 年 4 月 1 日現在（出典：海上保安庁ホームページ）

ガルフV「うみわし」

(イ)航空機

航空機の内訳を次頁表に示す。

細部は省略するが、「ガルフＶ」および「ファルコン９００」はジェット機である。

ヘリコプター「ベル２１２」は「しきしま型」以外のＰＬＨに搭載され、「しきしま型」には、「スーパーピューマ３３２」が搭載される。なお、「スーパーピューマ２２５」は、海上保安庁特殊警備隊の輸送用で関西国際空港に配備されている。

(ウ)測量機材

海上保安庁では、水深を精密に測定して海図に反映している。測量船からは音波を発射して、効率的に精密な海底地形を調べること

海底地形を知る（提供：海上保安庁）

HL 型大型測量船「昭洋」

ができる。また、水深50メートルまでの浅海域では飛行機からレーザー光を発射して、より精密な海底地形を調べることができる。

いざとなれば、海中不審物の捜索およびレーザーを使った浮遊機雷の発見に期待できそうだ。

6 尖閣周辺海域および日中を除く周辺の軍事力

この項では、まず、尖閣諸島周辺海域に光を当てるとともに、台湾軍および在日米軍について紹介する。また、この機会に、尖閣諸島海域に通じる台湾海峡、バシー海峡および宮古海峡についても紹介する。おそらく、尖閣諸島問題に対する新しい視点が得られるものと考える。

(1) 尖閣諸島周辺海域と中華民国(台湾)の軍事力

地図を見れば、尖閣諸島を中心に中国大陸、台湾、南西諸島の位置関係が一目瞭然に把握できることはいうまでもない。しかし、海上の作戦は表面上の位置関係だけで判断することは危険である。海底の地形、底質や海流は大きく海上作戦を左右するからだ。

(ア) 尖閣諸島周辺海域

次頁の写真（中）は、南小島、北小島、魚釣島を宮古島方面から撮影した航空写真である。その延長上に中国大陸がある。魚釣島を中心として１７０キロメートルに石垣島と台湾北端が位置し、沖縄本島南端は４１０キロメートル、中国大陸は約３３０キロメートルに位置している。

中国海軍水上艦艇が中国大陸から尖閣諸島に向かう場合、洋上には中間に島など身を隠す何ものもない。

台湾の島影を西航することができれば別だが、それは後述するとおり台湾軍が健在である限り無理な話である。

したがって、「P-3C」であれば、最高実用高度におけるレーダー電波到達距離は約３００キロメートルなので、戦闘機の制空権を考慮して石垣島上空で航空哨戒する場合でも、中国軍艦が魚釣島の１３０キロメートルに近づいた付近で探知できる。最高速力で魚釣島まで2時間少しの距離である。

一方で「P-1」の場合、探知距離は約４６０キロメートルまで伸びるので、石垣島上空にいて魚釣島から３００キロメートル付近、すなわち魚釣島付近に到達する5時間以上前に探知できることになる。「ISAR レーダー」は「P-3C／P-1」ともに装備しているので、艦の種別まで直ちに判別できる。対応は2時間ではやや不安があるが、5時間あれば十二分に対応可能である。

また、海中に目を転ずれば、尖閣諸島は中国大陸から続く大陸棚上の端に位置している。

海図で薄い色に塗られた海域が大陸棚である。対馬、五島列島、尖閣列島および台湾を弧状につなぐこの大陸棚海域の水深は、ほとんどが１００メートルよりも浅い。ところが、この水深は大陸棚を10キロメートル程度沖に離れた付近から急に深くなる。

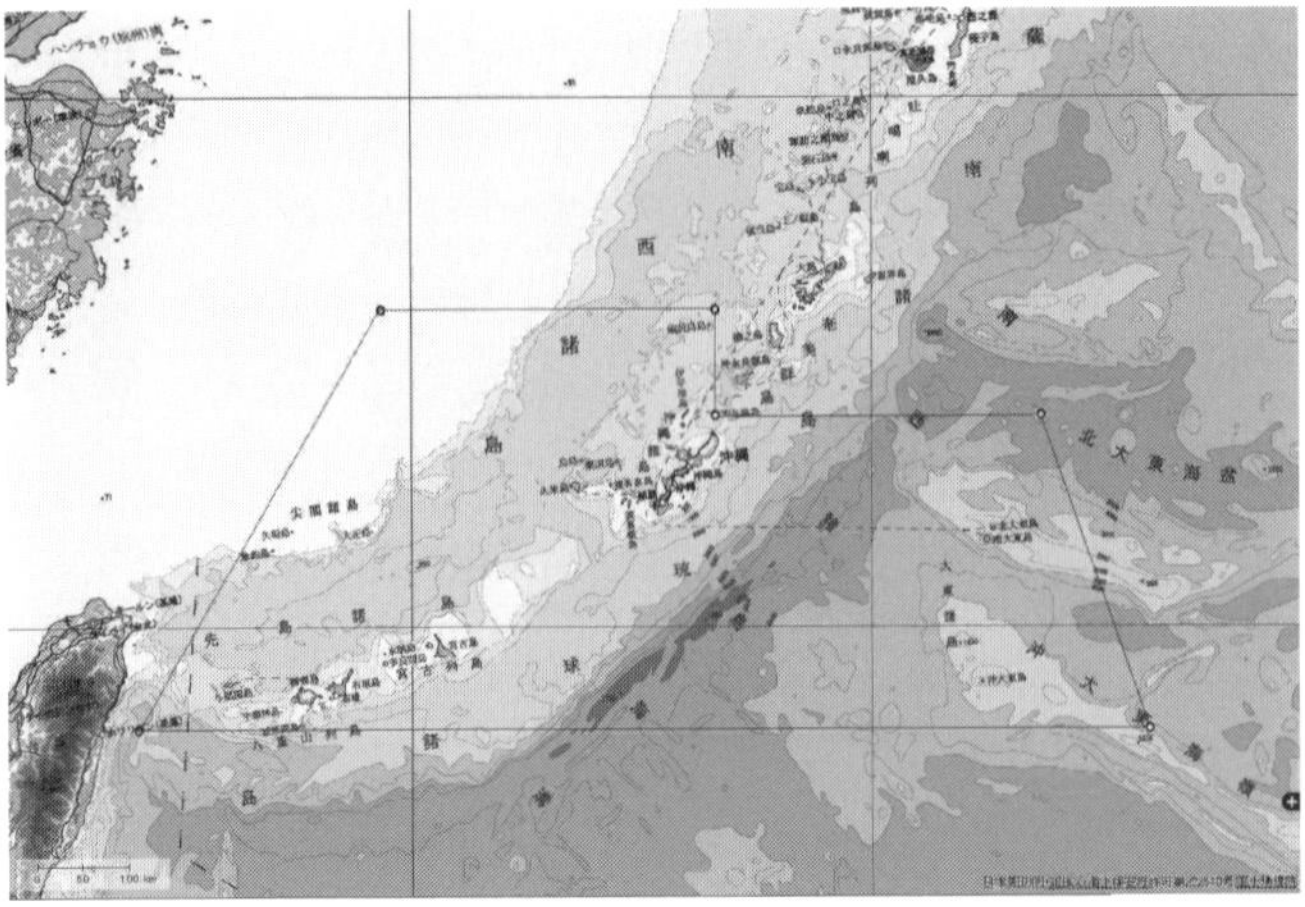

尖閣諸島の位置（出典：外務省ホームページ「尖閣諸島に関するQ&A」）

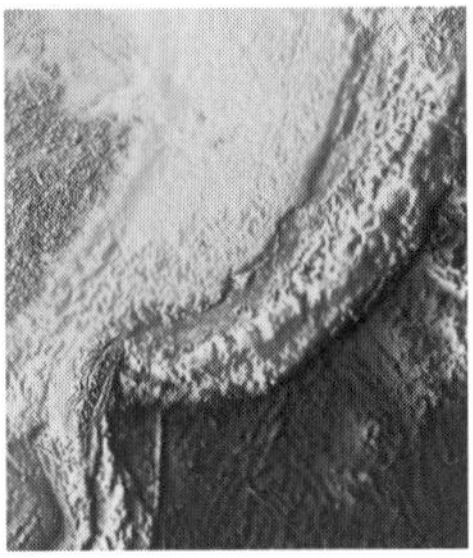

尖閣諸島周辺海域

石垣島方面から見る南・北小島と魚釣島
（写真提供：海上自衛隊）

海洋速報（出典：海上保安庁ホームページ）

たとえば魚釣島から20キロメートル付近沖合の水深は、500メートルである。進むほどに水深はさらに増して、弧状の南西諸島と大陸棚の間には深さ約1000～2000メートル、幅70～130海里の沖縄舟状海盆《しゅうじょうかいぼん》（トラフ）が連なっている。海図では大陸棚と南西諸島の間に、やや濃い色で描かれている海域である。

次に黒潮について述べたい。黒潮の海流図は図の通り。その流帯幅は30～150海里、深さは500～1000メートル、流速は3～5ノットで流量は米国のミシシッピ川の1000倍といわれる。

黒潮は、次頁の図に示す通り、台湾東岸を北上して与那国島との間を抜けたあと大陸棚にぶつかり、尖閣諸島付近で流れを東方に変える。

その後、黒潮の主流はあたかも沖縄舟状海盆が側溝であるかのように流れ、屋久島の南方を抜けて太平洋に流れ込む。主流の外側では、尖閣付近の海流は大陸棚をのぼるように流れて右折する。黒潮はプランクトンが豊富であり、尖閣諸島周辺は絶好の漁場としても有名である。

また、同様に南西諸島の間に流れ込んだ海流は、複雑に流れを変える小海流を創り出す（次頁の海流）。統計図を見ればおわかりのように、航法装置が不具合な潜水艦が潜航《せんこう》したままで通ることなどできない。

ところで、大陸棚海域の海水と黒潮とは温度も塩分濃度も異なる。そのため、両者の間には潮目というものができる。大気でいえば気団の境界前線である。実は、極端にいえば、この潮目はバリヤーとなってソナーの探信音を反射させて通さない。つまり、黒潮の中にいては大陸棚側の、大陸棚側にいては黒潮内の潜水艦を探知できない。

したがって、我が方のとる方策は、大陸棚海域には潜水艦を隠密裏に配置することであり、沖縄舟状海盆には艦艇、航空機を配置して侵入する潜水艦に耳を澄ましつつ対空戦闘、水上戦闘にも備えることになろう。

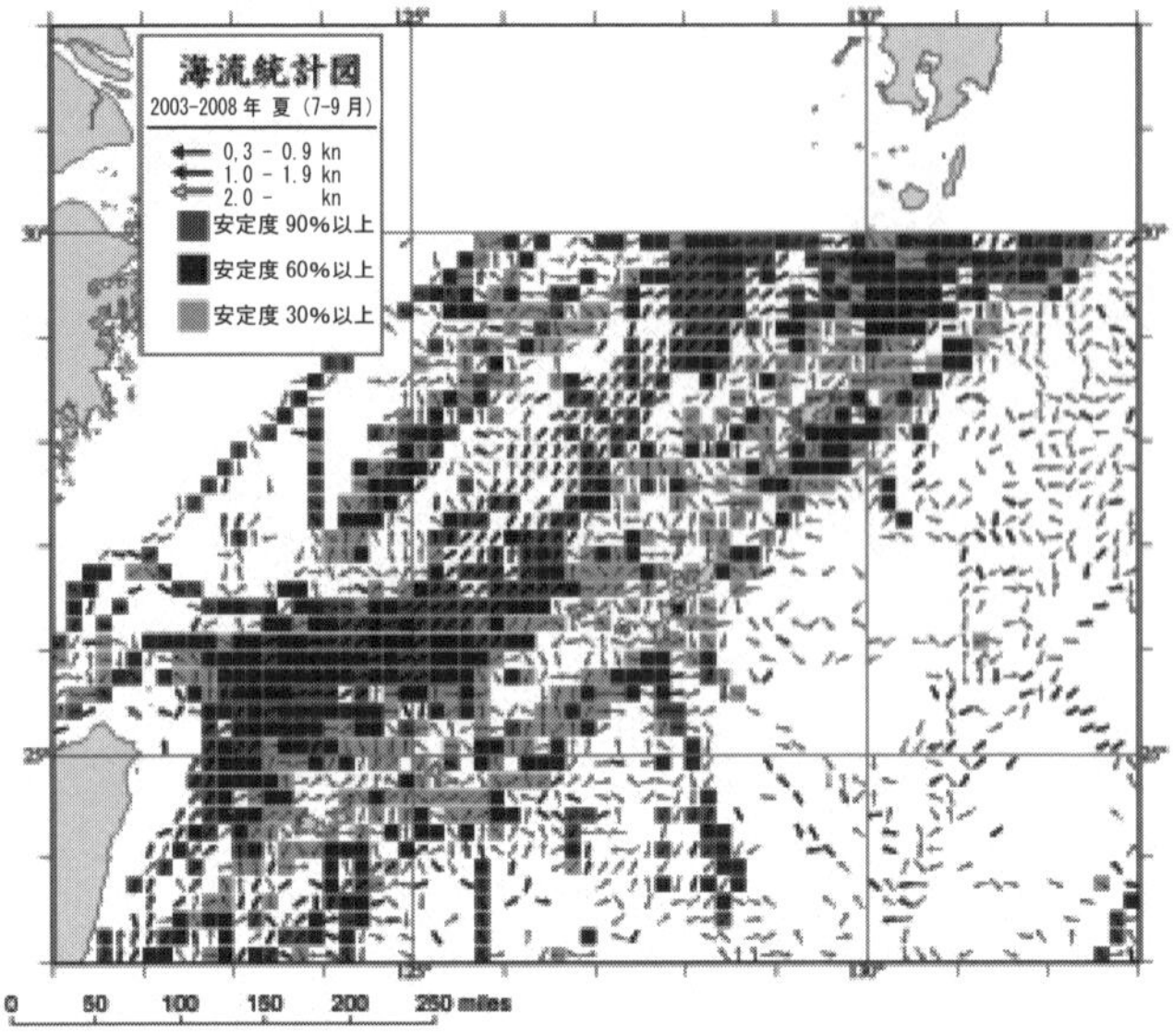

海流統計図（出典：海上保安庁ホームページ）

ちなみに、陸上自衛隊の地対艦ミサイル連隊は車載式の80式地対艦誘導弾（SSM-1）を装備している。

射程は150～200キロメートルと推定されているが、24年度から取得が開始された12式地対艦誘導弾（SSM-1改）の射程は「SSM-1」の約2倍、命中率と生存性（つまり撃ち落とされにくさ）はより高く、GPS誘導も可能だという。

南西諸島に配備すれば、魚釣島から130キロメートル以内の水上艦艇は、その射程（300キロメートルと仮定）内に入る。たとえ万が一、中国軍が奇襲的に尖閣諸島上陸を成功させたとしても、その後の補給は続かない。

補給を維持するためには隠れるところのない洋上を、この距離、補給部隊が進出しなければならない。

この間に、我が方が、南西諸島を島伝いに進出、あるいは先島群島に基地を設けるなどした海自潜水艦、ミサイル艇、護衛艦、「P-3C／P-1」哨戒機（対艦ミサイル装備）、空自F２支援戦闘機、陸自AH64アパッチ攻撃ヘリコプター、地対艦誘導弾SSM-1（同改）等で重層的に阻止ラインを重ねて敵の補給部隊を阻止することができる。占領部隊は容易に孤立してしまうだろう。

また、そのためには、石垣島、宮古島、下地島等々、島々の民間空港の活用を図ることが必要であるが、制空権の獲得も我が国には有利である。さらに、米空軍および米海軍空母の支援も期待できる。

次に、なぜ中国軍が台湾海峡を使えないのかについて説明する。

(イ) 台湾海峡と中華民国軍（台湾軍）

台湾海峡を台湾北部の都市台北および同南部の都市台南と大陸の距離で測れば、最狭部は約１３０キロメートル、広いところでも約２１０キロメートルである。また、台湾海峡の水深は驚くほど浅く、海峡全域の水深はほぼ１００％近く50メートルより浅い。

特に台南と大陸福建省詔安間の水深は、台湾島と台湾島の西約50キロメートル沖にある澎湖島間の澎湖港道を除くと30メートルより浅く、その上、水深10メートルを切る海域も相当に広い。海図を見ると触雷したのか、それとも座礁《ざしょう》したのであろうか点々と沈没船の印が目につく。

また、台湾海峡には、大陸側の福建省沿岸に10キロメートル内外の距離を隔てて、へばりつくように中華民国が実効支配する金門《きんもん》県金門諸島および馬祖《ばそ》群島（閩江河口外を囲むように広く点在）があり、金門諸島も馬祖群島も堅固に要塞化され、中華民国軍が護りを固めている。ちなみに、これらの島の住民は約半数が中華民国軍人である。

さらに、前述の澎湖群島は、大小併せて90の島々から成るが、人が住んでいる島はそのうちの19島であり、中華民国軍が同様に護りを固め、艦隊基地も

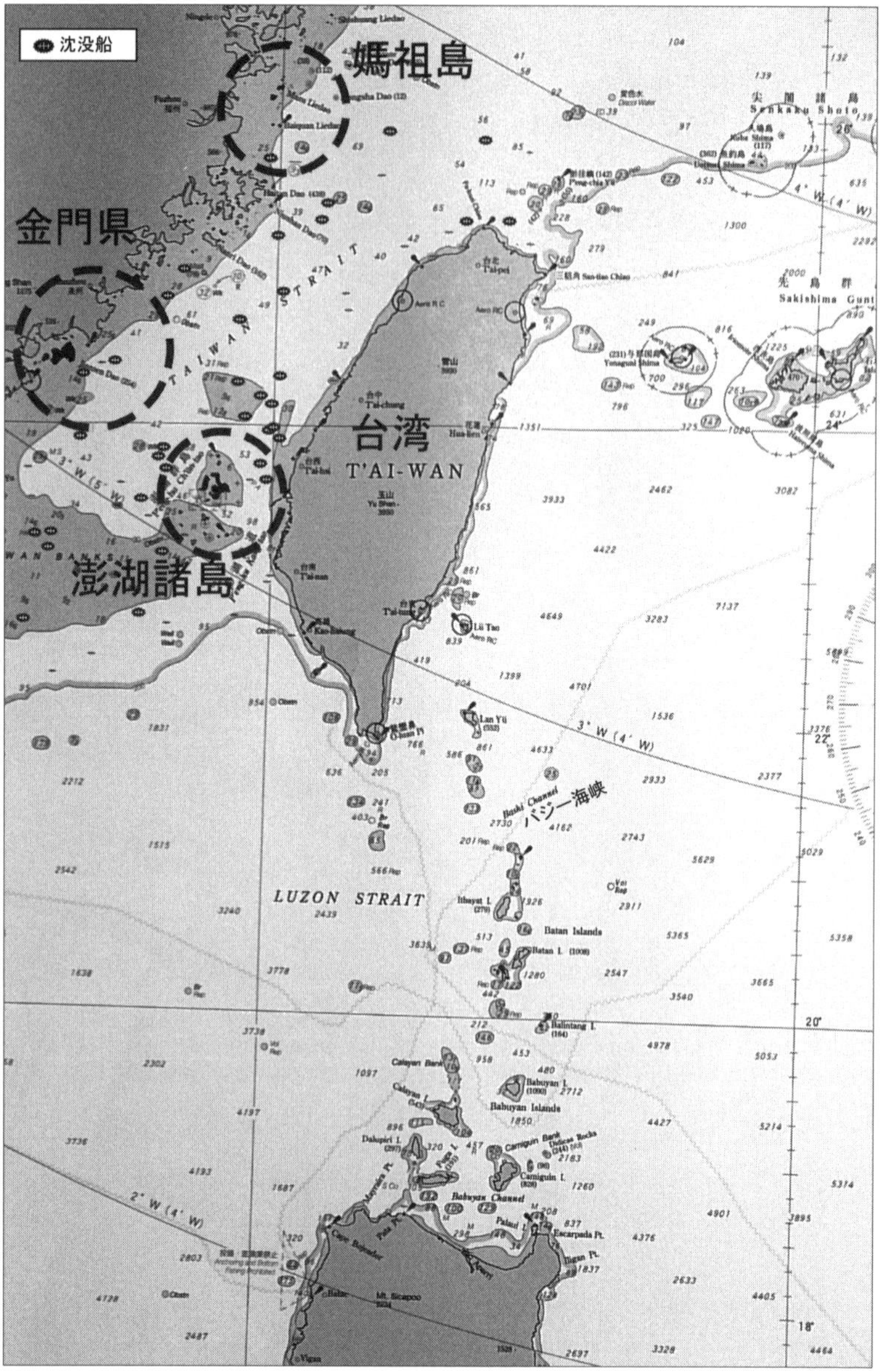

台湾周辺海域（出典：海上保安庁図誌利用第250017号）

雄風Ⅲ（写真：AFP＝時事）

設けられている。

さて、この海峡を大型の艦船が行動するには単純に水深から見ても、行動の自由を大きく制約されることがおわかりになると思う。加えて、台湾本島沿岸および前述の澎湖群島には、中華民国国産の地対艦ミサイル雄風Ⅱ（射程80キロメートル）、雄風Ⅲ（ラムジェット推進超音速／射程３００キロメートル）が配備されている。

さらに、機雷敷設の危険性を考えると、中国は空母どころか普通の軍艦でさえ台湾海峡を通峡させようとはしないだろう。まして、澎湖港道以外浮上しないと航行できない潜水艦も台湾海峡を通過させることはあるまい。ちなみに、大日本帝国海軍時代も潜水艦は台湾海峡を使用していない。

この機会に、中華民国空軍についても触れてみたい。

同空軍には現在、「F16A／B」戦闘機１５０機、「ミラージュ２０００-５」戦闘機60機、国産の「経国（F‐CK‐1）」戦闘機130機が第一線で運用中である。これらはいずれも中国空軍が有する「Su‐27」戦闘機76機（ロシアから輸入）、「J‐11」戦闘機（同ライセンス国産）96機、国産「J‐10」戦闘機200～300機と性能的に略互角、もしくは凌駕《りょうが》しているといわれている。

さらにパイロットの技量および管制システムを含めた総合力は、まだ中華民國空軍に一日の長がある（中華民國空軍に詳しい空自OBの意見は分かれる）といわれていた。

しかし、中国はロシアから、さらに「Su‐30（Su‐27の多用途型）」を海空軍併せて100機を輸入するなど、2009年頃までは均衡していた両国の近代的戦闘機の機数は次頁のとおり急速に差を広げている。

なお、巷間、ロシアが中国に売却する戦闘機は自国より性能の落ちる輸出バージョンであり、しかも、中国向けバージョンはインド向けよりも性能が劣る、といわれている。

一方、米国の中華民國（台湾）向け「F16A／B」戦闘機はA／B型としては、ブロック20という高性能型であり、いまは許可していない「F16C／D型」の売却も中国の戦闘機能力の進化を勘案しながら、いずれ認めることになろう。

これが、米国、ロシアのバランス感覚であり、知恵である。それならばと、中国は2020年頃の配備を目標に、第5世代ステルス戦闘機「J‐20」を独自開発中である。はたして、中国は米国を凌駕する戦闘機を国産できるのであろうか。筆者には、逆立ちをしても不可能だと思えるのであるが、ゼロ戦の例もあるぞと航空機の専門家に笑われるであろうか。

話を戻そう。台湾海峡の制空権は、中華民國にとって年々厳しさが増しているのは間違いない。しかし、台湾の空軍基地は13か所に分散され、山なみを活用した堅固なシェルター化は進んでいる。

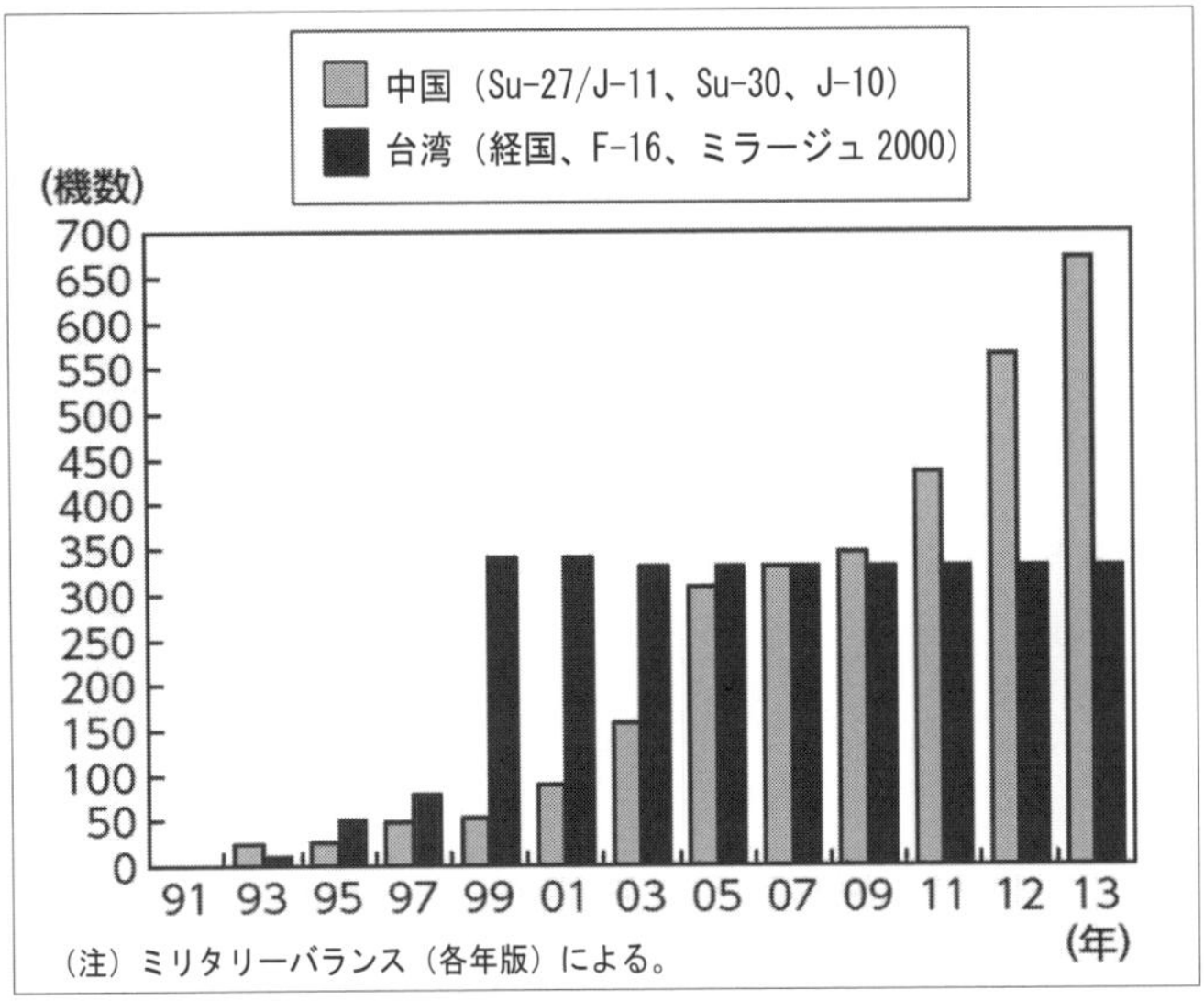

中台の近代的戦闘機の推移（出典：平成 25 年版「防衛白書」）

さらに、有事には全国56の飛行場および高速道路も軍用滑走路として使用できる。台湾海峡の制空権は中華民国空軍もただでは譲らない実力を有していることも事実である。

次に陸軍を見てみたい。

中華民国は陸軍約20万人、加えて１６５万人の予備役を有している。

台湾の地形は、大陸側の沿海部を除けば平野に乏しく山地、丘陵地帯が全島面積の３分の２を占めている。中央部には５つの山脈が走り、標高３０００メートルを超す高山も数多い。

また、これら山岳地帯を水源とする河川は大小合わせて１２９あり、13の水系に分類される。そのうち台湾海峡に流れ込む水系は７つ、北部１つ、中部４つ、南部に２つの水系が海峡側台湾を分断している。

たとえ、中国の陸戦隊４万人、陸軍１４０万人のすべてが台湾上陸に成功したとしても、中華民国陸

中華民國海軍（台湾海軍）の主力艦

	駆逐艦	フリゲート	
旧米海軍	基隆型	康定型	成功型
	［キッド型（米）］	［ラファイエット型(仏)］	［ペリー型（米）］
隻数	4	6	8
満載排水量	10500トン	3600トン	4200トン
推進機関	COGAG	CODAD	COGAG
戦術情報処理	米国製 ＋LINK11/14/16	TAVITAC2000 ＋LINK11/14/16	国産システム ＋LINK11/14/16
対空ミサイル	SM-2	短SAM	SM-1
対艦ミサイル	ハープーン　4連装×2	雄風Ⅱ	雄風Ⅱ 4連装×2
砲	5吋単装×1	76㎜単装×1	76㎜単装×1
対空捜索レーダ	SPS-48(3D)	DRBV-26D(2D)	SPS-49(3D)
ソーナー	SQS-53D	スフェリオン (6~8KHz)	SQS-56(船底)
CIWS	ファランクス×2	ファランクス×1	ファランクス×1
艦載HS	2	1	1

軍と予備役合わせて185万が地の利を利用して守れば、中国陸軍が台湾を短期勝負どころか、武力制圧することすら実は極めて困難であろう。

また、大陸には合計250基の発射台と1000発を超す東風11、東風15弾道弾が台湾を照準しているといわれるが、台湾にも、上海や三峡ダムを射程内とする射程1000キロメートルを超える雄風2E巡航ミサイル300発以上が反撃に備えている。

マッカーサーは朝鮮戦争当時、台湾は空母20隻に相当すると述べた。

また、1996年、李登輝《りとうき》氏は総統直接選挙中の演説で、「中共には台湾攻撃の能力はない」と繰り返し発言した。

確かに当時の中国軍の実力と今日とでは歴然とした違いがあるが、上記のとおり中華民国も相当の近代化戦力を保有している。てこずる間に、チベット族、ウイグル族、国内民主派勢力、農民工と呼ばれる人々、溢れる失業者が各地に蜂起して国内が騒乱

台湾製ミサイル艇「光華 6 型」（写真：AFP＝時事）

状態に陥り、台湾解放どころではなくなる可能性はきわめて高い。

最後に台湾海軍である。詳細は省略するが、フリゲート級以上を18隻、ミサイル艇は62隻、潜水艦4隻を保有する台湾海軍も有力である。台湾海峡とバシー海峡を睨んで中国海軍には侮れる存在ではないことがわかる。

以上縷々述べてきたとおり、台湾に中華民国軍が健在である限り、中国海軍は台湾海峡を利用できない。また南シナ海では、フィリピン、ベトナム、インドネシアの動きにも備えなくてはならない。

したがって、東海艦隊と南海艦隊が一体化して尖閣に対応することはないだろうと考えている。しかしながら、この機会に中国の各艦隊が、太平洋に通行し、あるいは東シナ海と南シナ海を通行するためには必ず通過しなければならない宮古海峡およびバシー海峡について説明することは、尖閣有事のみならず我が国のシーレーン防衛という意味からも意義があると考える。

(ウ)宮古海峡

奄美群島、沖縄群島および先島群島の中で、島と島との距離がもっとも離れているのが沖縄本島と宮古島の間であり、宮古海峡と呼ばれるその距離は約270キロメートル。なお、同海峡以外にも与那国島と西表島間および与那国島と台湾島間は、他国の領海を通過することなく通行できる国際海峡であるが、その領海部分を除くと、幅は前者がわずか約20キロメートル、後者は約65キロメートルであり、常識的には、自由度が制約される狭い海峡を通過することは避けるであろう。そこで、沖縄本島、宮古島間の宮古海峡を常用航路とするわけである（ただし、過去に1回だけ、2012年12月に中国海軍艦艇が宮古海峡から太平洋に進出し、訓練後は与那国島と西表島間を航行して北上しているので油断は禁物である）。

さて、既述したとおり陸上自衛隊地対艦ミサイル連隊は88式地対艦誘導弾（SSM-1）および平成24年度から取得が開始された12式地対艦誘導弾（SSM-1改）を有している。

前者の射程は150〜200キロメートル、後者はその倍と見積もられている。つまり、南西諸島に配備する場合、SSM-1は沖縄本島と宮古島に配備する。SSM-1改ならば、どちらかの島に配備すれば海峡全部を射程内に収めることができる。

なお、この地対艦ミサイルは車載型なので容易に移動できる。中国海軍は、有事、これらの島々を占領しない限り、このSSMの脅威を排除することは難しい。

したがって、平時の通行は問題ないが、有事、これらの海峡を航行できる可能性が残る中国軍艦艇は潜水艦のみとなる。先述した、沖縄舟状海盆を無難に通過したとしても、太平洋に抜ける潜水艦にはさらに厳しい関門が待ち受ける。現在の技術をもって

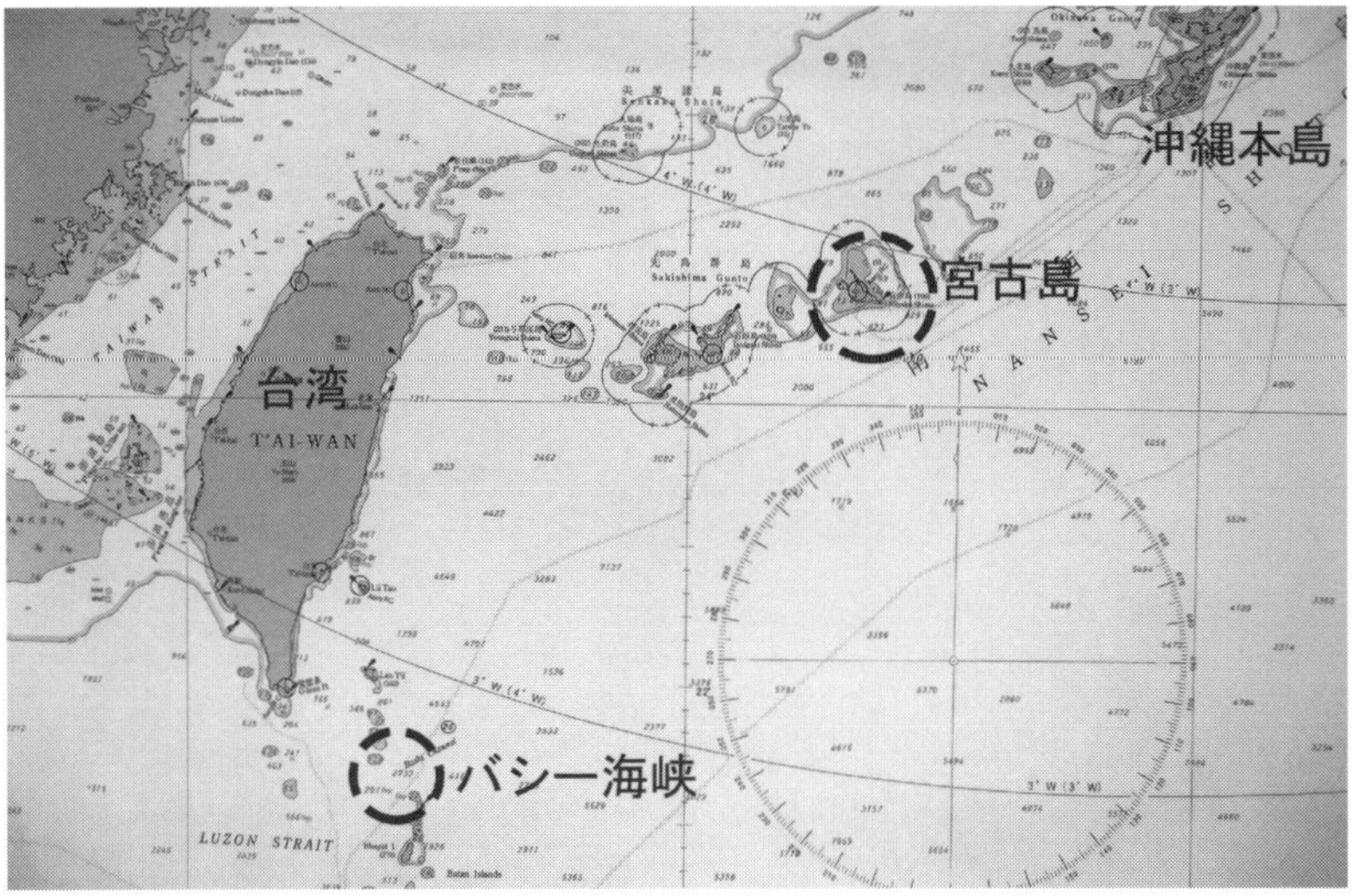

宮古海峡（出典：海上保安庁図誌利用 第250017号）

すれば水深１０００メートル程度でも、音響センサーや有効な障害物および機雷の敷設は可能である。

宮古海峡で水深１０００メートルを超えるのはわずかに幅約40キロメートルであり、残りは５００メートルより浅い。したがって、５００メートルより浅い海域には障害物や機雷等を敷設する。

水深１０００メートルを超える幅40キロメートルの海峡には係維センサー、哨戒機等によるソノブイフィールドの設定、ＡＯＳ（音響測定艦）の配備ならびに潜水艦を待機させるなど複数のセンサー群を運用して、探知が得られ次第、哨戒中の、艦艇、航空機を使用して攻撃するのである。

したがって、我が国のシーレーン攻撃を企図する中国潜水艦が宮古海峡方面から太平洋に進出するためには二重の関門を無事通過しなければならず、容易ではないことがおわかりいただけると思う。また、逆に中国の立場に立てば、東シナ海から太平洋に安全に抜けるためには、地政学的に沖縄本島および宮古島が障害となる。したがって、中国がその「近海防御戦略」の完成時である2040年ごろ第1列島線と第2列島線で囲まれる海域で米海軍を迎え撃つ覚悟を持った時は、宮古島及び沖縄本島をミサイル攻撃により無力化する恐れがある。しかし、中国は武力による無力化よりも、長い年月をかけても、尖閣諸島→先島諸島→沖縄本島に至る領有権の確保あるいは日本の領有からの独立を狙った布石を打っており、その第1段階が尖閣諸島の領有と位置付けられる。

次に、もう一つのバシー海峡を説明する。南海艦隊には近年、大掛かりな潜水艦基地が建設され、中国の最新鋭潜水艦が重点的に配備されている。宮古海峡から進出する潜水艦を阻止されても、南シナ海からバシー海峡を通過することができれば、そこは太平洋である。そうすれば、我が国のシーレーンに大きな脅威となる。

(エ)バシー海峡

台湾島南端とルソン島間の距離は約360キロメートルあるが、ルソン島からは北へ、バブヤン諸島、バタン諸島等が隙間なく連なり、その北端の島ノースアイランドと台湾南端の小蘭嶼島間はわずか90キロメートルしかない。

しかも、水深が50メートル以上あるのは、さらに幅40キロメートル足らずである。ここまでの条件は宮古海峡とほぼ同じである。

しかし、バシー海峡をはさむ東西の海域は水深2000〜4000メートルの深海であり、幅40キロメートルの海域も最狭部付近の水深200メートルを中心に、左右は急激に2000〜3000メートルの深海に達している。

また、バシー海峡は、我が国領海ではなく、障害、機雷の敷設は国際法違反である。

付近には、基地を提供してくれる我が国の島々もない。潜水艦や護衛艦を配備して、海上に阻止ラインを構築するしかないが、水深の違いから潜水艦の探知は宮古海峡と異なり相当困難になるものと予想できる。

いずれにしても、「しもきた」型LST3隻、「ひゅうが」型DDH2隻、および一回り大きい22年度計画DDH（2隻計画）は、基地を提供する島々の代わりとして、期待される。

心配される対艦弾道弾には、イージス艦のSM-3で対処すればよい。

また、中国南海艦隊の原子力潜水艦には、深海を行動する潜水艦の探知が可能である音響測定艦の増勢等、さらに対策が必要である。

(オ)まとめ

以上、縷々述べてきたことは、尖閣有事における中国海軍が尖閣諸島に近づくことの困難性およびシーレーン防衛という観点を含めた宮古海峡およびバシー海峡封鎖の重要性である。

ただし、バシー海峡方面から進出する中国原潜には特に十分な警戒とさらに対策が必要であること。

また、尖閣諸島、先島群島をたとえ一時的に占領されたとしても、中国海軍にはその維持が困難であることも併せて述べた。

しかし、前述した中には、我が国がすでに手にしていることのほかに、我が国がまだ手をつけていないものの、手を打てばという前提があることを改めて確認しておきたい。

それは、先島群島への陸上自衛隊等所要部隊の常駐であり、海上自衛隊の護衛艦および掃海艇、ミサイル艇等の寄港、補給が可能な設備の構築等ならびに石垣島、宮古島等の民間空港は特に航空自衛隊との平時からの共同使用である。

また、台湾が我が国に敵対する勢力によって支配されていないことが大前提であることも改めて指摘しておきたい。

台湾が中国に支配されるとき、尖閣諸島、先島群島は我が国から近く中国大陸から遠い島から一転して中国に近く、我が国から遠い島と化して、ここに述べた策はすべて水泡に帰する。したがって、我が国政府は台湾有事に備えて、当然予測される中国の恫喝に臆することなく、迷うことなく速やかに周辺事態安全確保法を発動する決意と周到な準備をしていなければならない。民主的な台湾は、まさに我が国とは運命共同体であるといっても過言ではない。我が国政府が、そのときになって慌てふためき、事後、そのことに気づいても致命的に遅いのである。

また、中国には改めて冷静に海洋戦略を見つめ直すことを勧めたい。

力づくで近隣諸国の資源を奪いにいくのか、それとも他国の資源には、資金を投資し、共同開発して平和的に資源を確保するのか、である。

わが国民も冷静に中国海軍を見つめ直すことが肝要である。本質をとらえ、必要な手を打てば、中国海軍を、たとえ空母を保有したとしても、いたずらに恐れることはないのである。

(2)在日米軍の配備と兵力

在日米軍はハワイに司令部をおく米太平洋軍司令官の隷下にある。米太平洋軍はアメリカ軍の6つの統合軍の一つで太平洋からインド洋のおおよそ東半分に至る、すなわち、地球の約半分に相当する広大な地域を担当している。

構成部隊は、アメリカ太平洋艦隊(第3艦隊および第7艦隊:6個空母打撃群、艦艇約180隻、航空機1500機)および太平洋海兵隊(約8万5000名)、太平洋空軍(航空機300機以上、グアムに100機)および太平洋陸軍(6万人以上、特殊作戦要員1200名以上を含む)の4つである。

在日米軍は、在韓米軍と同様な太平洋軍隷下の統合部隊である。以下、在日米軍について紹介するが、本書の目的から、米第7艦隊の第7艦隊戦闘部隊を中心に進めたい。

なお、在日米海軍司令官とは主として後方支援部隊の長であり、横須賀を母港としている米海軍戦闘艦を隷下におくものではない。

第7艦隊（横須賀）を構成する部隊は以下のとおりである（カッコ内は司令部所在地等）。

第7艦隊戦闘部隊（横須賀）、第1海軍特殊戦部隊（グアム）、第7艦隊哨戒部隊（厚木、P-3C等）、西太平洋ロジスティック群（シンガポール）、第7艦隊潜水艦部隊（横須賀）、第7艦隊水陸両用戦部隊／第7遠征打撃群（佐世保）、在韓米海軍（ソウル）および第7艦隊上陸部隊。

なお、第7艦隊上陸部隊は沖縄のキャンプ・コートニーに司令部を置く第3海兵遠征軍が第7艦隊水陸両用戦部隊／第7遠征打撃群として、乗艦した場合に編成される部隊である。第3海兵遠征軍の部隊の大部分は沖縄に駐留し、その数は最大1万9000人である（2013年2月）。

次に、第7艦隊戦闘部隊の兵力を紹介する。

第7艦隊戦闘部隊は、第5空母打撃群および第7艦隊水上戦部隊によって構成される。第5空母打撃群とは、ニミッツ型原子力航空母艦「ジョージ・ワシントン」および第5空母航空団（厚木）から編成される。同空母には約85機の航空機が搭載される。

第5空母航空群には、艦上戦闘攻撃機FA-18Eおよび「スーパーホーネット」、電子攻撃機EA-18Gおよび早期警戒機E-2Cならびにヘリコプター対潜機SH-60F／HH-60Hが配属されている。いずれも世界最高水準の軍用機である。

ちなみに、FA-18Eは4.5世代戦闘機、航続距離は3700キロメートル、最大速度マッハ1・6である。戦闘行動半径を500キロメートルとすれば2時間以上の作戦飛行が可能であろう。空中給油も

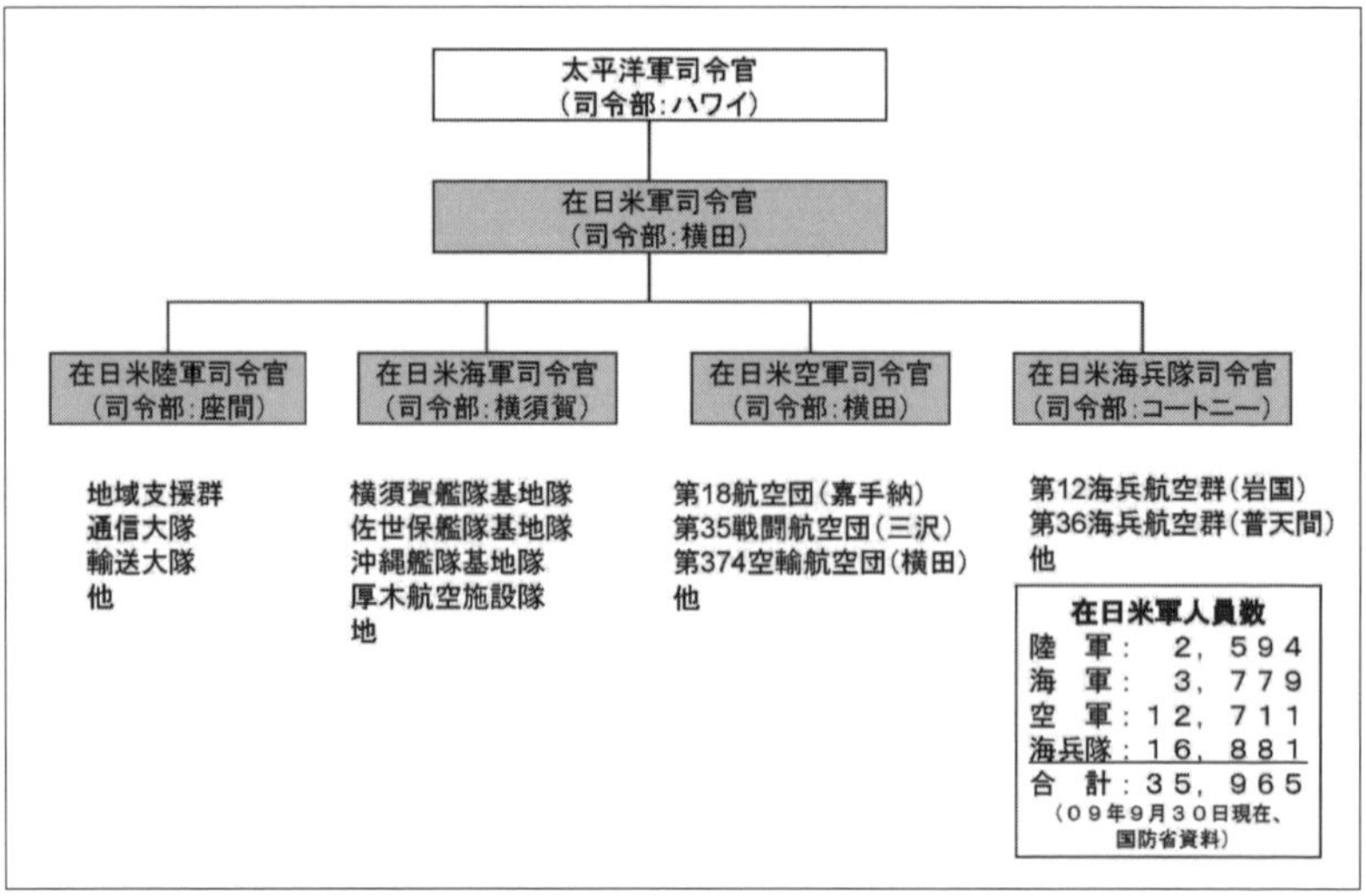

在日米軍の組織(出典:防衛省「在日米軍及び海兵隊の意義・役割について」)

可能である。

次に第7艦隊水上部隊には、2隻のミサイル巡洋艦および7隻のミサイル駆逐艦が配属されている。その9隻すべてがイージス艦であり、内7隻は弾道ミサイル防御機能を有している。

イージス艦については日米イージス艦の違いも含めてすでに述べたので繰り返さないが、空母打撃群の戦闘力はたとえ1個でも、どこの国の海軍も太刀打ちできない。

加えて、有事には通常さらに1個の空母打撃群が派遣されることになる。

1996年の台湾危機の際も、米軍は2隻の空母を派遣している。また、2013年4月下旬、報道によれば北朝鮮の挑発に備えて空母「ジョン・C・ステニス」が行動中であるところ、交代に空母「ニミッツ」が4月19日西太平洋に向かった、とのことである。

別に、米空軍のF-22最新鋭ステルス戦闘機が、

2013年1月から沖縄嘉手納《かでな》基地に暫定配備されている。この配備は尖閣含みであろうが、米韓共同演習「フォールイーグル」にも4月、一部が参加して韓国防衛の決意を示している。

「F-22」にはまだ実戦歴はないが、2006年アラスカで行われた演習において144機を撃墜しF-22の被害0という完勝の結果が世界の関係者に衝撃を与えた。各国がステルス機の開発に血道をあげるのはこれ以降である。

以上のことからも、日米同盟の重要性が理解できると思う。しかし、我が国が尖閣有事には独力で、これを防衛する決意と行動を起こさなければ、米国議会、国民は米軍の出動を容認しないだろう。いつまでも、米国の「尖閣諸島は日米安保条約の適用範囲」との言質に一喜一憂する現状は、みっともなくて見ていられない思いがする。

また、米国では2013年3月1日から歳出強制削減が始まっている。その中には、今後10年間で約5000億ドルの国防支出をカットするよう義務付けた強制歳出削減が盛り込まれている。

一方的に米国に頼る片務《へんむ》性を改め、双務《そうむ》性、つまり我が国がテイクするのみでなくギブできる体制を米国から求められることは間違いない。

また同盟とは、本来そうであるべきだ。こうした観点からも、安倍政権下、2013年1月17日からスタートした日米両国による「防衛協力ガイドライン」の改定作業は15年ぶりの見直し作業であり、注目に値する。近年の中国軍事力の躍進と海洋進出および、北朝鮮の核開発の進化に対する日米両国の厳しい財政という現状を踏まえた上で双務性をキーワードに見直されることになろう。

第3章

海上自衛隊と中国海軍の実力

対潜戦、対空戦、対水上戦を予測する

1 C4ISR

第3章では、ここまでの記述を各種戦という切り口で再整理して、海上自衛隊と中国海軍の実力を改めて比較してみたい。

先に、情報処理システムの優劣が今後の戦闘の帰《き》趨《すう》を決めると述べたことを覚えておられるだろうか。したがって、各種戦に入る前に、すべてに関連するC4ISRについて述べることとしたい。

「C4ISR」とは、情報処理の分野でも特に軍事面における情報処理を言い表す略語である。「C4ISR（Command, Control, Communication, Computer, Intelligence, Surveillance and Reconnaissance）」は、防衛省防衛研究所サイト内「防衛略語集」によれば、「指揮、統制、通信、コンピュータ、情報、監視、偵察」とほぼ直訳されている。わかりやすい表現に変えるならば、監視および偵察活動並びに、さまざまな手段を駆使して収集した情報を、電子計算機技術を活用して迅速に整理し、かつ、抜け目なく分析、健全に評価すること。および、その評価に基づく指揮官の指揮、統制に関する命令を確実、迅速に分配できる通信能力をいう。

広大な戦域と互いに多様な手段を駆使する今日の戦いは、複雑な情勢下でもスピーディーな意思決定を強いられる。

「C4ISR」は、指揮官に正確な情勢を提供して、指揮官の速やかな意思決定を支援するための手段を列挙したものであり、「C4ISR」の中を貫くのが電子計算機を駆使した情報処理技術である。

「Ｃ４ＩＳＲ」の重要性を将棋にたとえてみよう。将棋では、こちらの一手をしのぐ手を毎度指されては勝ち目がない。まして、ルール違反ではあるが、一手指すと二手指されるのでは絶対に勝ち目がない。「Ｃ４ＩＳＲ」とは、たとえば、盤面の情勢、手持ちの駒、相手の棋風《きふう》、過去の棋譜《きふ》、定跡等が刻々と電子計算機にアップデートされて、相手が一手指す度に最適の一手を迅速に提案するとともに、将棋ではルール違反となるが、戦争にそんなルールはないので、相手が次の手を打つ前にこちらは二手どころか数手を指すことも可能にできるシステムといえる。インプットの正確さとソフトウエアの優劣が大きく勝負を左右する世界である。

なお、監視とはゾーン的に定常的な情報収集活動をいい、偵察とは対象の動きに応じて行う情報収集活動である。

空自レーダーサイト、海自対馬警備所、稚内警備所等は監視に、情報収集衛星、海自艦艇および航空機は監視、偵察どちらにも使用される。また、さまざまな情報収集手段には一般刊行物等から合法的に収集されるもの、およびスパイ活動など非合法的な手段が用いられる。

ここに海上自衛隊のＣ４ＩＳＲを詳述する紙幅はないが、陸上に設置され自衛艦隊司令官の作戦指揮を支援する海上作戦部隊指揮管制支援システム（Maritime Operation Force System：ＭＯＦシステム）、およびＭＯＦのサブシステムで護衛艦に装備されて護衛隊群司令等の作戦指揮を支援するＣ２Ｔ（Command & Control Terminal：指揮管制支援ターミナル）、ならびに護衛隊群司令等の戦域戦術指揮を支援する各護衛艦および航空機に装備されている戦術データリンクはすべてが有機的に連接されている。

自衛艦隊司令部ではＭＯＦシステムを通じて隷下各部隊の戦術状況を把握するとともに空自レーダーサイトからのデータも入力できる。同時に防衛省からの海幕システム、中央指揮所においてもこれらの状況はほぼリアルタイムにディスプレイすることができるという。

逆に、洋上で行動中の護衛艦隊司令等は他の海域に所在する海自部隊の状況はC2Tを介して把握できる。また、戦術データリンクを設定できれば米軍の状況把握も可能である。

さて、中国海軍がMOFシステム、C2Tと同等のシステムを構築しているのかは不明であるが、C4ISRの重要性は十分に研究して理解していることは間違いない。

ただ、中国海軍艦艇の装備について知り得た範囲では、戦術情報処理にはいささか海上自衛隊に比較して劣る面がみられるので紹介したい。

中国海軍の戦術情報処理システムは、フランス海軍のTAVITACSを国産改良したZKJ／ZBJシステムが採用されている。

乏しい情報であるが、ディスプレイに旅海型以前はブラウン管を使用して、その周りを3人のオペレータがモニターできる。旅洋Ⅰ型以降は液晶タイプを使用している。

ユーチューブを見ると、この液晶大型ディスプレイは正面に一面設置してあるので、視認性は格段に向上している。旅洋Ⅱ型および旅洲型は、ほぼ同時期の建造であり旅洋Ⅰ型と大差はないものと考えられる。

ところで次頁の写真は、いずれも米海軍イージス艦の戦闘指揮所である。

日本のイージス艦は、いずれもAタイプを採用している。また、「あめ型」以降の護衛艦はBタイプである。このディスプレイの比較から見る限り（見えない部分〈情報処理〉は類推を含めて）、戦闘指揮システムのレベルは海上自衛隊が数段進んでいる。

しかし、「C4ISR」の面で中国海軍というよりも、中国が上回るのは国家の情報統制およびヒューミント能力である。

【A】米海軍イージス艦（タイコンデロガ型）の戦闘指揮所

【B】米海軍イージス艦（アーリーバーク型）の戦闘指揮所

「ヒューミント（ＨＵＭＩＮＴ：human inteligence）」とはスパイ活動のみならず、人間やメディアを媒介にした諜報活動全般をいう。

先に、米国の政府関係者の話として、中国当局は米国国籍の華人、あるいは、米国在住の中国籍のエンジニア、研究者、科学者、学生などを含む専門家を雇い、米国の学術と研究機構に浸透させ、科学情報を獲得している、と述べた。しかし、これは米国に限らず、イギリス、ドイツ、ベルギー、スウェーデンでも同様な事件が発生している。

また、２０１３年2月、日本でも防衛省情報本部に勤務する女性事務官に対する中国留学生の接触が報道されるなど、中国政府当局が行う留学生を隠れみのにした違法な情報収集の実態は、世界的な規模で明らかになってきている。

一方、中国国内では２００９年、中国の特許法となる専利法を改正し、有事の際には登録された特許の無承諾での徴用が可能となっている。

秘密保護法もなく、隣人に無関心な都会人、お人好しな人々で溢れる日本はスパイ天国だ。国民に対する啓蒙と重要な情報をとられない体制を構築することも急務である。

2 対潜戦・潜水艦戦

海の忍者潜水艦はその存在が暴露されては目的を達することができない。対潜部隊は潜水艦からの反響音を探知するアクティブソナー、潜水艦の出す音をマイクロフォンで集音するパッシブソナー、レーダー、原子力潜水艦が排出する冷却水の熱を探知する赤外線探知機、および潜水艦の磁気を探知する磁気探知機等の手段を駆使して潜水艦を捜索する。

まず、中国海軍艦艇が装備するアクティブソナーは、一部不明であるが、周波数は5～9キロヘルツである。

海上自衛隊は、もっと低い周波数帯を主要している。海水中の音波は周波数が高いほど分解能に優れる半面、減衰も大きく探知距離が短くなることはすでに述べたとおりである。

これをたとえるならば、掃海艇の装備する機雷探知用ソナーはペンライトであり、中国艦艇のソナーは懐中電灯、海上自衛隊のソナーは少々誇張するがサーチライトということができる。

分解能が低下する分はデータ処理技術でカバーしている。次に、中国潜水艦の雑音レベルは、これも既述したとおり海自潜水艦とは比較にならないほど大きい。

これだけでも比較には十分であるが、意外に見落としているのが艦艇の装備する推進機関のタイプである。

海上自衛隊はほとんどすべての主力艦がオールガスタービン艦であるのに対して、中国海軍にはオールガスタービン艦は1隻もない。

ディーゼル機関のみ、ディーゼルとガスタービンの併用もしくは、蒸気タービン推進の3タイプである。

通常型潜水艦がディーゼル機関（特別無音潜航中は蓄電池を用いる電気推進）、原子力潜水艦が基本的に原子力で発生させた熱を利用する蒸気タービン機関であることは、中国水上艦が発生する音と基本的に同じであり、パッシブ的には自分で自らの対潜捜索を妨害することを意味している。

また、併用型がディーゼルの併用をやめてガスタービンだけにしても、僚艦がディーゼルを使用すれば同じことだ。逆に、速力が落ちる分魚雷を回避できる確率が減る。

さらに、視点を航空機に転じれば、海自艦載HSの対潜能力は世界に比類のないレベルにあり、P-1哨戒機の導入は新たな対潜能力を加える。

また、海上自衛隊は対潜の新戦術を開発中である。これはソナーを自ら発信することなく、他のビークルが発信したソナーの反響音を探知して攻撃する新戦術である。オールガスタービン艦はソナーさえ発信しなければ、潜水艦が至近距離にいるガスタービン艦に気づかないという。この開発が成功すれば両者の差はさらに拡大しよう。

次に、視点を潜水艦同士の戦い、すなわち潜水艦戦に移してみよう。潜水艦同士の戦いは耳のよさと自己の静粛性が勝負を決める。自分自身が大きな音を発散させていては聞こえる音も聞こえない。

静粛性では比較にならないほど海自潜水艦が優れていることはすでに何度か述べているとおりであり、結論はいうまでもないだろう。おそらく中国潜水艦は海上自衛隊潜水艦に気づく前に、自分に向かう魚雷の連続した探信音を聞くことになろう。実力差は歴然としている。

3 対空戦

対空戦の能力は装備する対空ミサイルの射程を比較する以上に、対空捜索レーダーの性能の差が重要な鍵となる。対空捜索レーダーが高度情報を含まない2次元（2D）レーダーの場合、経験上航空機は探知できても、今日の進化した対艦ミサイルを探知することは至難である。

したがって、2次元の対空捜索レーダーしか装備していない旅大型、旅滬型、旅海型駆逐艦および江凱Ⅱ型以外のフリゲートについてはそれだけで対艦ミサイル防御能力はないに等しいと断言できる。

次に杭州型、旅洋Ⅰ型、旅洲型および江凱Ⅱ型フリゲートに装備されている3次元対空捜索レーダーについて述べる。

同レーダーはソ連製フレガート（中国国産は381型）と呼称される。

高度情報は、周波数変換（フリークエンシー・スキャニング）方式と呼ばれるアナログ方式であり、海上自衛隊でいえば「はたかぜ型」が装備する3次元対空レーダー（SPS52）に使用されている2世代前の技術である。

「はたかぜ型」の艦齢は27年、対空能力の低下は否めず除籍も間近い。ところが、片や旅洋Ⅰ型、旅洲型および江凱Ⅱ型フリゲートは1番艦が就役してまだ10年も経過していない新鋭艦である。たとえ、一部の資料にみられるように旅洲型および江凱ⅠⅡ型フリゲートの一部にデジタル化されたフェイズド・アレイ方式の381型が装備されているとしても、世界の趨勢は既に、フリゲート艦を含めて、3次元レーダーは4面固定方式に移行している。したがって、中国艦隊の対空捜索能力は日米欧の水準には未だ2歩も3歩も遅れていると言わざるを得ない。

次に、中国版イージス旅洋Ⅱ型駆逐艦はまだ2隻、その能力は未知数である。しかし、装備するHHQ-9対空ミサイルの射程は約120キロメートルと推定されることから、あくまで推定であるが、P-3Cの対艦ミサイル（射程150～200キロメートル）はその射程外から旅洋Ⅱ型を攻撃できる。したがって、48発の対空ミサイルを搭載していても撃ち尽くす前に艦そのものが無力化されるだろう。

また、旅洲型については、くり返しになるが、ミサイル管制用ツームストーンレーダーの装備状況から付言すると、同駆逐艦は脅威の一正面にしか対空ミサイルを誘導できないので四方からの同時攻撃には無力である。海上自衛隊はそのように攻撃すればよい。

さて、海上自衛隊の艦艇には「はまぎり」（あさぎり型5番艦1990年就役）以降デジタル技術を用いたフェイズド・アレイ方式の回転式3次元レーダーを採用しているが、さらに「あきづき型」以降はイージス艦と同様の4面固定式が採用されている。イージス艦の長射程、多目標同時攻撃能力は実証済みである。また、操作員の錬度も高い。中国海軍の対空戦能力は、たしかに着実に向上しているものの、以上を勘案すれば、対空戦能力の差も歴然としている。

4 対水上戦

対水上戦の主役は対艦ミサイルである。

余談であるが、筆者はかつてイランのバンダルアッバス軍港に寄港して、海軍高官と話す機会があった。彼は、イラン・イラク戦争を戦った経験を話した。なかで彼はハープーンミサイルの有効性を絶賛していた。

話は飛躍するが、当然ハープーンの技術情報はイランから中国に渡っている。中国が開発した対艦ミサイルYJ-83の外観はハープーンによく似ている。したがって対艦ミサイルの性能は多分相互に遜色はないものと考えたほうが無難であろう。

さて、対水上戦のポイントは、先制と集中攻撃である。通常、訓練の場合、海域にはたくさんの船舶が航行しているので、多くの探知目標からターゲットを見分けることに苦労する。そのためには艦載HSを向かわせてパイロットが目視で確認することもある。

そうこうしているうちに、先に見つけられて攻撃されることも多い。とにかく先に発見することが生死を分ける。しかも、今日の軍艦はステルス船型を採用しているので、大型艦でも小型貨物船、中型艦は漁船程度の探知距離しか期待できない。ミサイル艇はさらに探知が困難だ。したがって、有事の作戦海域に多くの船舶が通行しているとは考えにくいが、漁船と思っていると攻撃される。

また、作戦海域だからといって第三国の船舶を攻撃しては厄介な国際問題を生起する。目標の判定には慎重の上にも慎重を期すことが必要だ。

ただし、対水上戦を水上艦同士の対艦ミサイルの打ち合いだと考えるのは、正しくない。訓練はしても、水上艦では、同等の対艦ミサイルを装備する敵艦艇との対水上戦は避けたい。可能な限り、護衛艦による攻撃よりも航空機による攻撃を優先すべきである。

先に述べたように、中国艦艇の対空戦能力は、弱点ともいえる。まずはそこを突くのが戦いの常道である。

敵の対空ミサイルの射程外から攻撃できるのに、護衛艦が危険を冒す必要性は認められない。また、航空機は全弾撃ち尽くしても基地（艦載ヘリは母艦）に戻れば再度出撃できるが護衛艦はそうはいかない。護衛艦は、洋上では対艦誘導弾を再装填できないのである。

以上のことから、対水上戦も我に有利と考えられる。しかも、尖閣諸島水域を考えれば、中国艦艇が尖閣諸島に近接する段階で艦種までおそらく判別できている。対艦ミサイル4発を搭載する空自のF-2支援戦闘機なら沖縄からどんなに遅くても30分以内に飛来できるであろう。

なお、この機会に、専門ではないが、空自の制空能力について触れておく。我が国の攻撃機が敵戦闘機に撃墜されては話にならないからだ。

空自の最新鋭戦闘機の導入は、2012年にやっとF-35に決定したが、同機はいまだ開発の段階であり、空自の主力戦闘機は、約200機を保有するF-15である。

しかし、F-15も運用開始からすでに三十数年が経過しているため、近代化改修が必要であり、逐次改修が行われている。

近代化改修には、戦術データリンクの搭載や新型空対空ミサイルの装備化などを含み、F-15の能力を一新させるものである。

たとえば、戦術データリンクを装備した改修後のF-15は、早期警戒機の探知情報がデータリンクを通じてコックピット内のディスプレイに自動的にシンボル表示される。高度、方位、距離、敵か味方か、自分が攻撃すべき目標等々、従来はボイスコントロールで伝えられていた情報がすべてディスプレイで確認できる。

この結果、ボイスコントロールに比べて早期警戒機が管制できる機数は飛躍的に増加する。片や、中国の早期警戒機と戦闘機はまだボイスコントロールである。この差は大きい。すなわち、制空能力も空自に軍配があがりそうだ。

ただし、このF-15の改修は予算の制約から約90機にとどまり、全体としてみれば少なすぎる。中国空軍の近代的戦闘機は約550機を数えるが、22大綱別表において空自の戦闘機は260機に制限されている中の90機である。F-15全機の近代化改修を急ぐべきだ。

また、海上自衛隊および海上保安庁が尖閣周辺海域で体力勝負を強いられているのと同様、航空自衛隊は増加する中国軍用機に対するスクランブルに体力の消耗を強いられているはずだ。戦闘機の増勢も、待ったなしである。

5 複合戦

以上述べた各種戦はそれぞれが独立して戦われるのではない。むしろ、対潜戦を行いながら、敵水上艦艇を攻撃し、また敵の航空攻撃を阻止するということが同時に生起する。

つまり、今日の海上戦闘は複合戦が前提であり、この観点からも戦術情報処理システムは重要である。

日米の戦術情報処理システムは複合戦を前提に構築されている。イージス艦および「ひゅうが型」の4面の大型ディスプレイには全体の状況、対空戦の状況、対潜戦の状況、対水上戦の状況を別に表示することもできる。

ところが、先に掲載したとおり、知り得た範囲では中国海軍には戦闘区画に1面の大型ディスプレイしかないようだ。複合戦に対する取り組みも、日米は中国海軍の前を進んでいるといえよう。

6 海上民兵との戦い

ここまでの実力の比較からいえることは、海上における各種戦・複合戦において、中国海軍がまともな戦いを挑む可能性は大変低いということである。

海自の弱点は、尖閣諸島がそれぞれの基地から遠いということと、人員および護衛艦の数が絶対的に少ないということである。ここで、中国人民解放軍の得意とする戦術が採用される。すなわち、人民解放軍の戦力は温存して、あらゆる手段を犠牲にしても目的を達するという毛沢東の根本戦略であり、海の人民戦争である。

そうして登場するのが大量の漁船と海上民兵である。海上民兵についてはすでに述べているが、最近、改めて注目され、報道にも（ＭＳＮ産経ニュース２０１２年9月11日公開）政府、国民に関心を促す次のような記事がみられる。

「昭和53年4月、約１００隻の中国漁船が尖閣に押し寄せ、うち16隻が海上保安庁の退去命令を無視して領海侵犯を連日繰り返した。しかも現地へ航空機で飛んだ海保の機長は中国漁船の4分の1が機銃を構えていたと証言した」

当然、中国政府は関与を否定しているが、その声明を信じる者はいないだろう。では、１００隻を越す漁船を一体誰が統制することができるというのであろうか。武装からも中国海軍が関与していることはほぼ間違いないだろう。当時、両国の実力差は今以上に大きく、日本の抗議に中国漁船は引き下がったが、中国自身海軍に自信をつけた今後はそうはいくまい。２０１２年9月も１０００隻の中国漁船が尖閣海域に向かうという報道が我が国に衝撃を与えたことは記憶に新しい。

ちなみに、２０１０年7月1日から施行されている中国「国防動員法」には、国防義務の対象者は、18歳から60歳の男性と、18歳から55歳の女性で、中国国外に住む中国人も対象となる、とあり、有事、世界中の中国人が民兵と化す。

いざとなれば、東京には16万人を超す中国人が外国人登録（２０１０年12月末時点／独立行政法人統計センター）されており、非合法の滞在者を含めるとその数は都内だけでも30万人に達するという。当然、国務院、中央軍事委員会が動員工作を指導する。

また、国防の義務を履行せず、また拒否する者は、罰金または、刑事責任に問われる。彼らの動静は大きな懸案事項である。

さて、話が飛躍したので、洋上に話を戻す。海上民兵が中国共産党中央軍事委員会の指導に従うのは当然である上に、漁船所有者も同じく従うことが義務化されたのである。

ここで、歴史を振り返れば、我が国には、太平洋戦争中、外洋航海が可能な漁船等の船舶を「特設監視艇」に指定して徴用した歴史がある。

この特設監視艇は海軍艦艇として軍艦旗を掲げ、強力な無線機を装備して任務にあたった。武装は、戦争初期は小銃のみだった。目立つ武装を避けることで民間漁船に偽装する意図があったともいわれ、乗員も軍服の着用は避けられたという。しかし、多くの特設監視艇が敵発見の無電を発しながら撃沈されていった。

ところで、軍艦旗も軍服も着用しない中国漁船の海上民兵が尖閣海域に近づき、武装している疑いが濃厚でも公海上では海賊行為が認められない限り国際海洋法条約では臨検することは許されていない（関係条項は参考のため一部抜粋している）。

国連海洋法条約

第101条　海賊船の行為（要約）

「公海における他の船舶若しくは航空機又はこれらの内にある人若しくは財産」に対して「私有の船舶又は航空機の乗組員又は旅客が私的目的のために行うすべての不法な暴力行為、抑留又は略奪行為」

第105条　海賊船舶又は海賊航空機の拿捕（抜粋）

いずれの国も、公海その他いずれの国の管轄権にも服さない場所において、海賊船舶、海賊航空機又は海賊行為によって奪取され、かつ、海賊の支配下にある船舶又は航空機を拿捕し及び当該船舶又は航空機内の人を逮捕し又は財産を押収することができる。

第106条　十分な根拠なしに拿捕が行われた場合の責任

海賊行為の疑いに基づく船舶又は航空機の拿捕が十分な根拠なしに行われた場合には、拿捕を行った国は、その船舶又は航空機がその国籍を有する国に対し、その拿捕によって生じたいかなる損失又は損害についても責任を負う。

第107条　海賊行為を理由とする拿捕を行うことが認められる船舶及び航空機

海賊行為を理由とする拿捕は、軍艦、軍用航空機その他政府の公務に使用されていることが明らかに表示されておりかつ識別されることのできる船舶又は航空機でそのための権限を与えられているものによってのみ行うことができる。

そして、領海内に一斉に入られたら、南米アマゾンの軍隊蟻ではないが打つ手がない。

しかし、徐々にヒートアップとエスカレーションを積み重ねて、たとえ中国政府が1978年と同様に関与を否定しても、明らかに、

①　我が国に対する急迫不正の侵害であり、

②　これを排除するために他の適当な手段がないと判断される場合は、

③　必要最小限度の実力行使にとどまるべきこととされた自衛権が発動されて（我が国の自衛権発動の3要件）、防衛出動が下令される。

その場合、漁船を排除するための必要最小限の武器として巡視船の40ミリ機関砲は有効であろう。

海上自衛隊の76ミリ砲、127ミリ砲および20ミリファランクス機関砲も水上モードがあり有効であるが海上自衛隊は中国海軍に備えなければならない。

さらに、将来的には平成26年度陸幕要求で技術研究本部（以下、技本）が開発をスタートさせるという「新ロケットシステム」に期待したい。MSN産経ニュース（2013年6月26日）は「陸自に短距離弾道弾　沖縄配備で尖閣防衛　防衛大綱盛り込みへ」のタイトルで同システムの射程を400〜500キロメートルと推定している。

また自衛隊初の弾道ミサイルとして大綱改訂案中間報告に明記、平成26年度予算案概算要求に調査研究費を計上したい考えであるとも述べている。

新ロケットシステムの弾頭部には、9発の「知能化弾」を装備するバージョンもある。知能化弾は目標上空で弾頭部が破裂して散布される子弾であり、パラシュート降下しつつ内蔵した赤外線及びレーザセンサーで目標を探し、探知するとパラシュートを切り離して内蔵ロケットに点火、目標の高熱部即ち動力源にヒットして目標を無力化する。

知能化弾システムは既に平成18年度研究試作、所要の試験を終了している。地上でも装甲目標を識別・攻撃できる知能化弾ならば、遮るものがない洋

上では漁船群を容易に識別して、動力部を効率的に無力化することが可能であろう。

「新ロケットシステム」の装備化は、早くても平成34年度以降になるようであるが、「知能化弾」を早期活用できる方策、即ち既存の長射程ロケットシステムや固定翼哨戒機、ヘリコプターにも搭載されるバージョンであれば早期の装備化が期待できるのではないだろうか。いずれにしても、前倒しの開発が強く望まれる。

第4章

中国の海洋進出のシナリオ

紛争の抑止と対処

1　中国は世界を相手に戦うのか

中国は、2009（平成21）年にドイツを抜いて世界一の輸出国となったが、輸入は第2位で、貿易総額ではアメリカに世界のトップの座を譲ってきた。

ところが、2012（平成24）年には、中国の貿易総額は3兆8667億6千万ドルとなり、アメリカの3兆8628億59百万ドルを抜き、輸出入とも世界一となった。

中国の貿易総額は、2001（平成13）年の世界貿易機構（WTO）加盟をきっかけに急速に拡大し、2002（平成14）年の6207億7千万ドルに対し、10年間で6倍に拡大している。これは、中国の繁栄には諸外国との良好な関係を維持することが、不可欠であることを表している。

中国は国内に、共産党指導部の権力闘争、汚職・腐敗、経済格差、失業問題、環境問題、土地収用、30年間続いた一人っ子政策による少子高齢化問題等々、多くの課題を抱えている。

中国共産党は、これらの問題が一挙に噴出し、統制がとれなくなるのを恐れ、「保八＝年間8％の経済成長率を保ち続けること」が共産党を存続させる条件の一つであると考えている。

2013（平成25）年3月中旬に発足した習近平政権でも、成長率7・5％を確保することが目標に掲げられた。中国経済が内需だけで7・5％の成長率を確保することは難しく、世界との貿易を維持、確保していく必要がある。

そのような状況にある中国が、ある日突然我が国を、たとえ本土でなくとも沖縄や現にそこで人々が生活している先島諸島に攻撃を加え、上陸してくることは考えにくい。

もし、中国がそのような行動をとれば国際社会の厳しい非難をあび、国連をはじめとする諸外国の中国に対する制裁や反発のため、世界から中国は相手にされなくなるとともに、中国経済が受ける打撃も極めて大きいと予想される。

また、それが国内問題に発展し、中国国内各地でデモや騒乱が多発し、治安警察が収拾できない事態につながる恐れがある。

習近平総書記をはじめとする中国共産党首脳も、その辺は十分理解していることと思われ、現状では世界の世論を相手に暴挙を働く可能性は小さいと見積もってもよいであろう。

しかし、逆に、腐敗や汚職、貧富の格差等に対する国民の要求が暴徒化し、共産党政権が収拾しきれなくなり、放っておけば共産党の崩壊につながると判断した場合、国民の目を外に向ける政策をとる可能性があることに注意しなければならない。

2 日中海戦の可能性

昨今の尖閣諸島をめぐる情勢から、ひょっとすると日中の軍事衝突が起こる可能性を危惧する人もいるかもしれないが、現状では、日中の直接的な軍事衝突が生起する可能性は小さい。その理由をまず軍事的側面から考えてみよう。

中国は「戦わずして勝つことを善の善なるもの」とする孫子の兵法の国であり、「勝てる戦争」しか仕掛けてこない。つまり、中国は自国を取り巻く情勢を分析し、「これなら勝てる」と中国が判断したときに、日中間の軍事的衝突が生起する可能性がある。

そのような情勢とは、第1に、現在の日米同盟が機能不全に陥った状態である。

たとえば、沖縄普天間基地移設がいつまでたっても結論が得られず、米国民や議会が厄介な沖縄の駐留から手を引き、グアムやハワイ、オーストラリアに基地を再編する要求が高まり、米国政府が極東から手を引き、それが中国に誤ったメッセージを与えてしまった場合。あるいは、米国の経済力が低下するとともに、米国内にモンロー主義の意識が蔓延《まんえん》し、世界の安定した情勢を維持することに責任を持たなくなってしまったような場合などである。

第2は、我が国の国力、経済力はもちろん、防衛力、政治力、工業生産力、金融力や人口などの総合的な指標としての国力が著しく低下し、「日本恐れるに足らず」と中国が判断する情勢が生起したときである。

つい最近我が国の国力の衰退を象徴するような事態が生起した。我が国の政権が安定せず、東北大震災や長期のデフレ、円高で国力が疲弊していると判断した李明博韓国大統領は、この状況なら日本の批判をかわせると考え、竹島に上陸した。日本の経済力が旺盛で、韓国が日本に頼らざるを得ない状況の時は、生起しなかったことである。

次に、政治的側面から考えてみれば、いわゆる中国の「核心的利益」に抵触するような情勢が生起した場合であろう。

中国は、自国の本質的な利益に直結する

① 基本制度と国家の安全

② 国家主権と領土保全

③ 経済、社会の持続的で安定した発展

にかかる事柄を「核心的利益」という言葉を使って断固としてそれを堅持する姿勢を表明してきている。

その範疇に入る事項として中国は、台湾、チベットおよび新疆ウイグル並びに南シナ海をあげている。

昨今、東シナ海・尖閣諸島についても中国共産党高官が、核心的利益であると発言したという報道もあるが、中国政府はこれを否定したという報道もあり、東シナ海・尖閣諸島を中国がその範疇に入れているか否かは、確かではない。また、２０１３年6月の習近平主席とオバマ大統領との米中首脳会談において、習近平主席が「東シナ海は核心的利益」と発言したとの報道に関して、米国側はそのような発言を否定している。中国が、東シナ海・尖閣諸島をその範疇に入れているか否かは、確かではなく、そのタイミングをうかがっているのかもしれない。

ところで、中国はなぜ「核心的利益」なる言葉を使用するのであろうか。その理由をまず考えてみたい。

最初に台湾を取り上げる理由を考えてみると、台湾解放は中国共産党の中華革命の総仕上げである。

1950（昭和25）年、林彪の中国人民解放軍野戦第4軍が蒋介石の国民党軍を金門島に追い込んだとき、朝鮮戦争が勃発し、林彪は軍を撤退せざるを得なかった。そのときの宿題がそのまま残っており、これを解決して初めて、中国共産党は中国統一を成し遂げたことになる。

次にチベットおよび新疆ウイグルについて考えてみる。中国にはチベット族、ウイグル族をはじめ55の少数民族が存在すると言われている。『中国は、いま』（岩波新書）によれば、これらの民族を合計すれば1億500万人に上り、総面積は中国全土の64%になる。このような状況の中で、中国がチベット、新疆ウイグルの解放を許せば、中国国内の少数民族問題が一挙に爆発、抑圧された人権を取り戻す暴動に発展し、共産党の否定につながる社会問題が燎原の炎の如く中国全土を支配することを恐れるためである。

最後の南シナ海について、中国がこの地域を核心的利益と宣言し始めたのは、最近のことである。

ヒラリー・クリントン前米国国務長官の発言によれば、2010（平成22）年5月の米中対話の際、戴秉国外交担当国務委員が南シナ海を核心的利益と呼んだという。

中国がなぜ最近になって南シナ海を核心的利益と定義するようになったのか、その理由は次の二つが考えられる。

一つは、中国海軍の太平洋およびインド洋へのアクセスを確保するためである。中国海軍は北海艦隊、東海艦隊および南海艦隊の3大艦隊で構成されており、北海艦隊は、首都北京の防御および対ロシアを念頭においた艦隊である。

東海艦隊は、対台湾を念頭においた艦隊であり、南海艦隊は、東南アジアからインド洋を念頭においた艦隊である。

特に南海艦隊には弾道ミサイル搭載の原子力潜水艦（SSBN）を始めとする最新鋭の潜水艦が、海

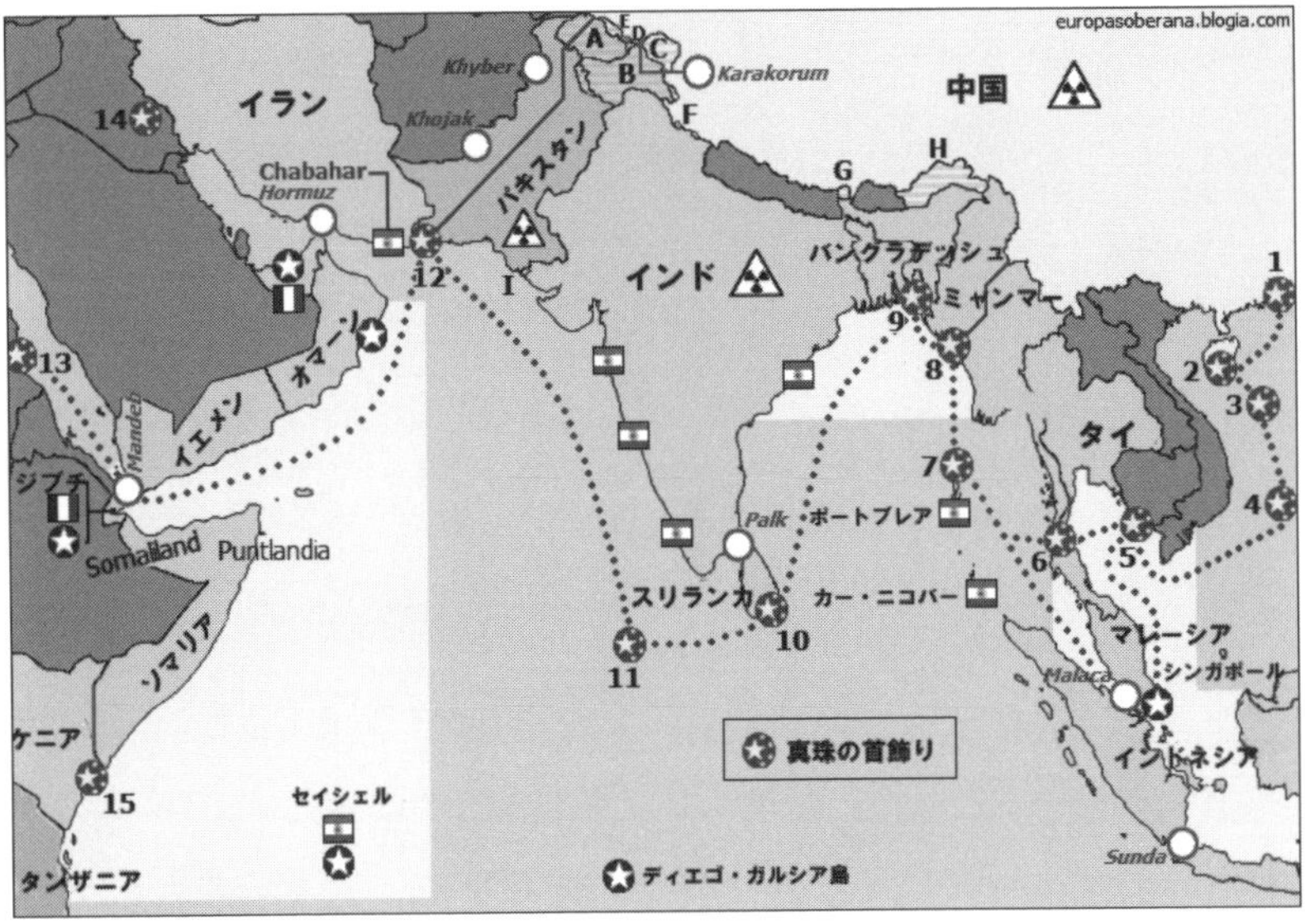

中国真珠の首飾り

南島の楡林海軍基地などに配備されている。

これらの潜水艦は、バシー海峡を通れば容易に太平洋に進出できる。SSBNは核攻撃時に確実に生き残れる核報復攻撃能力であり、中国が米国本土に報復攻撃を行うためには、現状の弾道ミサイル射程から太平洋に進出する必要がある。米国との核報復能力の差を埋めようとする中国にとって、南シナ海は核心的利益となる。

また、世界第2位の石油消費国である中国は、中東からのエネルギー確保のために香港からスーダンのポート・スーダンまで伸びる海上交通路（真珠の首飾り）を確保するために、どうしても南シナ海を中国の内海にする必要があり、近年、南シナ海を「核心的利益」の範疇として取り扱うようになった。

第2の理由は、A2-AD戦略を念頭に置いた東シナ海への配慮である。A2とは、Anti-Accessのことで、第1列島線（日本列島、南西諸島、台湾、フィリピン、ボルネオを結ぶ線）の内側（中国側）における米海軍の侵入を許さない（Anti-Access＝接近阻止）戦略であり、ADとは、Area-Denialのことで、第2列島線（小笠原諸島、マリアナ諸島、グアム、カロリン諸島を結ぶ線）と第1列島線の間の海域における米海軍の自由な海洋の使用を拒否（Area-Denial＝海域拒否）する戦略である。中国は将来、米海軍のインド洋および西太平洋への進出を阻もうと計画しており、東シナ海の海洋資源の確保にとどまらず、第1列島線内（東シナ海）を中国の内海とするA2（Anti-Access）戦略への配慮が背景にある。南シナ海の核心的利益化を確たるものとしたのち、東シナ海を同様に位置づけるための布石と考えることができる。

話を元に戻そう。中国がいう「核心的利益」が我が国に直接影響する事態としては、台湾有事が該当する。中国と台湾の間で戦争が生起すれば、米国は自国の「台湾関係法」が定めている「適切な行動を決定」し関与することになる。

そうなれば、我が国は米軍の後方支援を主任務とした「周辺事態法」（正式には「周辺事態に際して我が国の平和および安全を確保するための措置に関する法律」）をもって対処することになる。

そうなれば、米軍を後方支援するための自衛隊の活動に関連して間接的に中国軍との接触が生起する可能性があり、それが日中間の武力衝突につながる可能性は無きにしもあらずと思われるが、現在の日本国憲法および集団的自衛権の解釈から、日本政府は安全が確保できる範囲内でしか自衛隊の活動を許さず、偶発的な事故を除いて日中間の軍事衝突が生起する可能性は小さい。

では、現状では日本海海戦のような日中海戦生起の可能性は小さいと安心してよいのであろうか。南シナ海を核心的利益化し、次に虎視眈々と東シナ海を狙う中国の、海洋進出について、南シナ海への進出を検証しながら考えてみたい。

3　中国の南シナ海への進出

南シナ海問題とは、南沙（スプラトリー）諸島、西沙（パラセル）諸島をめぐる領有権争いであり、今日に始まったわけではない古い問題である。

南沙諸島は、南シナ海の南部に位置する（次図参照）約100の小さな島々で構成され、人々が普通に生活できる環境にはない島々であるが、豊かな漁場と石油などの海底資源が存在する。中国、フィリピン、ベトナム、ブルネイおよび台湾との間で領有権をめぐる争いがある。

また、これらの島々は、南シナ海からマラッカ海峡あるいはロンボク海峡を通じて太平洋、インド洋に通じる交通路を扼《やく》する重要な海域に存在する島嶼である。

西沙諸島は、海南島の南に位置する（次図参照）約130のサンゴ礁の小島で構成され、多くは満潮時に海没するような一般の人々が普通に生活するには適さない島々であり、中国、ベトナムおよび台湾が領有権を主張している。

西沙諸島に関し中国は1951（昭和26）年に領有権を主張し、1954（昭和29）年、フランスのベトナムからの撤退に伴い西沙諸島の西半分は南ベトナムが、東半分は中国が領有することとなった。その後、中国は1973（昭和48）年米軍が南ベトナムから撤退する機に乗じ、1974（昭和49）年1月、南ベトナムが領有権を主張する西沙諸島の無人島に漁民を上陸させ、島に国旗を掲揚。南ベトナ

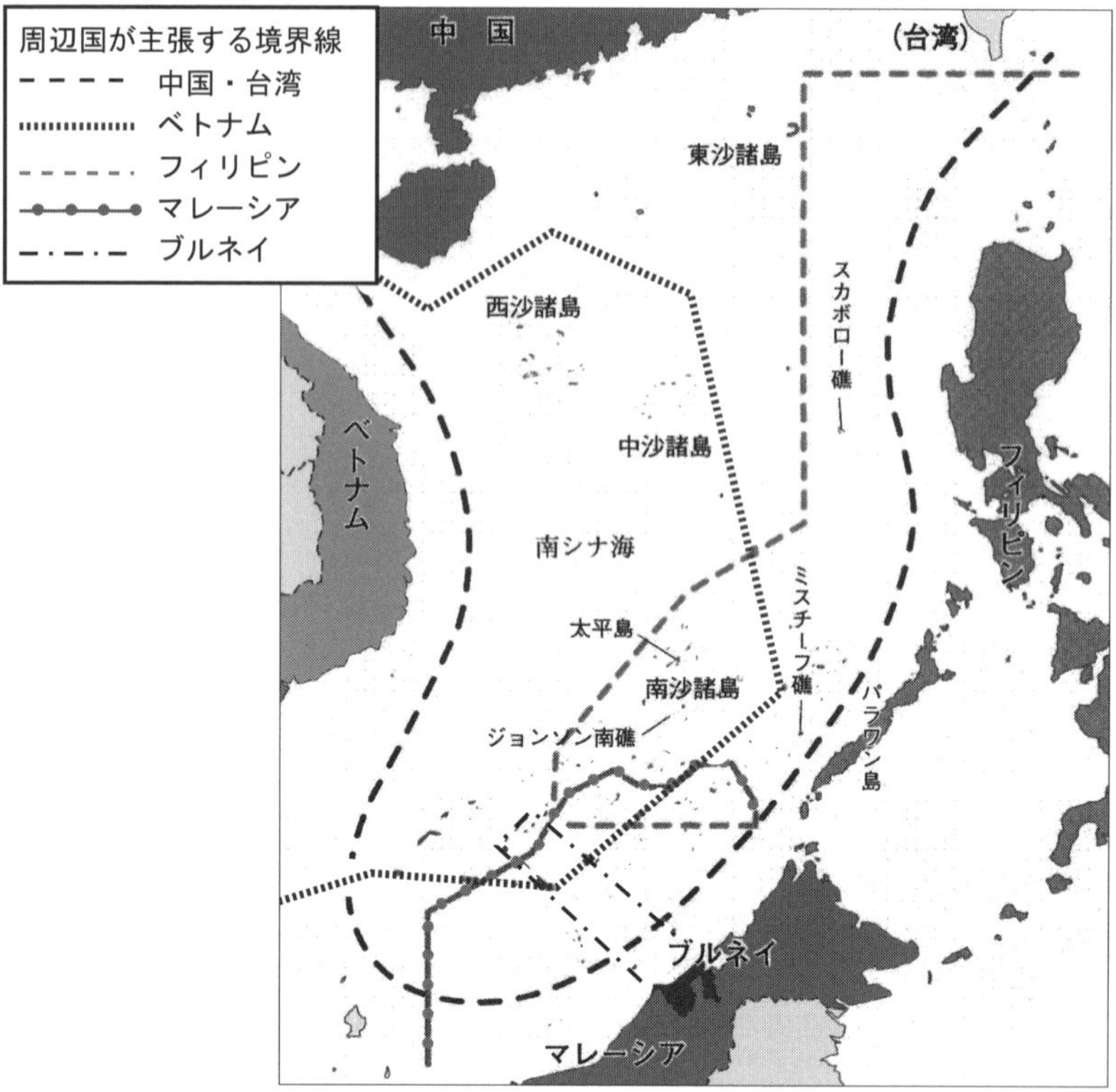

南沙諸島における各国が主張する海域
（出典：出窓社刊『よくわかる日本の国土と国境』）

ム軍は、占領された島に上陸し戦闘となったが、中国軍が南ベトナム軍を駆逐し領有権を確保した。

1988（昭和63）年には、2500メートルの滑走路と埠頭を西沙諸島最大のウッディ島（中国名：永興島）に建設した。2007（平成19）年11月には、西沙諸島、南沙諸島および中沙諸島を管轄する行政区分として三沙市を海南省の中に設置し、2012（平成24）年に国務院がこれを承認し西沙諸島のウッディ島に市政府がおかれた。

南沙諸島に対しても中国は、1951（昭和26）年領有権を主張。しかし、西沙諸島の領有

永興島の滑走路（写真：インターネットより転載）

南シナ海・南沙諸島の中国施設（2012 年 7 月撮影）（写真：時事）
右上：中国兵が岩礁に上陸し自国の領土として守ることを宣伝した印刷物
（インターネットより掲載）（2 点ともに出典：出窓社刊『よくわかる日本の国土と国境』）

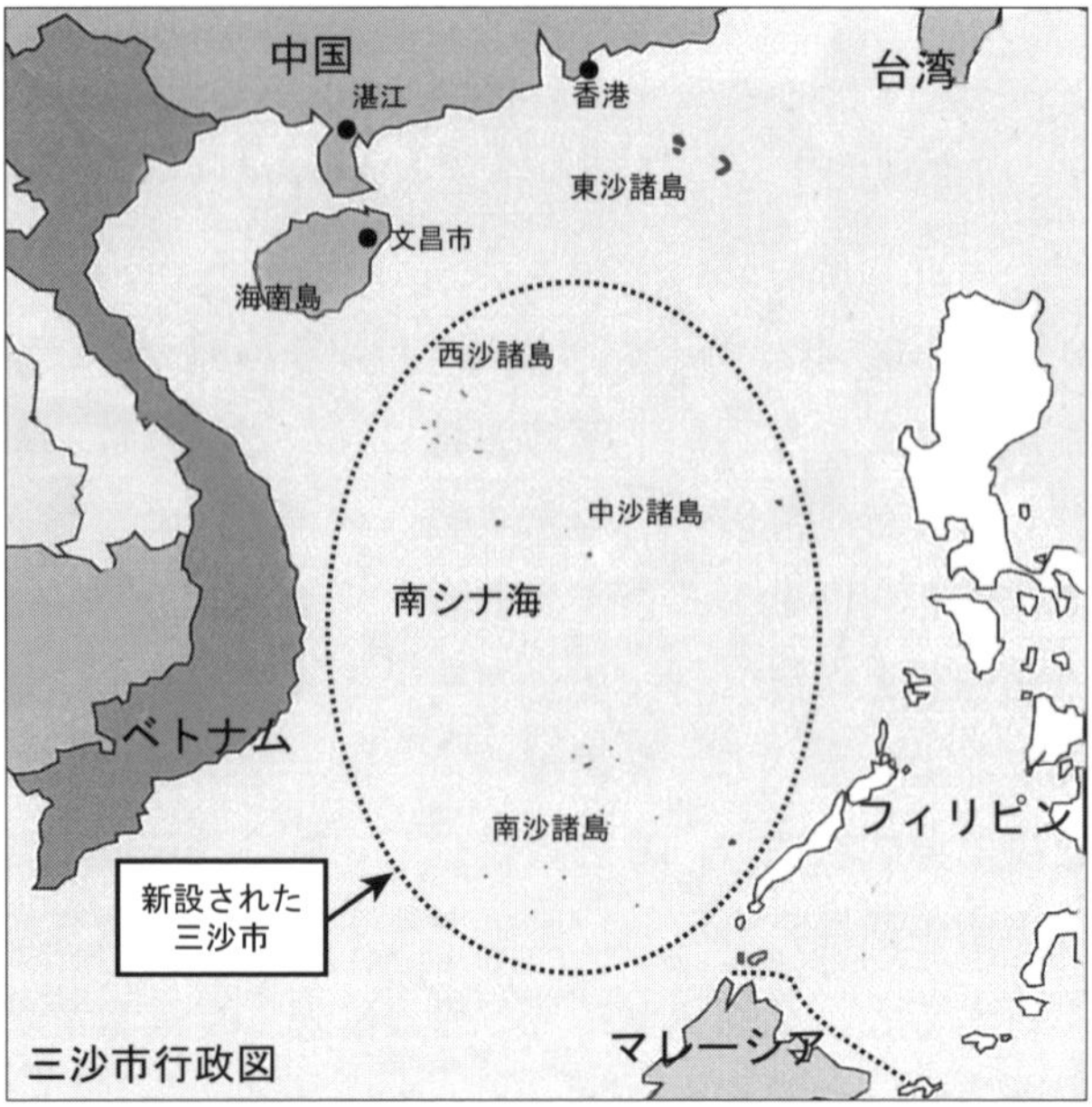

三沙市行政図

権確保を優先したため、1980年代に入り、まず海洋調査船による海洋調査を開始した。

1987（昭和62）年、ソ連海軍がベトナムカムラン湾から撤退すると同時に、中国海軍艦艇がこの海域で行動を開始し始めた。

翌88年3月には南沙諸島西方のファイアリー・クロス礁（中国名：永暑礁）に漁民を上陸させて、中国の領土の証拠となる主権碑を建設している。これに抗議したベトナム海軍との間で戦闘が行われ、ベトナム海軍は3隻のボートを撃沈され、75名の戦死者を出している。

一方、中国海軍は軽微な損傷であった。中国政府は、この戦闘は「自衛の行動であった」という声明を出し、ファイアリー・クロス礁をはじめとする付近の島々を占領した。その後ここに海軍部隊を駐留させるとともに、建物の建造を行い永久的な施設を構築している。

1992（平成4）年に、在フィリピンの米軍が撤退。すかさず中国は1995（平成7）年に、フィリピンが領有権を主張していた南沙諸島東方のミスチーフ礁（美済礁）を占領し漁民のための避難施設を建築した。フィリピン政府は抗議を行ったが、中国政府の説得に屈し「話し合い」による解決に合意した。

しかし、その後中国が艦艇や海洋調査船を派遣したため、両者間でトラブルが頻発したが、優勢な中国海軍に対抗できなかった。

1999（平成11）年には中国は、「中国漁民の活動を支援するために」という名目で、ミスチーフ礁に鉄筋コンクリート造りの建物4棟、大型船舶が接岸可能な埠頭およびヘリポートなどの恒久的な施設を建設した。

東南アジア諸国は、中国のこのような行動に強い懸念を抱き、紛争の平和的解決、行動の自制、行動規範の策案などを求めて種々の努力を行った結果、2002（平成14）年11月に中国と東南アジア諸国連合（ASEAN）の間で「南シナ海関係諸国行動宣言」が締結され、関係諸国は、武力不使用、問題の平和的解決、問題を複雑化させる行動の規制に合意した。これを受けて、2005（平成17）年から中国、フィリピン、ベトナムの3か国による海底資源の合同調査を開始するなどの協調的な姿勢を中国は見せるようになった。

ところが中国は近年、再び南シナ海における海洋主権の管理体制を強めている。三沙市を設定し、2011年5月には海上法執行機関（5つの龍）の一つである海監総隊「西南中沙支隊」を新設している。2012（平成24）年には西沙諸島のウッディ島に市政府庁舎をおいている。

また、次頁に示すように、海軍艦艇および海上法執行機関のうち特に「漁政」と「海監」による南シナ海への進出は著しく、強制的な行動による周辺諸国との軋轢《あつれき》を高めている。

次頁の表のような中国海軍艦艇および海上法執行

機関艦船の行動は、南シナ海の沿岸諸国との摩擦を引き起こしているだけではなく、米国との摩擦も引き起こしている。

2009（平成21）年3月米海軍の海洋調査船インペッカブルが海南島の南120キロの公海上で、中国海軍艦船1隻、漁政艦船1隻、海監艦船1隻、トロール漁船2隻に取り囲まれた。

漁船2隻は、インペッカブルの進路を妨げるように木材を投入したり、前方で停船するなどの危険な妨害行動を行い、中国側は海域からの退去を要求した。

米国国防省報道官は中国の行動を、「国際水域における正当な艦船の活動に対する危険な妨害行為であり、国際法に違反する」と非難し、在中国米国大使館を通じて中国外交部に抗議した。

中国外交部はこれに対し、「インペッカブルは中国政府の許可を得ずに中国のEEZ（排他的経済水域）で活動しており、国際法と中国の法律に違反している」と主張し、インペッカブルに対する妨害行為を正当化した。また、同年6月には中国潜水艦と米海軍駆逐艦ジョン・マケインの音波探知ケーブルの接触、損傷事故が発生している。中国のこのような行動は、国際的な規範の中で、どう評価されているのであろうか。

国際海洋秩序を定めた条約として国連海洋法条約がある。

1994（平成6）年11月に発効し、中国も批准をしている。一方米国は、署名は行っているが議会における批准はいまだ未実施の状況である。

未批准ながら米海軍関係者は、この条約にのっとり国際秩序を守ろうと努力している。

この国連海洋法条約では、国際水域（公海＋EEZ）における海軍による軍事目的の調査を含む海軍諸活動の自由を保障しており、米海軍の海洋調査船インペッカブルに対する中国の対応は、国連海洋法条約違反といえる。中国は、国連海洋法条約を

南シナ海における最近の海軍艦艇の活動

期間	参加兵力	活動の概要
2009 年 7 月 (3 日間)	海軍南海艦隊、海警、海監、海巡	法執行機関を海軍が支援する合同訓練
2011 年 6 月	海軍駆逐艇、揚陸艦、海警、海監船舶 14 隻、航空機 2 機	テロ対策などの合同演習
2011 年夏	南海艦隊所属揚陸艦、駆逐艦、海軍陸戦隊、航空部隊	島嶼奪回を目的とした大規模訓練

南シナ海における最近の海上法執行機関の活動

期間	対応兵力	活動 (接触) の概要
2009 年 3 月～	「漁政 311」(漁政最大の艦艇) を配備	中国漁船の保護、外国漁船の取り締まり
2010 年 4 月	「漁政 311」とマレーシア海軍ミサイル艇、哨戒艇	マ実効支配のサンゴ礁を巡って 18 時間の対峙
2010 年 6 月	「漁政 311」とインドネシア巡視艇	中国漁船拿捕した巡視艇に照準を合わせる
2011 年 6 月	「漁政 311」の支援を受けた漁船とベトナム調査船	調査船の調査ケーブル切断
2011 年 5 月 26 日	海監の艦船	ベトナム EEZ 内でベトナム調査船のケーブル切断
2011 年 5 月 31 日	中国海軍艦船、海監艦船	比領有の島付近で建築資材の降下、くい打ちに抗議
2011 年 6 月中旬	「海巡 31」(最新鋭艦)	西沙、南沙諸島海域でプレゼンスを誇示

米海軍調査船「インペッカブル」

批准はしているが、条約の解釈を自分たちの都合のよいように解釈し、それが世界標準となるよう意図していると考えられる。

ここまで述べてきた中国の南シナ海における海洋進出をまとめると、次のような特徴が浮かび上がってくる。

その第1は、米・ソの2大大国の東南アジアからの撤退による力の空白を見極めたうえで、南シナ海の領有権を拡大している。まさに、孫子の兵法の国とつくづく感心する。

第2の特徴は、中国式海洋進出の原則が垣間見えることである。

まず第1のステップとして「領有権を主張」し、第2ステップとして「海洋調査」活動を行い、軍艦よりエスカレーション・ラダーが低い海軍調査船あるいは海上法執行機関の艦船の活動を常態化させ、第3ステップとして海軍の戦闘艦艇を当該海域に展開し海軍艦艇の活動を常態化させ、最終のステップとして当該海域に施政権を確立し、部隊配備によって海洋進出が完結する四つの段階を経ていることがわかる。

南シナ海におけるこの4段階をおさらいしてみると、1951（昭和26）年から中国は南沙、西沙諸島の領有権を主張しはじめ（第1段階）、1980年代海洋調査船による海洋調査を行い（第2段階）、1990年代に海軍艦艇を展開し永興島（ウッディ島）、永暑礁（ファイアリー・クロス）等を占領し恒久施設を建造（第3段階）、2007年行政区域である三沙市の宣言、2012年市庁舎の設置および海上法執行機関の出先部隊を配備し（第4段階）、海洋支配を完結している。

第3の特徴は、中国は領有権を拡大する活動に、海軍艦艇および海上法執行機関の艦船のみならず、多くの漁船を先兵として活用している点である。これらの漁船は、国務院農業部隷下の海上法執行機関漁政の監督を受け活動し、人民解放軍の民兵組織と位置づけることもできる。2010（平成22）年9月尖閣諸島沖で海上保安庁の巡視艇に体当たりした漁船もその仲間と考えられる。

第4の特徴は、国際規範に対する中国流の解釈である。

中国は国連海洋法条約の改正に当初から参加し、1996（平成8）年に批准しているが、通常の国連海洋法条約の解釈と異なり、自国の排他的経済水域（EEZ）及びその上空において外国の軍事活動を認めていない。このような中国特有の解釈が、米海軍調査船インペッカブル事件の背景となっているだけでなく、我が国の国益にも直接関係する東シナ海におけるEEZまたは大陸棚の確定にも影響を及ぼしている。

国連海洋法条約では、EEZまたは大陸棚の限界を200浬と規定しているが、東シナ海のようにお互いに200浬の境界をとることができない場合、国際司法は中間線による境界の画定を推奨している。

しかし中国は独自の解釈により、中国の大陸棚が沖縄トラフまで伸びている境までを中国の大陸棚として主張し、中間線付近のガス田・白樺（中国名：春暁）を日本の抗議を無視して開発、生産活動を行っている状況である。

中国の国際規範に関する独善的な主張は、欧米が中心となり律してきた既存の秩序に対して、遅れて登場した大国の意思を主張することにより、秩序の変更を企図する狙いがあると思われる。

4　考えられる最悪のシナリオ

新聞、テレビでは尖閣諸島に関するニュースが報道されない日はない。中国から聞こえてくる報道は、「尖閣は中国のものだ。尖閣を取り返せ」という先導的な内容ばかりだ。このままで尖閣は大丈夫なのか。その疑問にできるだけ理性的に対応し、尖閣諸島に対する最悪のシナリオを考えてみる。

まず始めに、これまで述べてきたことを総括してみると、現状では日中が直接軍事衝突する事態は生起する可能性が小さいと結論づけたが、中国国内の社会不安からデモや暴動が多発し、国民の目を外に向ける事態が発生した場合は、軍事的衝突の可能性があると見積もった。

また、日米の同盟関係がギクシャクし、米軍のコミットメントが薄らいだとき、あるいは、日本の国力が低下し、「日本恐れるに足らず」と中国が判断したとき、尖閣諸島を実力で占領しようとする状況が生起する可能性があると見積った。

さらに、南シナ海における中国の領有権拡大の過程を検証し、力の空白が生じた隙をついて事を起こす可能性が高いことがわかった。

ところで、東シナ海の現状は、先に検証した領有権拡大の4段階のどの段階に当てはまるのであろうか。

東シナ海に関して中国は、1971（昭和46）年に尖閣諸島の領有権を主張し始め、1992（平成4）年領海法を制定し尖閣諸島が中国の領土であると明記しており、第1段階は完了している。

さらに、2009（平成21）年には島嶼部の保護と管理を規定した島嶼保護法を制定。この法律には、周辺諸国が領有権を主張している島嶼部を内政干渉と排除する意図が隠されている念の入れようである。

東シナ海における海洋調査は1974（昭和49）年の地球物理調査を皮切りに1990年代までに主として東シナ海の学術的な海底資源調査を行い、東シナ海における石油地質条件等が研究された模様である。

この基本的な調査結果に基づき、1990（平成2）年以降海洋調査船等による東シナ海全体に対する調査活動が活発に行われるようになった。

1999（平成11）年から2000（平成12）年にかけては、東シナ海の日中中間線の日本側海域で海洋調査を実施していたが、2002（平成14）年以降は太平洋に進出して、沖ノ鳥島近海で海洋調査を実施しており、中国政府は太平洋における将来の軍事作戦のために、東シナ海から太平洋における情報収集にシフトしたと見積もられる。

したがって、2002（平成14）年に東シナ海における海洋調査を完了、すなわち第2段階も完了していると見なされる。

最初に尖閣諸島周辺海域で中国海軍の艦艇が確認されたのは、1999（平成11）年5月であり、このときは13隻の艦艇が確認された。その2か月後の7月には10隻の艦艇が確認され、それ以降、中国海軍は活動海域を東シナ海から太平洋に拡大して活動を活発化している。その状況を表にあらわすと次頁の通りである。

このように中国海軍艦艇による太平洋への進出行動は、常態化している。これは先に述べたように、中国海軍のA2／AD戦略、すなわち、第1列島線内を中国の内海として米海軍の接近を阻止し、第2列島線内における米海軍の自由な作戦を拒否する戦略への対応と考えることができる。

時期	艦艇	行動の概要
2003 年 11 月	ミン型潜水艦	大隅海峡を浮上航行
2004 年 11 月	原子力潜水艦	領海内を潜没航行
2005 年 9 月	ソブレメンヌイ型駆逐艦等 5 隻	樫 (中国名天外天) ガス田付近を周回、航行
2006 年 10 月	ソン型潜水艦	沖縄近海で米空母近傍に浮上
2008 年 9 月	ソブレメンヌイ型駆逐艦等 4 隻	津軽海峡通峡 (初視認)、太平洋に進出後日本列島を周回航行
2008 年 10 月	ルージョウ型駆逐艦等 4 隻	宮古水道を抜け太平洋に進出
2008 年 12 月	海洋調査船 2 隻	尖閣諸島周辺の領海内に侵入
2009 年 6 月	ルージョウ型駆逐艦等 5 隻	南西諸島を通過、沖ノ鳥島北東 260 キロ付近の海域に進出
2010 年 3 月	ルージョウ型駆逐艦等 6 隻	宮古水道を抜け太平洋に進出
2010 年 4 月	キロ型潜水艦、ソブレメンヌイ型駆逐艦等 10 隻	宮古水道を抜け太平洋に進出 (艦載ヘリ海自護衛艦に 2 度異常接近)
2010 年 9 月	中国漁船 1 隻	尖閣諸島周辺領海内で海上保安庁の巡視船に故意衝突
2011 年 6 月	ソブレメンヌイ型駆逐艦等 11 隻	宮古水道を抜け太平洋に進出
2011 年 11 月	ルージョウ型駆逐艦等 6 隻	宮古水道を抜け太平洋に進出
2012 年 2 月	ジャンカイ II 型フリゲート等 4 隻	宮古水道を抜け太平洋に進出
2012 年 4 月	ジャンカイ II 型フリゲート等 3 隻	大隅海峡を東航、太平洋に進出
2012 年 5 月	ルーヤン I 型駆逐艦、ユージャオ型揚陸艦等 5 隻	沖縄南方海域を南東進 (両艦を初視認)
2012 年 6 月	ルージョウ型駆逐艦等 3 隻	大隅海峡を東航、太平洋に進出
2012 年 11 月	ソブレメンヌイ型駆逐艦等 4 隻	宮古水道を抜け太平洋に進出
2012 年 12 月	国家海洋局 Y-12 航空機	尖閣諸島周辺の領空侵犯
2013 年 1 月	中国空軍戦闘機	東シナ海中間線付近上空、米海軍 P-3C と米空軍 C-130 にスクランブル発進
2013 年 1 月 19 日	ジャンカイ I 型フリゲート艦	海自護衛艦「おおなみ」搭載ヘリに射撃用レーダー照射
2013 年 1 月 30 日	ジャンウェイ II 型フリゲート艦	海自護衛艦「ゆうだち」に射撃用レーダー照射

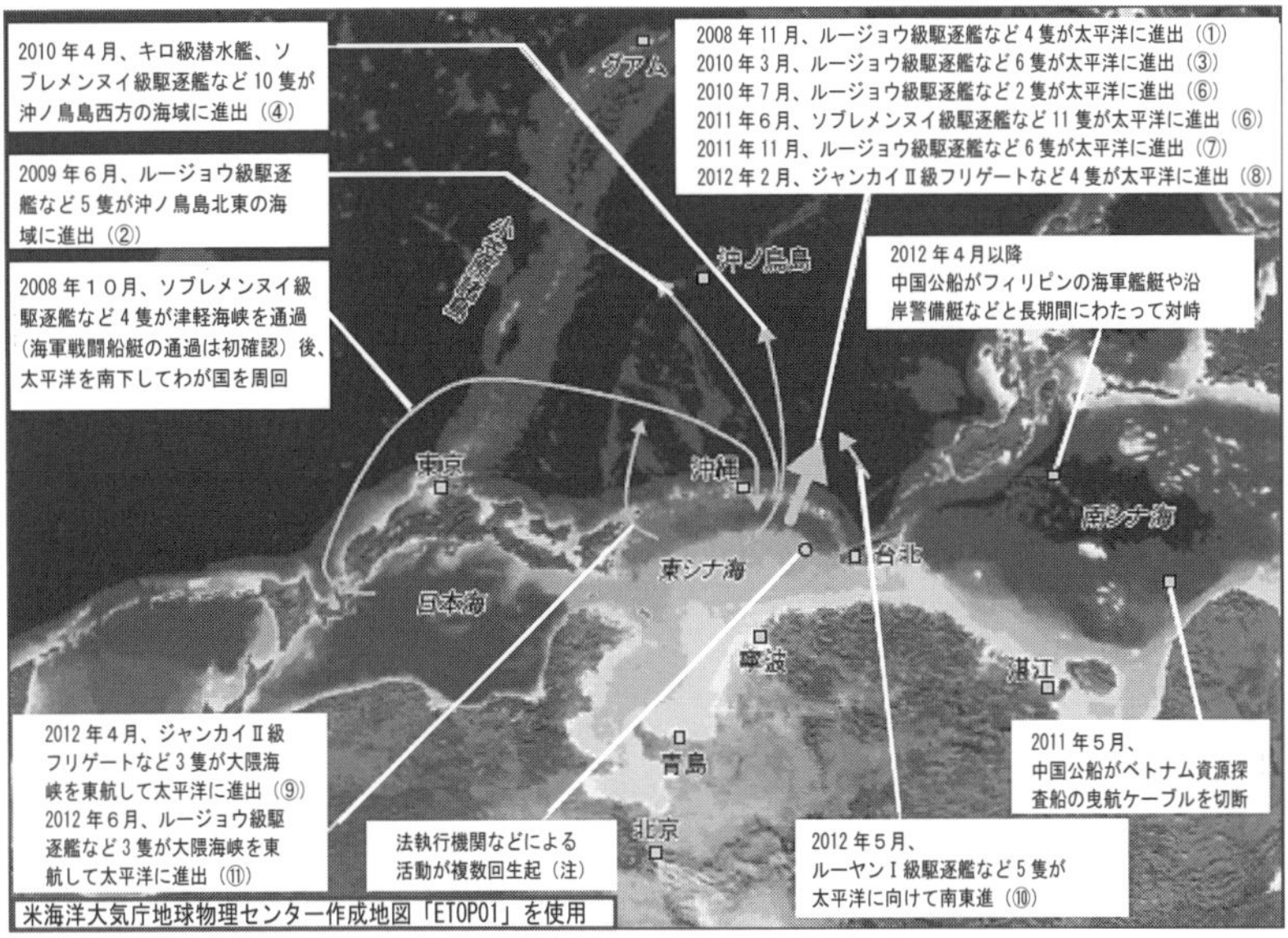

最近の中国の海洋進出（出典：平成 24 年版『防衛白書』）

ワシントンポスト紙意見広告（写真：インターネットより転載）

尖閣諸島をめぐっては、2010（平成22）年の領海侵犯した中国漁船による海上保安庁巡視船への体当たり事件以降、海上法執行機関「海監」および「漁政」の艦船の尖閣諸島周辺での活動が活発化している。さらに、2012年9月の尖閣諸島国有化宣言以来、これらの艦船が、常続的に尖閣諸島の接続水域に進出し、ときには領海を侵犯している。これらを総合すると、東シナ海における中国の領有権拡大は、艦艇の展開による既成事実の積み上げの第3段階にあるといえる。この状況をまとめた図を平成24年の防衛白書から抜粋して示す（前頁参照）。

あとは、施政権の確立、部隊の展開の最終段階が残されているだけである。尖閣諸島に機を見て上陸し、施設の建設などの既成事実化を図り、それを梃子に行政府化、部隊配備につなげることができる状況、つまり、中国は機会を得ることができれば、尖閣諸島を侵攻することができる状況まで事態は進展していると言える。中国にその機会を与えるトリガーとなる情勢が、一つは日米同盟の脆弱化、二つ目は中国の国内事情である。

では、中国はどのような手段で尖閣諸島に侵攻するのであろうか。その手段は大きく次の三つに大別できる。

第1は、フォークランド紛争型の侵攻の形態であり、大々的に軍事力を使用して尖閣諸島を占領しようとするもので、烈度がもっとも高く世界の反応も厳しく、侵攻に対する世論の理解を得ることが難しいと予想される。

第2は、潜水艦により尖閣諸島の近くまで潜航した後、ボート等を利用した特殊部隊の隠密上陸による侵攻の形態である。隠密裏の上陸のため、上陸に際して戦闘が行われる可能性は小さいが、その後の攻防戦において武力行使が予想されるため烈度は中位となる。侵攻の初期（上陸時）の世界の反応もフォークランド型に比較し厳しくはないと予想される。

第3は、漁船を活用して尖閣諸島へ上陸、既成事実化する侵攻の形態である。南シナ海において実施したように、徴用した漁船に漁民あるいは漁民に扮した工作員を乗船させ、尖閣諸島に上陸、中国国旗を掲載することによる既成事実化である。上陸する人数は数人から100名以上と幅はあるが、上陸に当たって戦闘が行われることはなく、烈度がもっとも低いと言える。しかし、工作員が上陸したとしても、それが判明するまで民間人として取り扱わざるを得ず、逆に、中国が輿論戦を適応しやすい手段であり、対応に苦慮することも考えられる。しかし、上陸者を排除するために我が国が適切な対応を行うとともに、世界に向けて我が国が主権の確保を確実に行っていることを発信すれば、尖閣諸島はやはり日本の領土だとの世界の理解を深めることも可能であり、逆に中国にとって不利となる可能性もある。

一方、尖閣諸島に上陸したあと、上陸した愛国者を保護する名目で軍を派遣することも考えられる。そうなれば、我が国との間の戦闘に発展することとなり、上陸だけで終わらないことも考慮すべきである。

ここでは代表的な三つの手段を示したが、これらの中間の手段や組み合わせの手段も考えられる。しかし、重要なことは、どの手段をとるかという選択肢は中国が握っていることである。

中国がどの手段をとるかは、その時の中国を取り巻く情勢によって決まる。特に、日米同盟の信頼に反比例して第1の手段をとる確率が高くなることに注意しなくてはならない。我が国にとって最悪の手段を選択させないような努力と最悪な手段に対する備えが必要なことは言うまでもない。

ところで、中国は、直接的に武力により尖閣諸島を領有しようとするだけでなく、まったく別の手段、すなわち三戦（法律戦、心理戦、輿論戦）という政治工作の手段を用いて間接的に尖閣諸島の領有化に寄与しようともくろんでいる。以下、輿論戦を活用し、さまざまな主張を世界で展開している状況を具体的に見てみたい。

たとえば、中国電視台のニュース映像では、尖閣諸島を中心とした東シナ海が中国の海であるかのように海軍艦艇の活動状況を放映し、中国の尖閣諸島支配の正当性をアピールしているが、時期も、場所も異なる合成された映像である可能性がある。

また、2012年9月28日、米国ニューヨークタイムズとワシントンポストに「釣魚島は中国の領土である」という意見広告をチャイナデイリー（中国政府系の英字紙）がスポンサーとなり掲載。さらに、12月19日の米国シカゴトリビューン紙に「中国の領土たる釣魚島への日本の攻撃を止めろ」という表題の意見広告を在シカゴ中国系米国人団体が掲載した。

マスコミへの意見広告だけでなく、中国政府高官は常に国際会議において「釣魚島は中国のものだ。不法占拠している日本はけしからん」という主張を繰り返し行っている。

また、「釣漁島は中国の領土である」白書を刊行し、中国語、英語、日本語の3カ国版を用意し、国内向けおよび諸外国の公館に配布しようとしている。

このように中国は尖閣諸島に対する既成事実化の布石を打っている。これは中国が国際法、特に慣習国際法をよく理解し、それを逆手にとっている証左である。「国際法に基づく紛争の解決」は耳触りがよいが、すべての国家を拘束する慣習国際法の本質は、慣行に対して積極的に反対の意思を表明しない限り、黙示的合意が付与されたものとして取り扱われる。中国は、この国際慣習法の本質、すなわち、黙示的合意を得るために輿論戦を活用しているといえる。

したがって、この場合は、沈黙は金ではなく、沈黙は黙示的合意を与えるため、中国の輿論戦には積極的に立ち向かい、反論しなければならない。

5 紛争を抑止する力

我が国は、尖閣諸島問題に関して中国との武力衝突を望んでいるわけではない。外交的に、話し合いで解決がつけばそれに越したことはない。

尖閣諸島問題が紛争に発展することを防ぎ、さらに日中間の軍事的衝突を未然に防止するためには、抑止力が必要である。同時に、万一の事態に適切に対処できる対処能力も必要である。

抑止とは、国語辞書では相手の意図を抑え止めることと記されている。軍事的にはその方法は大きく二つに大別される。一つは、懲罰的抑止といわれ、他の一つは拒否的抑止といわれる。

わかりやすい例を挙げると、懲罰的抑止は、殴りかかろうとする相手に対して、「殴るなら殴ってみろ。俺は空手の有段者だぞ」といって、空手だこのできた拳でファイティング・ポーズをとれば、相手はそれを見て「こちらがやられそうだ」と逃げていくのが懲罰的抑止である。

一方、拒否的抑止は、殴りかかろうとする相手に「殴ってみろ。ヘルメットをかぶっているから痛くはないぞ」と対応するのが拒否的抑止である。

もっとわかりやすい例を挙げると、漫画の世界で異星人からのミサイル攻撃に対し都市を守るために、都市全体を電磁バリヤーで覆い、ミサイルを無効化するのが懲罰的抑止の典型例であり、現実的には弾道ミサイル防衛がこれにあたる。

いずれの抑止にも共通していることは、「これは

SSBN（原子力潜水艦）のイメージ

たまらない」と相手に思わせるだけの力の差がなければ抑止は成り立たないことである。

国家間の紛争においても、抑止が働くためには力の差が必要である。その差が大きければ大きいほど抑止が働くことになる。

その最大の力が確証的破棄能力を持つ核戦力である。

相手がこちらを攻撃すれば、場合によっては核兵器の反撃を受けるかもしれない。そうなれば、莫大な犠牲を払わなくてはならないと相手に思わせ、攻撃の意志を抑え止めるのが核戦力による抑止効果である。

核戦力は通常、陸上に配備された大陸間弾道ミサイル（固定式あるいは移動式）、核爆弾または核ミサイルを搭載した戦略爆撃機、核弾道ミサイル（ＳＬＢＭ）を搭載した原子力潜水艦（ＳＳＢＮ）で構成される。陸上のミサイル基地や戦略爆撃機の基地は敵の核弾頭で攻撃されれば、壊滅的な打撃を受け使用不能となり、報復攻撃を行うことができない。

ところが、核弾道ミサイルを搭載した原子力潜水艦は海中深くひそんでいるため発見が容易ではない。

したがって、敵の先制攻撃から確実に生き残り報復攻撃ができる核戦力は、核弾道ミサイルを搭載した原子力潜水艦だけといえる。

冷戦時代ソ連は、米国への核報復能力を確保するためにオホーツク海を聖域化して他国の侵入を許さず、常時この海域に弾道ミサイル潜水艦を配備していた。

現在米国は、中国大陸に近づかなくても太平洋上からSSBNにより北京を狙えるが、中国のSLBMは現状では射程が8000キロであり、米国のアラスカを射程に収める能力しかない。

また保有隻数、弾頭数も限られている。突き詰めれば、この報復能力の差が核戦力による抑止効果といえる。

我が国は非核三原則（持たず、作らず、持ち込ませず）の政策をとっている。このため、この核抑止力を米国に頼っている。

これが、我が国が日米安全保障条約を締結している根本的な理由である。

核超大国米国の軍事力が紛争を抑止した例は多々あるが、東アジアにおいては台湾海峡の危機を抑止した例がある。

中国人民解放軍は1996（平成8）年3月8日深夜、台湾北部の基隆沖および南部の高雄沖に合計3発のM-9型地対地ミサイルを撃ち込んだ。これは、約2週間後の台湾における初めての総統直接選挙において、独立機運を強める李登輝総統選出を牽制するためであった。

ミサイル発射後も中国指導部は、相次いで強気の発言を繰り返し、「台湾当局の祖国分裂活動が止まらないならば、最後まで闘争を続ける」と強い警告を発した。

米国は中国に、「このミサイル発射を深刻に受け止めている。これ以上事態を悪化させないように」とのメッセージを送る必要があると考え、2個空母機動部隊を台湾近海に派遣した。

横須賀を母港とする第7艦隊の空母インディペンデンスの戦闘グループを台湾海峡に派遣し、インド洋で待機していた原子力空母ニミッツの戦闘グループを台湾近海に派遣した。

中国は米国のこのメッセージを読み取り、インディペンデンスの部隊が台湾海峡に到着する前に、ミサイル演習を終了し、ニミッツの部隊が到着したときには事態は沈静化していた。中国は、米国との海軍力の差を思い知らされることになった。

航空母艦「ニミッツ」(写真提供：海上自衛隊)

さらに、米国の核戦力との差を考慮せざるを得ず、台湾海峡危機が抑止されたのである。

また、米国が1隻ではなく2隻の空母機動部隊を派遣したことにも重要な意味がある。派遣した空母が戦闘に巻き込まれた場合、空母を失う恐れもある。

空母を2隻派遣すれば、1隻を失っても、失った空母の戦闘機搭乗員は、別の空母に着艦すれば生還することができる。

つまり、空母を1隻だけ派遣する場合は、戦闘を起こすことまでは本気で考えていない。

しかし、2隻以上の空母を派遣する場合は、戦闘が起こってもやむを得ない。それだけの覚悟をして「いざとなったら本気で戦うぞ」というメッセージが含まれているわけである。

どの国も自国の国益を維持、確保するために自国に都合のよい情勢を自分の手で作りたいと思っている。そのためには、情勢を作為できる力が必要である。

ここに示した例では、米国の抑止力（国力ととらえることもできる）が圧倒的であったために、東アジアの安定という情勢を作為することができた。我が国は経済大国といわれて久しいが、経済力だけでは、即効性が必要とされる情勢の作為はできない。

我が国の総合的な国力は、情勢を作為するだけの大国としての国力はなく、我が国一国だけではせいぜい情勢に対応する能力しかないのが現状である。

我が国の安全と繁栄を確保するためには、価値観を共有できる大国の力を借りて情勢を作為せざるを得ない。それが、日米同盟の別の側面である。

6　日米同盟は信頼できるのか

我が国は１９４５（昭和20）年、太平洋戦争に敗北し連合軍による占領下におかれた。

１９５１（昭和26）年9月サンフランシスコ平和条約が締結され、独立を回復した。同時に日米安全保障条約が調印され、１９６０（昭和35）年1月改定された新安保条約が調印され現在まで日米同盟を維持している。

これまでの日米同盟の状態を一言で言い表せば、「安全保障面では握手をしながら、経済面では拳を握り合ってきた」と言えると思う。

１９９１（平成3）年ソ連が崩壊するまでは、安全保障面の目標がはっきりしていたが、崩壊後は安

インド洋における給油作業（写真提供：海上自衛隊）

全保障面の目標が不透明となり、経済面での相互の不満が表面に出やすい状態といえる。昨今のＴＰＰ交渉の問題は、その典型だろう。

日米安全保障条約第２条には、「締約国は、その国際経済政策におけるくい違いを除くことに努め、また、両国間の経済的協力を促進する」と規定されているが、経済面は国益が直接からむだけに両国のエゴが出やすい状況である。

その経済面での相互のエゴを余りあるほど補完してきたのが、海上自衛隊と米海軍を中心とした安全保障面での協力である。

その例をいくつか挙げてみる。

ソ連が崩壊することになった一因として、海上自衛隊と米海軍が極東ソ連海軍を長年にわたって封じ込めてきたことがあげられる。

また、現在は中止されているが、イラク戦争に伴う給油支援のためインド洋に複数の自衛艦を約10年間派遣し、整斉と給油支援を行ってきたことに対し、米海軍は感謝とその運用能力の高さに賛辞を贈ってくれている。

北朝鮮のミサイル発射のたびに、海上自衛隊のイージス艦と米海軍艦艇が共同してミサイルの追跡にあたり、常日頃から海上自衛隊と米海軍は相互運用性を高めるための努力を行っている。その相互運用性の高さが、有事の日米共同作戦に大きな力を発揮する。

また、東日本大震災の際にもその成果が十二分に発揮された。ある面では震災対処の日米共同を日米両海軍がリードしたともいえる。

日米同盟は、日本の国益を確保する上で欠かせない同盟である。その理由は、前項で述べたとおりである。

日米同盟が信頼できるか否かを心配するのではなく、国益を確保するための唯一現実的な選択肢の信頼性をどう高めていくかが問題なのである。

ところが、日米同盟の信頼性に影響を与える次の3つの懸念がある。

第1は、米国の財政の崖に伴う歳出強制削減の問題である。2013（平成25）年3月1日から米国では歳出の強制削減が始まった。

議会が新しい赤字削減措置に合意できなかった場合は、今後10年間で3兆9000億ドル（約370兆円）の歳出を削減せざるを得なくなる。

新聞報道によると、国防総省は9月末までに約460億ドル（約4兆3000億円）の削減を義務付けられている。職員約80万人の一時的な解雇、飛行訓練の短縮や調達契約の先送りなどを検討しているようだが、それでも米軍の運用経費など約350億ドルが不足することになるといわれている。

パネッタ国防長官は「西太平洋での活動を約3分の1削減しなければならなくなる」と警告し、アジアでの軍事力の再均衡に影響を与えかねないと懸念を示している。特に、中国のA2／AD戦略に対抗する米国の「エアーシーバトル構想」への影響が懸念される。

第2は、米国は2011（平成23）年暮れに海兵隊をオーストラリアへローテーション配備させる構想を打ち出している。

2013（平成25）年3月には、第1陣の200人がオーストラリアのダーウィンに到着した。将来は、沖縄の海兵隊のグアム移転に合わせてダーウィンに2500人規模の部隊を駐留させる計画である。

当初この計画が公表されたときクリントン政権時の元国防次官補のジョセフ・ナイ氏はニューヨークタイムズ紙に、

「沖縄県内に海兵隊を移転する計画が沖縄の人々に受け入れられる余地はほとんどない。海兵隊をオーストラリアに移すことは賢明な選択だ。なぜならこの地域（アジア太平洋地域）からの撤退という誤ったシグナルを（中国に）送ることなく、彼らは自由に訓練をすることができるからだ」

という意見表明を行った。

ナイ氏の指摘は、中国に対して米国が南シナ海の問題はきちんと関与していくというシグナルにはなるが、東シナ海に関しては逆効果になるのではと危惧される。

それ以上に心配なことは、日米関係に携わった米国の元政府高官でも、このように沖縄の普天間移設問題に嫌気がさしていることである。

いわんや、議会人や一般の国民の中には長年かかっても普天間移設を解決できないのなら、いっそ沖縄からグアムやハワイに撤退すべきであると思っている人は多数いると予想される。

このまま普天間基地移設問題が進捗しない状態がこのあと何年も続き、日本に駐留する米軍人の暴力行為のみをマスコミが取り上げる状態が長く続くと、将来沖縄から撤退という可能性が皆無とはいえないと思う。

第3は、日米の紐帯《ちゅうたい》にくさびを打ち込もうとする中国の動きである。中国が第1列島線内における

A2（Anti-Access）戦略を確実なものにする上で邪魔な存在は、沖縄に駐留する米軍であり、地政学的には沖縄の存在そのものである。昨今沖縄に中国資本が投入され、特に、沖縄の土地を購入しているようである。

沖縄には従来から反戦地主の1坪運動があった。これらの地主は、本土からイデオロギーのために来島し、あるいは、そのためだけに登記し、地主になったものである。

中国人地主と反戦地主が一つになれば、円滑な基地運用に支障が生ずる可能性がある。

さらに、それが反基地闘争と一つになり、米軍再編計画を遅滞させる悪循環となる。

それだけではなく、中国は、輿論戦によりさまざまな手段を用いて日米間の離反を図ろうとしている。

これらの懸念を払しょくするためには、日本国民一人ひとりの日米同盟に対する理解と支持が必要である。

7　米軍は尖閣諸島に関与するか

尖閣諸島が有事の際、日米間の安保条約が適応されるか否かについて、米国の対応に少しずつ変化がみられる。

モンデール氏は、駐日大使在任中の1996（平成8）年10月に、「尖閣諸島の帰属に関する実力行使を伴う国際紛争の場合、日米安保は発動しない」

と発言したが、最近の米国政府高官の発言は一貫して「領土問題には関与しないが、尖閣諸島は日本の行政管理下にあり、日米安保条約第5条が適用される」と答えている。

クリントン前国務長官が退任直前の2013（平成25）年1月18日ワシントンにおける岸田外務大臣との外相会談後の記者会見において「日本の施政権を害そうとするいかなる一方的な行為にも反対する」と踏み込んだ発言を行っている。

米国政府高官がこのような発言を行っているから、尖閣有事の際自動的に米軍が参戦してくれると考えるのは、間違いである。

安保条約第5条には「自国の憲法上の規定および手続きにしたがって、共通の危険に対処するよう行動する」と書かれており、これは、米軍の自動介入を意味するものでもなく、自衛隊が行動する前に米軍が行動することを義務付けるものでもない。あくまで自助努力があって、日米の調整の結果米軍が参戦することとなる。

本章の第4項で尖閣諸島に中国が侵攻する3つのパターンを示したが、このうちフォークランド紛争型以外のシナリオに対して、米軍が参戦する可能性は低いと判断される。

その理由は、尖閣諸島に上陸した者たちを中国人民解放軍の軍人と特定することが困難なためである。

潜水艦を利用した上陸者たちが最初から武装し発砲するなどして抵抗すれば、防衛出動を発令する可能性もなきにしもあらずだが、民間人を装った上陸者が離島することに抵抗するだけであれば、現状の国内法では、入国管理法違反で逮捕するしかない。

入国管理法違反は警察機能の対象であり、防衛出動が発令されない事態に米軍が参戦することはない。

一方フォークランド紛争型の侵攻は、日米同盟が危うくなってきたときに生起する可能性が大であり、そのようなときに米軍が参戦してくれる保証はない。

したがって、中国の尖閣諸島への侵攻は、侵攻の態様がどのようなものであれ、我が国が単独で対処することを前提とすべきである。

ただし、上陸した者たちを支援するために、人民解放軍が海軍や空軍の戦力を尖閣諸島に向けて派兵し、自衛隊との間に戦闘が開始されれば、防衛出動が発令される事態となり、安保条約の適応は十分考えられる。

8 紛争に対処する海上保安庁、海上自衛隊

我が国は法治国家であり、海上保安庁もしくは防衛省・自衛隊などの国の行政機関の活動は、すべて法律に基づき行われる。

そこで、東シナ海における平時の警戒監視から、きな臭くなったグレーの事態、さらに武力衝突の事態のそれぞれの段階において、海上保安庁法および自衛隊法を中心に、海上保安庁および海上自衛隊がどのような活動ができるのかを概観してみたいと思う。

(1)平時における警戒・監視

平時における尖閣諸島の警戒・監視は、海上保安庁法に基づき海上保安庁が行っている。

海上保安庁は、約1万2800人の職員と巡視船艇357隻（うち大型巡視船51隻）、航空機27機、ヘリコプター46機を11に区分した管区に配備している。尖閣諸島の担当は第十一管区である。ここには通常へリコプター1機搭載巡視船1隻、1000トン以上の巡視船6隻が配備されている。

2012（平成24）年9月以降の中国公船「海監」および「漁政」の艦船が警告を無視し、接続水域内を航行し領海を侵犯する事案が頻発しており、十一管区の巡視船艇だけでは対応できないため、石垣海上保安部に巡視船艇を増強配備し、石垣を拠点に中国公船に対応した根くらべを行っている状況である。

従来尖閣諸島に上陸した者を捜査、逮捕する権限は、警察官にのみ許されていたが、2012年海上保安庁法が改正され、遠隔離島（尖閣諸島が該当）で陸上の捜査権限も海上保安官が執行できるようになった。また、外国船舶の無害でない領海内の通航に対して、立ち入り検査をしなくても退去勧告ができるようになった。

しかし、これらの取り締まりを行う際の武器使用には、警察官職務執行法が適用され、事態に応じ合理的に必要と判断される限度において武器を使用することができるが、「正当防衛および緊急避難、あるいは凶悪犯罪（死刑、無期、長期3年以上の懲役もしくは禁錮）を除いて人に危害を加えてはならない」とされている。

尖閣諸島に不法上陸した者が武器を使用するような抵抗を見せなければ、入国管理法違反の刑罰は、最大で懲役3年未満の懲役である。したがって、事態に対応して海上保安官が武器を使用し相手を傷つ

中国海洋監視船と巡視船
（出典：海上保安庁HP）

監視飛行中のP-3C
（写真提供：海上自衛隊）

けた場合は、海上保安官が罰せられることになる。

このように、現行の法体系の中では、事態によっては海上保安官が難しい対応を迫られることが予想される。

海上自衛隊は、毎日1回東シナ海をP－3C型航空機で上空から監視を行い、所要の情報を海上保安庁へ通報している。海上自衛のこの活動は、防衛省設置法に規定されている所掌事務の一つ「情報の収集」を根拠として行われている。

海上自衛隊の護衛艦も、尖閣諸島周辺海域で警戒・監視を行っている海上保安庁の巡視船艇をはるか遠くから見守っている。この活動も「情報の収集」もしくは「訓練」を根拠として行っている。

平時の「情報収集」活動にあたる海上自衛官には、武器の使用は許されていない。

２０１３（平成25）年1月末に中国海軍のジャンウェイⅡ型フリゲートが、東シナ海で警戒監視中の海上自衛隊護衛艦「ゆうだち」に射撃管制レーダーを照射した事件があった。

もし、これがレーダーの照射に止まらず実際にミサイルが発射された場合、「ゆうだち」はどのような対応がとれるのだろうか。

平時このような場合自衛隊法では、艦船を防護するために「武器等防護のための武器使用」が許されているが、刑法で定める緊急避難もしくは正当防衛にあたる場合のほか人に危害を与えてはいけないとされている。

「ゆうだち」は向かってくるミサイルを撃ち落とすことは、この規定から可能であるが、相手の艦を攻撃することは、過剰防衛にあたりできない。

もう少し頭の体操を続けてみよう。

射撃管制用レーダーの照射が艦艇からでなく、戦闘機からであり、その戦闘機が「ゆうだち」目がけて向かってきた場合、同一の規則を適用できるが、緊急避難、正当防衛のほか人に危害を加えてはならないため、「ゆうだち」が被害を受け、あるいは乗組員が負傷、最悪の場合は死傷するまで反撃ができず、手をこまねいていなくてはならない。

我が国の法制度では、防衛出動が発動されない限り、軍としての武器使用が許されていない。有事以外を一律に警察機能ととらえ警察官職務執行法を準用することの矛盾を、部隊指揮官に押し付け、常に部隊指揮官は苦しい判断を求められている状況である。

また、別の観点から眺めれば、中国海軍がその事実を周知していることも問題である。

(2)グレーの段階における行動

東シナ海の状況がきな臭さを増し、たとえば、多数の漁船団が尖閣諸島周辺海域を徘徊し始め、中国海軍艦艇や「海監」、「漁政」などの公船の活動も一層活発化した状況においては、海上保安庁による対応が困難と判断され、海上における治安維持のため

ジャンウェイⅡ級フリゲート
（写真提供：海上自衛隊）

巡視船「いなさ」
（出典：海上保安庁HP）

海上自衛隊に対して「海上警備行動」を発動し、海上保安庁と同等の権限を与え協同して対処することができる。

そのよい例が1999（平成11）年3月に発生した能登半島沖工作船事案である。その概要は次のとおりである。

能登半島沖の海上から発射されている不審電波を調査するため、防衛庁設置法（当時）に基づく「情報収集」のため海上自衛隊は、護衛艦およびP-3C型航空機を現場に派遣した。

海上自衛隊は、現場において不審な漁船を発見、海上保安庁に通報した。海上保安庁、警察、自衛隊の協同した調査の結果、不審船は北朝鮮の工作船と判断され、海上保安庁巡視船と護衛艦、航空機が協同した追跡を開始した。

海上自衛隊は海上保安庁の巡視船と付かず離れずの位置を保ちながら工作船を監視していたが、海上における警備行動が発令されるまでは、「情報収集」による行動であり、横を伴走せざるを得ず逃走を防止する手立ては何もとることはできなかった。「海上における警備行動」が下令され、海上自衛隊にも海上保安庁法規定と同一の武器使用規定が準用され、逃走を阻止する手段がとれることとなった。

しかし、この工作船に適応された法律は漁業法違反であり、凶悪犯罪にあたらない。したがって、北朝鮮の工作員に損傷を負わせると海上自衛官または海上保安官が罪を負うことになる。

海上自衛隊は当初、エンジンを目がけて射撃することを計画したが、付近にいる工作員を損傷させるために断念し、工作船にあたらないように射撃をせざるを得なかった嘘のような状況だった。

この例からわかるように、東シナ海において多数の漁船群が領海に侵入し無害でない航行を行うとき、海上における警備行動が発令されていれば、海上自衛隊は、海上保安庁と共同して退去勧告および領海侵犯を阻止するための警告射撃を行うことができる。

しかし、中国の漁船ではない「海監」や「漁政」などの公船が、領海内を明らかに無害でない航行を行う場合、海上保安庁の巡視船艇では海上保安庁法に「外国の軍艦及び公船であって非商業目的にのみ使用されているものを除いて武器使用を適用する」と武器の使用が制限されているため、これらの公船の違法行為に対しては、「警告」以上の対応はできない。

また、中国の軍艦が尖閣諸島海域に出動し、示威行為や威嚇を行う場合、海上保安庁の巡視船艇では法的かつ能力的にも限界があり、実効性のある措置は困難である。

では、海上自衛隊の艦艇が実効性のある措置をとれるかというと、それも困難である。

なぜならば、海上における警備行動の発令では、武器使用が「警察官職務執行法」の範囲に限定され、中国軍艦の柔軟な武器使用に適切に対応することは困難である。国家の主権が侵害されそうな事態に対して、泥棒を捕まえると同じ警察権の行使で対応しようとする対応のギャップを改善する必要がある。

現状では、海上保安庁および海上自衛隊ともに中国海軍艦艇および公船への対応は、粘り強い体力勝負の対応となるが、海上保安官ＯＢの一人は、海慣性では海上保安官は中国に負けないと請け負っていた。

海上自衛隊にも「スマートで目先が利いて几帳面、負けじ魂これぞ艦乗り」の精神が旧海軍以来脈々と受け継がれており、大陸国家のシーマンシップには負けないと思う。

(3) 武力行使の段階

我が国が他国と戦争（憲法第9条の関係から我が国は戦争とはいわず「自衛権の発動」という）を決断する要件として、次の3要件を満たすことが必要とされている。

① 我が国に対する急迫不正の侵害があること
② これを排除するために他の適当な手段がないこと
③ 必要最小限の実力行使にとどまるべきこと

具体的には、内閣総理大臣が自衛隊法第76条に基づき「防衛出動」を発動しない限り、自衛隊は武力の行使ができない。つまり、敵と戦えない軍隊なのである。

たとえば、切迫した情勢下で海上自衛隊の護衛艦と中国海軍艦艇が東シナ海で遭遇し、中国海軍艦艇が先制攻撃を仕掛けてきた場合、防衛出動が発動されていない状況では、海上自衛隊の護衛艦は応戦し、中国海軍の艦艇を撃滅することはできない。

なぜならば、前項での説明の繰り返しになるが、防衛出動が発動されていない状況では、「武器等防護のための武器使用」の権限しか付与されていないので、緊急避難、正当防衛以外人を傷つけてはならないとされているためである。

したがって、自衛隊の適切な対応を期待するのであれば、情勢の分析を的確に行い適切な時期に「防衛出動」を発令する必要がある。その判断が遅れた結果は、映画にもなった麻生幾氏の小説『宣戦布告』によく描かれている。

『宣戦布告』は、原子力発電所への攻撃を企図し、福井県敦賀半島に上陸した特殊工作員を北朝鮮の軍人と特定するまでに時間がかかり、また、治安出動、防衛出動発令に必要な出動の根拠の特定に手間取り、対応が後手後手に回った状況がリアルに表現されている。

現場の指揮官がいちばん心配することは、敵の攻撃を受け、場合によっては、部下の死によって初めて防衛出動が発動されるのではないかということである。指揮官にとって、これほどつらいことはない。

このようなことを避けるために、適切な時期に防衛出動を発令するとともに、事態ごとにROE（部隊行動基準：Rules of Engagement）による武力行使の基準を規定しておく必要がある。

一方、防衛出動が発動されれば、内閣総理大臣の命令により海上保安庁を防衛大臣の統制下に入れることができるように自衛隊法で規定されている。

ところが海上保安庁法では、海上保安庁の人員や装備は警察機能に使用するものであって、軍隊の用に使用させてはならないという趣旨の規定がある。ある面もっともな規定と判断できる。

海上保安庁の巡視船艇は海上自衛隊の艦艇と異なり、搭載している武器が異なるだけでなく、船体の設計も商船仕様と軍仕様の違いがある。

また、軍隊は主権の侵害に対応する国の機関であり、海上保安庁は警察作用を中心とした海上法執行機関である。

大切なことは、二つの法律の不整合をそのままにしておくのではなく、平時の領海侵犯から有事の対応まで海上保安庁と海上自衛隊のお互いの役割がシームレスになるよう領域警備に関する法整備を行うと同時に、グレーの段階の主権の侵害に対して海上自衛隊、海上保安庁双方に適切な武器使用の権限を付与することである。

この項では、法的側面を中心に海上保安庁および海上自衛隊の行動等に関する現状と課題を見てきた。

次章以降では、これらの課題をどのように克服していけばよいのかを考えてみたいと思う。

第5章

日中海戦はあるか

最悪の事態に備える

1　武装特殊部隊侵攻に対する予想される我が国の対応

第4章で中国の尖閣諸島侵攻のシナリオに3つの形態があり、そのうち烈度のもっとも高い侵攻の形態であるフォークランド紛争型の侵攻は日米同盟が健全であれば可能性が小さいと結論づけた。

残る可能性は、中国人民解放軍の特殊部隊が潜水艦等を利用し隠密裏に尖閣諸島に上陸し、領有の証を示す形態と、中国漁船群の尖閣諸島進出に伴う工作員が扮した漁船民が上陸する形態である。

ここではこの2つの侵攻の形態のうち、より烈度が高い特殊部隊の隠密裏の侵攻を防衛の対象として、少し空想小説的になるが、現状での我が国の対応を予想してみたいと思う。

20××年某月某日、寧波にある東海艦隊の海軍基地から1隻の潜水艦が出港した情報が、偵察衛星からの情報として統合幕僚監部および海上自衛隊自衛艦隊司令部にもたらされた。

尖閣諸島周辺は相変わらず中国の公船による接続水域内の航行や、時折領海侵犯が繰り返され、海上保安庁はその対応に追われていた。出港した潜水艦に関してその後の情報はなく、東海艦隊の艦艇の動きもなかった。

海上自衛隊は、出港した潜水艦の動向をつかもうと、平素東シナ海の警戒・監視にあたっているP-3Cに加えて、潜水艦の探知にあたる追加のP-3Cを常時現場に張りつかせた。

中国PLA特殊部隊

P-3Cは、ソノブイ（水中音響装置）を使用した監視を行っていたが、探知を得ることはできなかった。

潜水艦が出港した情報が得られてから3日後、新月の闇夜に紛れ尖閣諸島魚釣島の南数マイルに潜水艦が浮上し、3隻のゴムボートが降ろされ数十人の黒色のウェットスーツに自動小火器、携帯用ミサイル等を持った武装工作員が、警戒・監視中の巡視艇等に気づかれることなく、魚釣島の和平泊あたりから上陸を開始し、何の抵抗もなく上陸することに成功した。

上陸した工作員は、中国本土との衛星通信回線の設定を開始し、上陸の成功とその様子を映像伝送措置で本国に伝えた。

魚釣島からの不審電波の発射を探知した宮古島のレーダーサイトは、航空自衛隊の総隊司令部、現場のP-3C、警戒中の海上保安庁巡視船および護衛艦に通報した。また、所定の経路を経て防衛大臣お

哨戒中のP-3C（写真提供：海上自衛隊）

よび官邸に報告された。

現場のP-3Cから報告を受けた自衛艦隊司令部ではある議論が戦わされていた。それは、P-3Cを確認のため魚釣島上空に飛行させるべきかどうかの議論だった。

幕僚の一人は、

「正体不明の上陸者が携帯用対空ミサイルを持っていた場合、P-3Cの安全が確保できない」と主張し、他の幕僚は、「能登半島沖の工作船事案時も同様な議論があったが、これは『事に臨んでは危険を顧みず、身をもって責務の完遂に努め、国民の付託にこたえる』ことを誓った我々の任務である。できる限りの防御手段をとって実施すべきである」

と主張した。

これらの議論を聞いていた自衛艦隊司令官は、任務優先の重い決断を行ったが、派遣するP-3Cに赤外線探知を妨害するフレアーが装備されていること、接近時は航空障害灯を消灯しておくこと、また無線を封止すること、赤外線暗視装置が探知できる最大の高度をとることなどを条件に、監視中のP-3Cに対して魚釣島上空を飛行し、赤外線暗視装置により魚釣島の状況を確認するよう命令した。

命令を受けたP-3Cは、潜水艦探知作業を一時中断し魚釣島に向かい、上空から赤外線暗視装置により10人以上の集団がいることを発見した。

直ちに司令官に報告するとともに、巡視船等にも通報した。

通報を受けた海上保安庁の巡視船は、上陸者に対応するため魚釣島近くまで接近し、状況を確認したが詳細をつかむことはできなかった。

これらの情報は、所定の手続きを経て防衛大臣および官邸に報告された。

官邸では安全保障会議が開かれ、上陸した者の細部の情報が得られ次第、「海上警備行動」を発動することになった。

一夜明け朝日が昇る頃になり、数十人の黒いウェットスーツを着た不審者を巡視船が確認した。

工作員等の対処は、警察が初動の対処を行うことになっており、巡視艇は、日本語、中国語、英語によりマイクを使って退去を要請したが、何の応答もなかった。

海上保安庁は、上陸者の人数が多数であること、動静が不明であることなどから現場の巡視船艇員で対応するには危険であると判断し、第五管区内の大阪特殊警備基地に所在する特殊警備隊（SST）を現場に派遣することとし、警察庁にも特殊部隊（SAT）の派遣を要請した。

官邸は、情報収集に努めるとともに、上陸者の状況を考慮し、自衛隊に海上における警備行動を指示し、同命令が速やかに防衛大臣から統合幕僚長に下令された。

上陸した中国人民解放軍の特殊部隊は、鳴りをひそめ可能な限りの陣地の構築に専念していた。

中国の意図は、上陸した特殊部隊を排除しようと日本側に先制攻撃を仕掛けさせ、それをトリガーに中国の領土防衛という大義を得て中国軍の大々的な派遣を行おうとするものであった。

したがって、決して特殊部隊側から先制して日本人を傷つけてはならないと厳命されていた。

夕刻、大阪から空路石垣に到着したSSTのメンバーが海上保安庁のヘリコプターに搭乗し、リペリングにより魚釣島に上陸しようと試みたが、特殊部隊による威嚇射撃により上陸することができなかった。

威嚇射撃を受けたことにより、武装集団であることが判明したが、政府は武装集団の特定化（テロなのか、他国の軍隊なのか等）ができず、自衛権発動要件の一つである「急迫不正の侵害」にあたるかどうか政府内の意見統一もできず、このままでは国会の承認も得られないと判断し、防衛出動発令に至らなかった。

警察行為で以て事態を収拾せざるを得ない状況が続き、緊張した状態のまま1日がすぎた。

翌日早朝、SST部隊がゴムボートに分乗して魚釣島に上陸しようとしたが、上陸阻止の威嚇射撃を受け、SSTも応戦し銃撃戦となった。

敵の優勢な火器に上陸を阻まれてしまったが、海上警備行動の発動下では自衛隊はなすすべもなく、防衛出動の発令を要求したが、政府は防衛出動の発令を躊躇したままだった。

昼ごろ、魚釣島の岩場に五星紅旗の中国国旗が掲げられ、中国のテレビニュースで魚釣島に翻る五星紅旗と銃撃戦の状況が放映され、

「人民解放軍の勇敢な特殊部隊が我が国の領土である釣魚島を確保した。

これに対し日本は銃撃により撃退しようとしたが、わが方の応戦により撤退した。

日本の理不尽な侵略からわが領土を守るため、人民解放軍に出動を命じた。

これは我が国の領土を侵略者から守る正当な自衛

海上保安庁特殊部隊（出典：海上保安庁HP）

権の行使である」

という声明が流された。

この時点で政府はようやく「防衛出動待機命令」を発動し、防衛省・自衛隊は、統合任務部隊の編制準備等に取り掛かった。

また、政府、外務省、防衛省、海上自衛隊などのルートを通じて米海軍第7艦隊の空母ジョージ・ワシントンの戦闘グループを東シナ海に入れてほしいという要求を行ったが、「防衛出動が発令されていない段階ではそこまではできない。沖縄の勝連港に入港させ待機させる」という回答があった。

防衛大臣は、統合幕僚長を通じて、海上自衛隊自衛艦隊の一部、航空自衛隊航空総隊の一部、陸上自衛隊西部方面隊の一部による統合任務部隊を編制、自衛艦隊司令官を統合任務部隊指揮官とする準備命令を下令し、陸、海、空自衛隊は必要な協力を行うよう命じた。

陸上自衛隊は、離島奪回作戦に特化された西部方

航空自衛隊 AWACS（写真提供：航空自衛隊）

面隊普通科連隊（略称：WAiR、ニックネーム：バラモン）を急きょ宮古島まで進出させ、後続の部隊を沖縄に集結させる準備にかかった。

　また、沿岸監視を任務とする部隊を与那国島に展開するために土地収用、法令の改正等の準備に入った。

　海上自衛隊は、自衛艦隊隷下の護衛艦、輸送艦、補給艦、掃海母艦等を沖縄の勝連港および石垣島に、後続部隊を佐世保に進出させ、P-3Cおよび情報収集機EP-3Cを那覇基地に集結させ、潜水艦を勝連港および佐世保に進出させる準備にかかった。

　また、尖閣諸島近辺への潜水艦の侵入を阻止するための監視活動の拡充を航空集団司令官に命じた。同時に情報収集のため、EP-3CおよびOP-3Cを東シナ海に展開した。

　航空自衛隊は、急きょ通称AWACSといわれる早期警戒管制機（E-767）または早期警戒機（E-2C）を常時東シナ海上空で警戒任務に従事させ、同時に護衛のための戦闘機と空中給油機も東シナ海上空にスタンバイさせ、航空総隊隷下の航空機を、那覇基地および新田原基地に集結する準備に入った。

　また、早期探知能力を向上させるため移動警戒隊を与那国島に展開するための土地収用等の準備、さらに宮古列島の伊良部島に隣接する下地島の3000メートル滑走路等を使用するための土地収用等の準備に入った。

自衛隊側から、東シナ海の初動の航空優勢を確保するために、米海軍の空母ジョージ・ワシントンの戦闘グループの支援を要求したが、防衛出動待機命令では困難である、しかし、インド洋に展開している別の空母戦闘グループおよび第3艦隊の空母戦闘グループが急きょ日本に派遣されているという回答を得た。

ここまでで、過去の国会答弁等を参考にした空想小説的な我が国対応を終わりにしたいと思う。

このあと中国人民解放軍の侵攻に伴い、本格的な日中の軍事衝突に発展していくことになる。そのときの戦闘の様相を述べる前に、懸念されるのは今後の防衛出動発動の時期である。

自衛隊法には「内閣総理大臣は、外部からの武力攻撃が発生した事態または武力攻撃が発生する明白な危険が切迫していると認められるに至った事態に際して、我が国を防衛するため必要があると認める場合には、国会の承認を得て、自衛隊の全部または一部の出動を命ずることができる」と規定されている。

その後の対応として、中国軍が東シナ海に向かっているというだけで、外部からの武力攻撃と認定できるのか、寧波などから東海艦隊が出港しただけで、武力攻撃が発生する明白な危険が切迫していると国会が承認するのか。

最悪の場合は、自衛官もしくは海上保安官に犠牲が出て初めて防衛出動が発動されるのではないかと懸念している。

2 日中の軍事衝突シナリオの1例

中国が軍事的侵攻を決意したことは、米国と戦うこともやむを得ないという決断がその裏にあると考えられる。

なぜなら、中国は尖閣諸島に上陸した武装工作部隊を見殺しにしないで支援するためには、軍事的衝突なしにはそれをなし得ず、軍事的衝突になれば日米安保条約が発動されると承知しているからである。

一方中国は、米国が参戦すれば厄介な戦いになることも承知している。したがって、できるだけ速やかに尖閣諸島周辺海、空域の優位性を確保することを作戦方針とすると考えられる。

そのため、沖縄の米軍基地に対して中距離弾道ミサイル（DF-3、DF-4、DF-21、DF-10など）により攻撃を行い、在沖米軍の無力化を企図すると考えられる。

また、第2列島線内においては、来援する米海軍、特に空母機動部隊を待ち受け、第2砲兵の対艦攻撃弾道ミサイル（ASBM：Anti-Ship Ballistic Missile）、潜水艦（商型、漢型、宋型、キロ型など）、ミサイル駆逐艦もしくはフリゲート（ソブレメンヌイ型、ジャンウェイII型、旅洋II型など）、戦闘爆撃機（Su-30、B-6など）などにより、空母機動部隊を牽制し無力化を図ると予想される。

また、第1列島線内では、尖閣諸島への補給線を確保するため、上記兵力に加え空軍戦闘機（J-10、Su-20など）により海上自衛隊および航空自衛隊兵

中国軍 DF-21

力を打破し、周辺海域の海上優勢と周辺空域の航空優勢を確保することを作戦目標とすると考えられる。

また、尖閣諸島を確保後は、機雷敷設によりわが方の接近を阻止すると予想される。

これら中国の侵攻に対して我が国は、防衛出動の発動を躊躇すると予想されるため、初動の戦いは米軍の参戦が得られず、単独対処を作戦の前提とせざるをえない。

また、沖縄や先島諸島の防衛、米軍基地および来援する米軍に対する支援などのため、一部の陸、海、空自衛隊の兵力を拘置する必要もある。

したがって、わが方は、手持ちの兵力を小出しにせず初動の作戦に大規模な兵力を投入し、緒戦において侵攻する中国軍を打破し、その後日米共同作戦により中国軍を壊滅する作戦方針をとるべきと考える。

このため、AWACSを含めた航空自衛隊の戦闘機（F-15、F-4EJ）およびイージス艦を中心とし

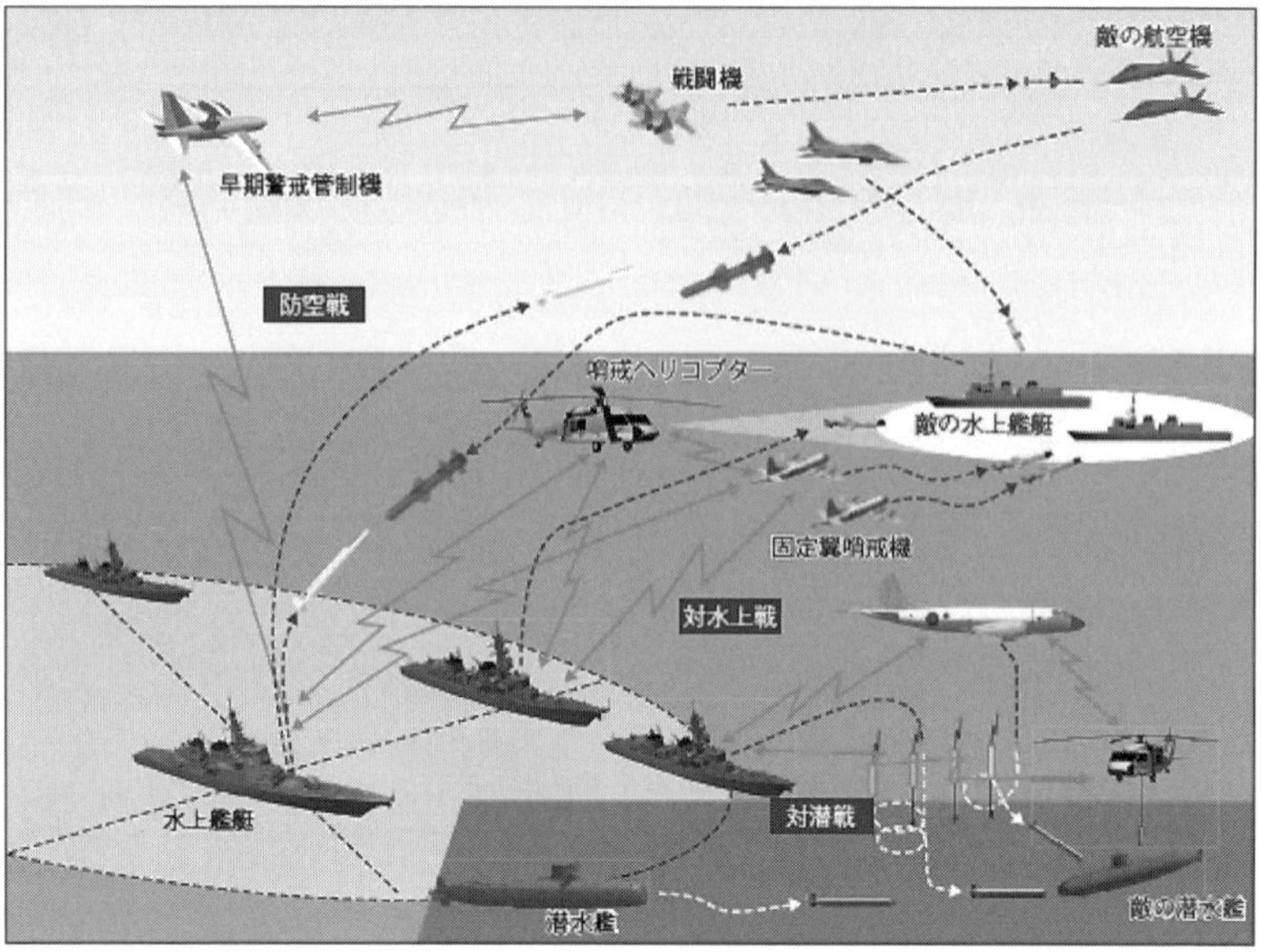

島嶼防衛 周辺海域のための作戦（出典：平成 24 年版「日本の防衛」）

た海上兵力の統合運用により航空優勢を確保する作戦を、護衛艦（イージス艦、DDH、DD）、潜水艦、支援戦闘機（F-2）、AWACS、P-3Cにより海上優勢を確保する作戦を行う。

わが方は、中国の海上輸送作戦を、潜水艦を中心とした兵力により阻止するとともに、航空優勢および海上優勢が確実になった段階で、陸上自衛隊（西方普通科連隊）を中心とした尖閣諸島奪回のための作戦を実施することとなる。

これらの作戦のイメージを平成24年「日本の防衛」から抜粋したものを上に示す。

中国と戦って日本は勝利を収めることができるのか。

大変興味のある、また重要な課題だが、無責任な発言に聞こえることは承知の上で、「これればかりはやってみないとわからない」としか言いようがない。

その理由は、戦闘は不測の事態の連続であり、時時刻々情勢は変化する。その情勢の変化に対応してタイミングよく作戦計画を変更し、目的を達成させることができる指揮官の連続した情勢判断能力に左右される部分が多いからである。

桶狭間《おけはざま》の戦いで、わずかの手勢しか持たない織田信長が今川の大軍を破った。また近くは、太平洋戦争におけるミッドウェイ海戦がその事情をよく物語っている。

したがって、ここでは、それぞれの戦闘を左右する要因のスタティックな状態の比較だけに止めておきたいと思う。

航空戦を左右する要因としては、航空機の性能・能力、搭乗員の技能・練度、早期警戒機を中心とする指揮管制システムの性能・能力、空中給油能力、部隊運用能力等々を列挙することができる。

特に、近代戦においては遠距離からのミサイルによる攻撃が主力であり、ドッグファイトの空中戦能力だけでなくE-2CやAWACSによる戦闘機を管制する能力が大きな役割を果たす。

航空自衛隊は、空中戦能力に加えてAWACS自体の能力およびそれを適切に運用して戦闘機を管制する能力は、中国と比較して優位であるといわれている。

また、尖閣諸島にいちばん近い中国南京軍区の福州空軍基地から尖閣諸島までの距離と、航空自衛隊那覇基地から尖閣諸島までの距離はほぼ同じであり、距離の優劣はない。したがって、これらの諸要因の優劣が勝敗を左右することとなる。

海上戦闘を左右する要因としては、艦艇の性能・戦闘能力、乗組員の技量・練度、情報・通信・指揮統制能力、部隊運用能力等々があげられる。

現代の海上戦闘は、日露戦争時の日本海海戦のように大砲の撃ち合いを中心にした戦闘ではなく、飛来する航空機やミサイル、敵の艦艇、水中の潜水艦の複合した脅威の下で、原則として1隻1隻の個艦として対応するのではなく、一つの任務部隊として与えられた局面（theater）を管制・制圧するために、それぞれの艦が役割を分担しながら複合脅威に対応する必要がある。

したがって、個艦の戦闘能力に加えて任務部隊としてのマスの戦闘能力の最大発揮が勝敗を左右するといえる。そのマスとしての戦闘能力の最大発揮に不可欠なものが、任務部隊の中に張り巡らされた情報、通信網と情報を処理するコンピュータ・システムである。

このシステムをC4ISR（Command Control Communication Computer Intelligence Surveillance and Reconnaissance：指揮、統制、通信、コンピュータ、情報、監視、偵察）というが、海上自衛隊は、米海軍との共同訓練等を通じて、C4ISRシステムの相互運用性を確保し、かつ、その運用能力を練磨しており、総合的な海上作戦能力は中国を凌駕していると予想される。

また、長年ソ連の潜水艦を追跡してきた我が国の対潜水艦戦の能力は米海軍が高く評価するところである。また、その教訓を我が国の潜水艦の建造と潜水艦作戦に反映させてきた。

したがって中国は、尖閣周辺海域における対潜水艦作戦あるいは潜水艦対潜水艦の作戦に苦労すると思われるため、中国の尖閣諸島への海上補給線は、海上自衛隊の潜水艦によって遮断される可能性が大と予想され、継戦能力に欠けると思われる。

魚釣島に上陸した特殊部隊は航空自衛隊の支援戦闘機による対地攻撃によりほとんどを制圧できるが、最終的制圧のためには陸上自衛隊西部方面隊普通科連隊（WAiR）が魚釣島に投入され、事態終結となる。

WAiRは米海兵隊に相当する陸上自衛隊の離島対処のための特殊部隊であり、毎年サンフランシスコ沖のサンクレメンテ島において離島奪回作戦訓練を米海兵隊と共同して行っている。その状況を次頁に示す。

日中間で本格的な軍事衝突となり防衛出動が発動

陸自日米共同訓練（写真提供：陸上自衛隊）

B2ステルス爆撃機

になれば、現状では米軍は必ず参戦する。その理由は次のように考えられる。

第1に、米軍が参戦しなかった場合、同盟に対する米国のコミットメントの信頼性が皆無となってしまう。世界中で米国の信用が失墜すれば、世界の秩序の維持が困難となり米国の国益の確保も難しくなると判断されるためである。

第2は、在沖米軍の保護のためである。中国も米軍の参戦は覚悟の上のことだから、宣戦布告に相当するメッセージの発信と同時に、中距離弾道ミサイル、あるいは戦闘爆撃機により沖縄の嘉手納基地などの米軍基地を攻撃し、米軍の支援を困難にする手段をとることは十分考えられる。したがって、このような状況を避けるため米軍は、自らの作戦として中国のミサイル基地や空軍基地を攻撃する必要があるためである。

また米国は、情勢がきな臭くなった段階で、中国のミサイル基地を攻撃できる態勢がとれるよう、たとえば、ステルスB2爆撃機をグアムに進出させ、中国本土のミサイル基地を即座に攻撃できる態勢を整えるとともに、中国に対して本土攻撃のメッセージを発信し、中国を牽制すると予想される。中国との武力衝突を避けるために、このようなことを日米共同作戦計画に盛り込むことも必要であると思う。

さらに私見だが、私は人民解放軍のロイヤリティ（忠誠心）に疑問を持っている。人民解放軍は読んで字の如く、中国共産党の軍隊であり、国軍ではない。そのため、軍艦に政治将校が乗艦し気を配っている状況である。軍艦に乗り組んでいる末端の兵隊は国のためではなく、中国共産党のために死ぬことができると思っているのであろうか。

戦闘状態に陥ったとき、海上自衛隊員とのこのギャップは大きいのではないかと予想している。垣間見た直接的な軍事衝突への対応において、いろいろ事態の対応に戸惑う場面が見受けられた。したがって、最悪の事態が起こらないように平素から尖閣諸島に上陸させない防衛体制を確実にすることが肝心である。

次項ではそのための方策をいくつか述べてみたいと思う。

3　中国の三戦に負けない我が国の発信力を

中国4000年の歴史の中に「孫子」の教えは脈々と受け継がれている。

孫子は、

「百戦百勝は、善の善なるものに非《あら》ず。戦わずして人の兵を屈するは、善の善なるものなり」

すなわち、

「百戦して百勝することは、用兵の極意とはいえない。武力を用いず敵の意図を未然に挫折させ我の意図を達成するのが最善の方策である」

といっている。また、

「故に、上兵は謀《ぼう》を伐つ。その次は交を伐つ。その次は兵を伐つ」

すなわち、

「戦争などの危急の事態に際して最善の策は、敵の企図を自ら放棄せざるを得ないようにさせることであり、次善の策は敵の同盟関係を絶つことである。これらの方策がとれないときは最後の手段として武力により敵を倒すことである」

と述べている。

この孫子の兵法を、そのまま地でいっているのが、中国の法律戦、心理戦、輿論戦の三戦である。中国は、三戦を駆使し「尖閣諸島は中国のものだ」というキャンペーンを積み重ね、我が国の尖閣諸島実効支配の意図を挫折させようとしている。

第4章でも中国の意見広告の例などを紹介したが、ここでは、中国の国営放送であるCCTVの輿論戦へのかかわりを紹介する。

CCTVは国益を確保するために、24時間世界に向けて中国語、英語、フランス語、スペイン語、アラビア語、ロシア語で、中国政府の方針に沿った放送を行っている。

中国は、CCTVが受信できるようにアジアの途上国から南太平洋の島々に無償でパラボラアンテナを寄贈している。

CCTVを通じて「尖閣は中国の領土」という主張を繰り返し放送するだけでなく、「戦後70年近くたつのに日本はいまだに過去の反省をせず、竹島や北方四島において多くの国と領土問題でもめている。そんな迷惑な隣人が近くにいることを忘れてはいけない」というメッセージを発信し続けている。

このような放送を真に受けて、日本の負のイメージが世界に形成されていけばおそろしいことである。

いまから十数年前の話になるが、台湾の太平洋諸島との国交樹立に対する中国の妨害を思い出す。

台湾は、国家として台湾を認めてもらおうと、太平洋諸島国に対する資金援助などにより現在、ソロモン諸島、マーシャル諸島共和国、ツバル、パラオ共和国、ナウル共和国、キリバス共和国と国交を樹立している。

かつてはトンガ王国とも国交を樹立していたが、中国の横やりにより1998（平成10）年国交を断絶している。

また、パプアニューギニアも国交を結ぶ直前の1999（平成11）年、中国は旧宗主国であるオーストラリアにパプアニューギニアが台湾を承認しないよう圧力をかけ、この話をつぶしてしまった。上記ＣＣＴＶの輿論戦により日本が第２の台湾にならないかと心配になる。

ところで、尖閣諸島をめぐる現況は、中国の海洋進出４段階の３段階目、つまり海軍力による実績作りの段階に入っている。

このような状況の下では、尖閣諸島に関して「領土問題はない」と中国を刺激することを避ける態度では、三戦に基づいた中国の尖閣キャンペーンを後押ししているようなものである。

慣習国際法の「黙示的合意」の形成に力を与え、中国の思うつぼになると思う。

尖閣諸島をめぐる中国の主張、行為を一つひとつチェックし、それらにことごとく反論すると同時に、国際社会が日本の主張を納得してくれるような日本のイメージの発信が非常に重要である。

幸いなことに、東日本大震災で多くの日本人が示した規律正しく他人を思いやる行動は、世界の人々の共感を呼ぶと同時に日本人を見直す契機となった。日本は信頼できる、あるいは日本人を友としたいというイメージを発信することは政府や外務省だけの仕事ではない。

日本の企業が、また日本人旅行者一人ひとりが、さらに国内にいる日本人の立居振る舞いが、そのイメージにつながることを自覚し、行動すべきである。

また外務省は、尖閣諸島領有の正当性をきちんと英文にして世界の主要都市のメディアに意見広告として発信するとともに、公的ネットメディアに掲載するだけでなく、海外のネットメディアを利用するキャンペーンを張り、我が国の正当性を発信すべきと考える。

4 すべての脅威のスペクトラムに備える

自衛隊はすでに多くの人が承知しているように、我が国の平和と独立を守り国の安全を保つため、我が国を防衛することが第1の任務である。

我が国の安全を保つためには、敵が攻めてきたときだけ我が国を防衛すればよいわけではない。

平時の安定した国際環境を構築する努力から有事における直接侵略まで、次頁の表に示すさまざまな事態や活動に対応できる機能と能力を確保しておく必要がある。

次頁の表は、事態が起こったときの影響（烈度）に応じた、いわゆる「脅威」のスペクトラムを示した表である。

この表の中で、たとえば烈度のもっとも高いスペクトラム、すなわち核攻撃は起こりそうにないから、それに対応できる機能は持つ必要がないと判断するのは誤りである。

ここに示される脅威のスペクトラムに対し、シームレスに、隙間なく対応できる機能を保持していることが大切である。そのことを如実に証明した過去の実例を紹介したい。

1995（平成7）年3月に発生したオウム真理教による地下鉄サリン事件は、シームレスに機能を保持していることの重要性を如実に示した事件であった。

旧陸軍の生物化学兵器部隊である731部隊に対する反感や教訓などから、陸上自衛隊化学学校の設

脅威のスペクトラム

区分	活動/事態区分	事態様相	烈度
平時	通常的業務	訓練	低
		情報収集	
	国際協力業務	防衛交流	
		国際緊急援助活動	
		国際平和協力（PKO）活動	
	民政協力業務	災害派遣	
	不法行動	シージャック等	
		不審船対処	
		海賊行為	
		公海上の示威活動	
灰色		EEZ 内不法活動	
		領海侵犯	
		テロ（サリン事件等）	
	地域紛争等の波及	周辺国の混乱	
		周辺国の紛争	
		難民の流入	
	間接侵略	威嚇・恫喝	
		騒乱	
		テロ（工作員の侵入等）	
有事	直接侵略	離島等の不法占拠	
		限定的侵攻	
		本格的侵攻	
		核攻撃	高

サリン除染作業
（写真提供：陸上自衛隊）

立およびそこにおいて生物化学兵器の研究（主として除染のための研究）を行うことに大きな反対があったと聞いている。

もし、反対の声に応じて生物化学兵器に対応する機能を陸上自衛隊が保持しておらず機能的に欠落状態であったならば、地下鉄サリン事件に対して自衛隊も、警察も、消防も除染に関する能力を持ち合わせていない状況だった。

つまり、日本中どこを探してもサリンを除去できるノウハウが存在せず、手探りの状態で対応することとなり、事態収拾までに多くの時間がかかり、被害はさらに拡大していたと予想される。

また、各スペクトラムに対応する機能をどの程度の質で、どのくらいの量、確保すべきか、すなわち、能力は、その時々の情勢に応じて変わってくる。

現在の東シナ海の情勢では、表内の「離島等の不法占拠」に対応する能力を高めるとともに、尖閣諸島に接近させない能力、すなわち、「公海上の示威行動」、「EEZ内の不法活動」、「領海侵犯」などが生起しないような国をあげた防衛態勢を整備し、対応能力を高める必要がある。

そのような態勢の整備には、ハードウエアとしての自衛隊、海上保安庁の装備の整備だけではなく、海上自衛隊や海上保安庁が部隊運用を円滑かつシームレスに実施できるソフトウエア、すなわち制度の整備も必要である。

では、具体的に何を整備すればよいのかを次項で考えてみたい。

5 日米同盟の強化

フォークランド紛争型の尖閣諸島侵攻を中国に断念させるために、また、中国の東海艦隊が太平洋への進出路としている宮古水道（宮古海峡、宮古水道という名称はないが、次頁図に示す沖縄本島と宮古島間の海峡）を扼する宮古列島および沖縄本島に対しての侵攻を抑止するために、日米同盟は必要不可欠の同盟である。

その根本的な理由は、前章の「紛争を抑止する力」で述べた米国の核戦力にある。そのために決して米軍を沖縄から撤退させてはならないと考える。

沖縄と核戦力がどのようにつながるのか疑問を持つ人もいるかもしれない。また、沖縄に秘密裏に核兵器が存在するためではと疑っている人もいるかもしれない。でも、それはまったくの見当違いである。その理由は大きく二つある。

一つは、在沖米軍の存在が我が国周辺諸国に対する日本有事の際の米軍の核の傘を含めた、コミットメントの証であるためである。在沖米軍基地は中国の弾道ミサイルの攻撃圏内にある。米国の一部の識者は、そんな危ないところにいるよりグアムやハワイに下がったほうがよいと提唱する人もいる。

逆説的な表現をすれば、在沖米軍人質論――中国の核攻撃の射程内の沖縄に米軍がいることは、日本人にとって人質をとっていることに等しいという冷戦時代在独米軍に適応された理論――が成立する。

ともあれ、それでも沖縄に米軍が駐留する理由は、

「米国はいざというときに核の報復を含め日本を守る意思がある」ということを表明するためである。

二つ目の理由は、中国が第1列島線内をA2(Anti-Access) 接近阻止戦略により中国の内海にしようとするとき、沖縄の地政学的位置がそれを妨害しているためである。

宮古水道（出典：外務省ホームページ）

中国海軍の太平洋への進出路を扼するという位置だけではない、台湾有事の場合、米軍のアクセスを容易にする位置にあり、日米安保条約第6条に示す極東の安全に米国がコミットメントするという意思表示でもある。

現在の日米同盟における最大の懸案は、普天間基地移設問題である。

沖縄の負担軽減を狙った現実的な選択肢である辺《へ》野《の》古《こ》地区への移設を実現するために、沖縄県人の痛みの代償として沖縄が経済的に発展するような、たとえばハブ港設置による特別区の設定などの施策を推進し、蟻の一穴から日米同盟が崩壊することのないようにしなければならない。

2013年3月21〜22日に統合幕僚長と米太平洋軍司令官がハワイにおいて会談し、尖閣諸島有事に関する共同作戦計画を作成するとの表明があった。

これは明らかに中国に対するメッセージであり、また米軍のコミットメントの証でもある。

一つ気になることは、8月までに作戦作業を終えると伝えられていることである。なぜ8月までなのか。

過去の日米共同作戦計画の策定には相当の期間を要した。それをわずか半年足らずで完成させるということは、この夏以降の変化の兆候をとらえているのかもしれない。

あるいは、すでにある統合作戦計画を下敷きにすれば、それほど期間が必要なく完成できると見積もっているのかもしれないが、いずれにせよ事態が切迫していることを予感させる。

6 海上自衛隊と海上保安庁によるシームレスな運用

尖閣諸島の防衛は、常日頃から連綿と実施される領域保全活動が中心であり、直接的な防衛活動のみで成り立っているわけではない。

平時からグレーの情勢における領域保全活動は我が国の法執行機関である海上保安庁が中心となった活動により支えられている。

その状況や問題点は、前章の「紛争に対処する海上保安庁、海上自衛隊」に述べたとおりである。もう一度おさらいをしてみると問題点は大きく三つある。

一つは、我が国は国境を接する国柄ではない。したがって、領域保全、すなわち領域に対する警備と

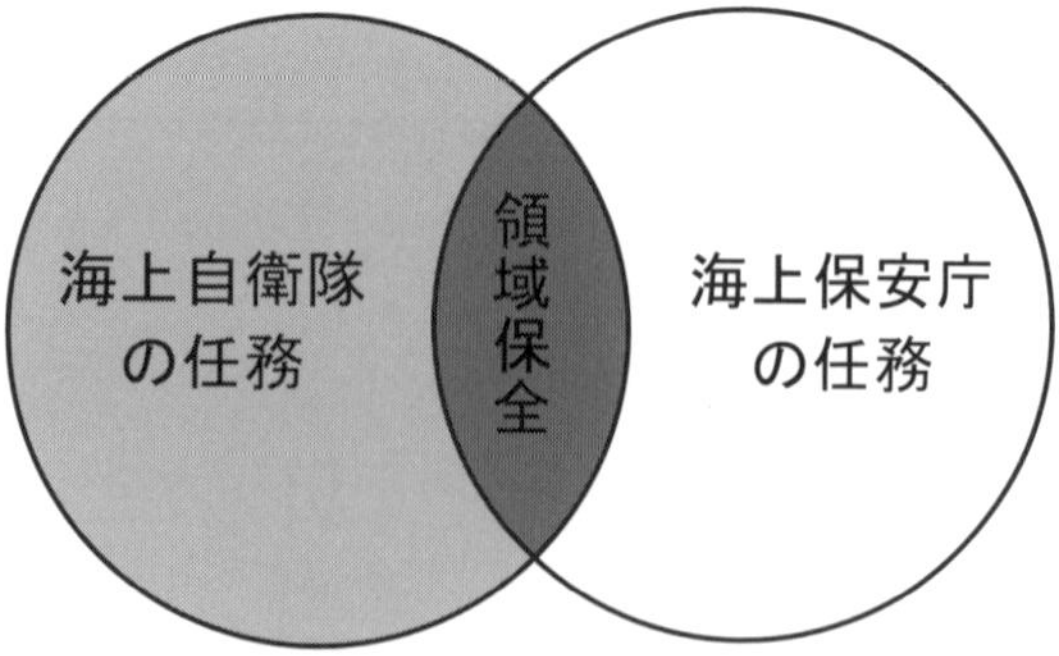

海上自衛隊と海上保安庁の任務分担

いう概念が希薄である。

現状それが唯一機能しているのは、空域に対する警備である。「防空識別圏」を設け、そこを越えて侵入してくる航空機に対しては自衛隊法により航空自衛隊が「対領空侵犯措置」がとれるよう法的にも整備されている。

ところが海上においては、空域に関するほどの制度は確立されていない。能登半島沖の不審船対処では、現有する法律を間に合わせに適応せざるを得ない状況だった。一種の別件逮捕ということもできる。

したがって、防衛出動の発動には至らない程度の領域侵害に対して、その侵害が私船によるものであろうと公船によるものであろうと、単純な領域侵犯を越えるいずれの侵害に対しても、適切に対応ができるよう海上における領域保全に関する法律の制定が必要である。

二つ目は、領域保全は、警察作用と主権の侵害の中間にあたるグレーの段階での行動であり、警察官職務執行法を準用していた武器使用の範囲も、その概念に適した範囲に改定すべきである。先に、空域に対する警備は海域に対する警備より法的にも整備されていると述べたが、現状、次のような不具合がある。我が国の「防空識別圏」に侵入した不明機に対して航空自衛隊がスクランブル機により対処しているが、スクランブル機は必ず2機以上で発進していく。これは、「対領空侵犯措置」における武器の使用も「警察官職務執行法」の準用により、「緊急避難」、「正当防衛」時のみに使用範囲が制限されているためである。したがって、相手からの攻撃により僚機が被害を受けて初めて武器の使用が可能となる。2機編隊の1機は、犠牲になるためにスクランブル発進をしている現状である。

本来、外国の戦闘機や軍艦などの国家による不法行動等に対しては、何度も述べているように、警察権の行使ではなく安全保障に立脚した我が国としての毅然たる処置が必要である。国際法上も軍隊には安全保障上障害となる行動に対して、自国の武力を背景とした対応が認められており、諸外国は、すべてそれらの対応を自衛権の範囲としている。我が国も、防衛出動のみが自衛権の発動ではなく、防衛出動に至らない諸外国による国としての不法行動等に対しても、自衛権の対応の範疇とする「マイナー自衛権」を認めると同時に、ROE（Rules of Engagement）により国家として適切な武器使用の範囲をコントロールすべきである。

三つ目は、前者と関連するが、上述した領域保全に関して海上保安庁と海上自衛隊がシームレスに領域警備を実施できるような態勢を確立することである。これを概念図で表すと前図のようになる。

海上自衛隊と海上保安庁のそれぞれの任務が重なり合う部分が領域保全にかかる任務である。

それ以外の部分（重なり合わない部分）は、海上自衛隊の固有の任務である主権の侵害に対する対応（防衛任務）であり、海上保安庁の固有の任務である警察作用となる。

現状は、平素の状態では二つの円は交差することなく独立して別々の円として存在している。海上における警備行動が発令されれば海上自衛隊の円は、海上保安庁側に近づき重なり合う部分が生じ、共同して対処が可能となるが、発令が取り消されれば、また分離し交わることはない。

一見それで何の不都合もないように思えるが、海上における警備行動の発令によって初めて二つの円が重なり合うことが問題なのである。

平素から前図のような概念とはなっていないため、シームレスな運用ということはできない。シームレスな運用とは法的多重構造により海洋権益を確保しようとする我が国のアセット（資産）の運用といえる。また、重なり合う部分も、上述したように自衛権の発動の一部「マイナー自衛権」としてとらえ、海上自衛隊だけでなく、海上保安庁にも当然その概念を適応し、武器使用の範囲も国家として同様にコントロールすべきである。

7 自衛権発動等の見直し

第1項において観察されたように、尖閣諸島に隠密裏に上陸した武装工作員を特定すること、すなわち、上陸した人物あるいは集団がどこの国のものなのか、民間人なのか、目的は何なのか等々を特定することはなかなか困難である。

現状では、上陸という事実だけで我が国に対する武力行使と判断することはできない。したがって、武装工作員などの上陸に対しても警察機関が第一義的に対処することになり、その後の様相に応じて自衛隊が対応することとなる。

自衛隊が対応することとなる自衛権の発動については、第4章で述べたように、

①　我が国に対する急迫不正の侵害があること、

②　これを排除するために他に適当な手段がないこと、

③　必要最小限の実力行使にとどまるべきこと、

以上の3要件を満足することが必要である。

また、自衛隊法で「外部からの武力攻撃」に対して防衛出動を発令できると定められているが、想定する「外部からの武力攻撃」とは「他国から我が国に対する計画的、組織的な武力攻撃」とされている。

したがって、武装集団が尖閣諸島に上陸したことだけで、「窮迫不正の侵害および中国からの組織的な武力攻撃」と現状の政府解釈ではすんなり認めることにはならない。

そのため、政府内あるいは国会で激論が交わされ、防衛出動発動のタイミングを失することになると予想される。

これらの要件に関する現状の政府解釈は、冷戦時代の残滓《ざんし》といえる。

すなわち、現行の解釈は、ソ連による我が国への限定的小規模侵攻に対する独力排除を念頭においた基盤的防衛力構想のもとに1976（昭和51）年最初に作成された防衛計画の大綱を基本とした内閣法制局の見解である。

その後、大綱は3回の改正が行われ、現在では「基盤的防衛力構想によることなく、動的防衛力を構築する」方針に変更されている。防衛計画の大綱の改正と整合し動的防衛力の円滑な運用ができるよう、従来の内閣法制局の見解を改め、政府主導により適切な時期に発動できるようにする必要がある。安倍首相のリーダーシップが期待されるところである。

8 警戒・監視体制の強化

尖閣諸島防衛の要諦《ようてい》は、尖閣諸島に外国人を上陸させないことである。そのためには上陸を企図する艦船などの動向を早期に探知、収集できる体制を整備することが大切である。

自衛隊の南西諸島の警戒・監視体制は平時、主として海上自衛隊および航空自衛隊により実施されている。

海上自衛隊は、P-3C哨戒機により東シナ海を1日1回飛行し、航行する多数の船舶の状況を監視している。

また、護衛艦も中国を刺激しないよう、海上保安庁の巡視船艇が監視している海域から少し離れて警戒・監視活動を行っている。

海上保安庁の巡視船と一緒になって警戒・監視活動を行えばよいのではと思われるかもしれないが、護衛艦が直接現場で活動すれば、中国も海軍艦艇を出して対抗してくる。

つまり、海上保安庁の法執行機関の活動から、軍の活動にエスカレーション・ラダーが1段階あがったことになり、偶発的事故が生じたとき、それが直接的な武力衝突に発展する可能性もある。

したがって、平時、エスカレーション・ラダーを我が国のほうからあげ、中国に対抗するトリガーを与えないようにする配慮から、遠巻きに警戒・監視を行っているわけである。

ところで、なんらかの兆候を得た場合は、追加の

海監 Y-12（写真提供：統合幕僚監部）

下地島飛行場（写真提供：沖縄県）

P-3Cを現場に派遣し、常時最低1機を現場上空で監視作業に従事させる体制がとられている。

　また、派遣されたP-3Cがなんらかの探知、あるいは発見をしたときは、護衛艦にも出動が命じられ、現場に急行しP-3Cと空水協同の警戒・監視体制をとっている。

　航空自衛隊は、南西諸島に4か所（沖永良部島《おきのえらぶじま》、久米島、宮古島、沖縄本島の与座岳《よざだけ》）のレーダーサイトを設置している。なかでも宮古島の部隊には、大韓航空機撃墜事件で有名になった敵の電子情報を傍受、分析できる電波測定装置が装備されている。

　これらのレーダーサイトにより常時、東シナ海の防空識別圏を越えて侵入する航空機を監視している。

　しかし、2012（平成24）年12月中国国家海洋局所属のY-12航空機が、尖閣諸島上空において領空を侵犯した事案が発生した。

　現場の巡視船から情報を得た航空自衛隊は、航空自衛隊那覇基地などからスクランブル機を緊急発進させ対処したが、Y-12はすでに飛び去ったあとだった。

　このときのY-12は60メートルの低空で進入してきたといわれている。陸上のレーダーサイトは低空で進入する航空機を探知することは難しく、この事案以降、早期警戒機（E-2C）または早期警戒管制機（E-767）が東シナ海上空を定期的に飛行することとなった。

　また、Y-12の領空侵犯により、尖閣諸島に対する中国の対応のレベル（第4項で示した脅威のスペクトラム）が1段高くなったと見積もれる。

　航空自衛隊は、E-2Cを17機、E-767を4機保有しているが、航空自衛隊は他の空域においても警戒監視を行う必要があり、東シナ海に常時1機滞空させるには十分の数とはいえない。

　したがって、早期警戒機を十分な機数整備することが必要だが、それまでの間、哨戒ヘリコプター搭載の護衛艦を尖閣諸島周辺海域の中国海軍を刺激しない海域に展開させ、搭載した哨戒ヘリコプターのレーダーによる空域監視の補完を行うべきと考える。

東シナ海の早期警戒機による空域監視は、基地から遠ければ進出に時間がかかり、現場における滞空時間も少なくなる。したがって、その分多くの機数を確保しておく必要がある。

そこで、できるだけ現場の近いところに基地を整備すれば、それだけ運用が楽になる。

その第1の候補地が、宮古列島の下地島である。下地島は、尖閣諸島まで約200キロ（那覇からは約300キロ）の位置にあり、3000メートルの滑走路を持つ飛行場がある。

この下地島空港は1979（昭和54）年、民間パイロットの養成訓練用として供用が開始され、現在も使用されている。

1980（昭和55）年南西航空が、YS-11の定期便を就航させたが、1994（平成6）年、運休となり、現在定期便の離発着はない。

飛行場内には航空機を駐機するスペースも十分あり、また安全な運行に必要かつ十分な航法援助施設が存在する。

航空自衛隊は、かつて下地島飛行場を有事の際、作戦用航空機を事前展開し、燃料、弾薬の補給、宿泊ができる作戦根拠基地として使用する方針であったと聞いている。

今後は、作戦根拠基地としてではなく、是非常設の航空基地として活用し、運用の柔軟性を向上させるべきと考える。

第1項において、P-3Cの尖閣諸島上空の飛行について自衛艦隊司令部においてP-3Cの安全確保について論議があったと紹介した。

敵の存在する上空を飛行し安全に情報を入手する手段として無人偵察機を保有していれば、人命を損傷することなく必要な情報を入手することができる。

次頁の写真は、ソマリア沖の海賊対処で活用されているスキャンイーグルと呼ばれる無人偵察機の改

スキャンイーグル

久松五勇士記念碑（写真提供：宮古島市）

良型である。24時間以上の滞空時間があり、スカイフックと呼ばれる装置で捕捉して着艦、収納する簡便な無人偵察機であり、護衛艦に装備し、活用すべきと思う。

防衛省は２０１１（平成23）年９月、付近を航行・飛行する船舶や航空機の各種兆候を早期に察知するために、与那国島に陸上自衛隊沿岸監視部隊の設置および航空自衛隊の移動式警戒管制レーダーの展開を決定した。当初、与那国町との間で所要の土地の取得について経費の見積もりに差がありすぎ、合意が得られていなかったが、最近の報道によると、町側が補償金の要求を取り下げたと言われる。円満、迅速な解決が望まれるところである。

そもそも先島諸島の宮古島には、久松五勇士の献身的な努力が語り継がれている。久松五勇士とは、宮古島の勇敢な5人の漁師を称えたものである。

日露戦争当時宮古島沖において、ロシアのバルチック艦隊の目撃情報が付近で操業中の沖縄漁民から宮古島にもたらされた。国の命運を握っている貴重な情報を何とかして電信設備のない宮古島から120キロメートル以上離れた石垣島まで伝えたいと、久松の5人の漁師は、クリ舟を漕いで荒波を乗りきり任務を果たした。

石垣島から電信により東京の大本営にこの情報は伝えられた。

当時、バルチック艦隊が対馬海峡を通りウラジオストック港に入るのか、それとも津軽海峡を通り同港に入るのかは、待ち受ける連合艦隊にとって一大問題だった。

残念なことに久松五勇士の情報は、信濃丸からの発見通報にわずかに遅れてしまったが、当時の沖縄、先島諸島の人々は、国家の危機意識を共有し、それが久松五勇士の行動になったものと思う。

与那国島の人々も、先人と思いを一つにし、国家の危機意識を共有し、立ち上がってほしいと希望する。

9 統合運用体制の拡充

尖閣諸島を含む離島の防衛作戦は、陸、海、空自衛隊がそれぞれ単独で実施する作戦ではない。現代戦は、航空優勢の確保をめざすことから始まるが、これは、航空戦闘だけが行われることを意味しているのではない。

たとえば、将来の話になるが、中国海軍の空母機動部隊が航空優勢を確保しようと進出してくれば、航空機対航空機の航空戦だけでなく、空母対水上艦、潜水艦、航空機の立体的な戦闘により双方が航空優勢の確保を求めて戦うことになる。

また、長崎県佐世保市に所在する離島奪回作戦に特化した陸自西方普通科連隊の尖閣諸島への移動は、海上自衛隊および航空自衛隊が統合輸送として行う。

このように、特に離島防衛作戦は、陸、海、空自衛隊を束ねた統合作戦が必要とされる。

我が国は、2006（平成18）年から本格的な統合運用体制に移行した。

陸、海、空の各幕僚長はフォース・プロバイダー（兵力の提供者）として、フォース・ユーザー（兵力の使用者）である統合任務部隊指揮官（たとえば、陸上自衛隊の各方面総監、海上自衛隊の自衛艦隊司令官、航空自衛隊の航空総隊司令官など）が必要とする部隊を提供する役割に徹し、統合幕僚長は防衛大臣を補佐し、いろいろな事態に対する事態対処計画を作成し、そのための統合訓練を実施し、いざというときには、防衛大臣の命令を執行し統合任務部隊指揮官

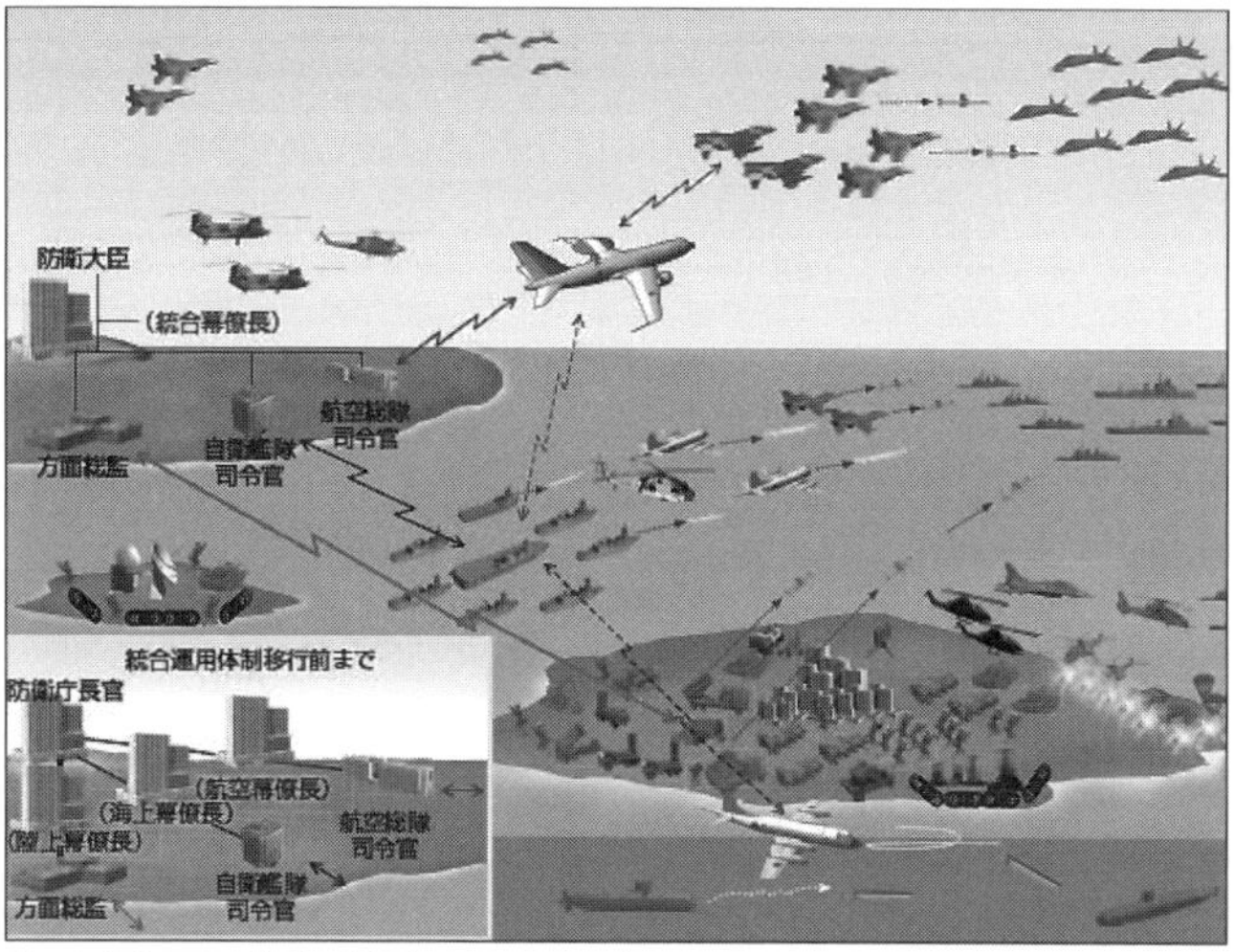

注：各幕僚長は、部隊の指揮官ではないが、防衛大臣を軍事専門的観点から補佐する立場にある。統合運用体制移行前は、自衛隊の運用に関する防衛大臣の命令は、陸・海・空各幕僚長を通じて執行されていたが、統合運用体制移行後の現在は、自衛隊の運用に関する防衛大臣の命令は統合幕僚長を通じて一元的に執行される。

統合運用体制における事態対処（島嶼部に対する攻撃への対応を例とした場合のイメージ図）
（出典：平成24年版「日本の防衛」）

を通じて我が国の安全を確保する。

防衛白書から抜粋した自衛隊の統合運用のイメージは、上図のとおりである。

円滑、実効的な統合運用が実施されるためには、解決しなければならないいくつかの課題がある。

その第1は、陸、海、空自衛隊はそれぞれ独自の文化を持っていることである。

それぞれの自衛隊はすでに半世紀以上の歴史があり、その間に固有の文化が根付いてしまっている。たとえば、海上自衛隊は、戦後海上交通の保護に特化した兵力整備と部隊運用を行ってきた。その中心は、対潜水艦作戦（対潜戦）である。

対潜戦は、潜水艦を撃滅するためにさまざまな手段による効果の積み重ねにより、敵の企図をくじく作戦である。このため、当然長期間の戦いを余儀なくされ、そのための配慮が必要になる。

一方、航空自衛隊の主作戦は、本土防空作戦である。来襲する敵機を迎撃し、敵、もしくは味方の航

C4ISRのイメージ（写真：インターネットより転載）

空機が消耗すれば、そこでゲームオーバーとなる。したがって、戦争の期間はせいぜい数か月の短期決戦となり、空中戦闘（ドッグファイト）でいかに敵を倒すかが最優先される。

また、陸上自衛隊は、国内での戦闘を余儀なくされる。したがって、地元住民を保護しながら敵と戦うことになる。また、自分の目の前で敵を殺傷する海、空にはない戦闘の現実味を肌で感じることとなる。

このため、武器の使用に関しては慎重で、海、空に比較して高いハードルを設定しているように感じる。このようなことが一因となって半世紀以上の間にそれぞれの自衛隊の文化にまで昇華されてしまっている。

また、その文化に基づき用語の違いも顕著である。たとえば、海上自衛官は「防空」といえば、「洋上防空」を即座にイメージするが、航空自衛官は、「本土防空」をイメージする。

このような文化の違いを克服することは、容易なことではないが、相互理解を浸透させ、統合訓練により一つひとつ地道に解決するより方法はないように思われる。

あるいは、軍事を理解した政治の主導により、大ナタを振るう必要があるのかもしれない。

第2は、作戦を統制するC4ISR（Command Control Communication Computer Intelligence Surveillance and Reconnaissance：指揮、統制、通信、コンピュータ、情報、監視、偵察）システムの構築についてである。

この課題には二つの側面がある。

第1の側面は、陸、海、空自衛隊間におけるC4ISRシステムの構築である。

第2の側面は、日米共同作戦を実施する際の、米軍と自衛隊間のC4ISRの構築である。

この両方の側面を満足するC4ISRシステムの構築とは、乱暴な言い方を承知の上で一言で表現すれば、「指揮官から一兵卒に至るまで同一の共通した作戦に関する情報画面（COP：Common Operational Picture）を共有すること」といえると思う。

海上作戦を例に具体的例を紹介すると、尖閣諸島周辺で作戦を実施している1隻、1隻の護衛艦の戦闘指揮所（CIC：Combat Information Center）のいろいろな画面に映っている敵、味方の位置や進路、兵力の状況、武器、弾薬の使用状況等々を表す情報と同等の映像情報等を上空のAWACSや統合任務部隊指揮官、統合幕僚長等が共有することである。

また、留意すべきことは、このようなコンピュータとコンピュータを結んだ情報交換および共有（これをデータリンクと呼ぶ）が、陸、海、空の誰が統合指揮官になっても、また陸、海、空の協同作戦をする部隊間で、さらに、米軍との間で適切にネットワークとして構築されていることが必要である。加えて、その内容が敵に知られないように暗号化され、秘匿されており、サイバー攻撃に対する抗耐性を備える必要もある。

防衛省・自衛隊は、共通のネットワークである防衛情報通信基盤（DII：Defense Information Infrastructure）の整備により自衛隊内でクローズされる隊内ネットワーク（イントラネット）と部外と連接するいわゆるインターネットの2つのネットワークを構築し、作戦に関連する情報を取り扱うネットワークと監理的業務に使用されるネットワークを分離し、イントラネットに対するサイバー攻撃を受けにくくしている。

先に説明したCOP情報を護衛艦や、潜水艦、P-3CやAWACSなどの航空機の移動体と陸上の司令部間で共有するためには、陸上ネットワークであるDIIクローズ系イントラネットと移動体（護衛艦や航空機など）間が適切に連接されている必要がある。

また、現場で作戦を行う移動体（たとえば、艦艇群内の各艦艇間あるいは艦艇群と航空機間など）の相互間が同様に、適切に連接されている必要がある。

現在、陸上と移動体間は、衛星通信を利用して連接されているが、その余裕度がなく窮屈な運用を強いられている状況である。

したがって、回線容量の拡大のために、現在利用している衛星を再構築するとともに、新たな衛星による通信帯を確保する必要がある。同時に、海外派遣の自衛隊の部隊は、全世界において、たとえば海賊対処活動を行っているソマリア沖、アデン湾においては、現有している自前の衛星通信を覆域の関係で使用できないでいる。したがって、全世界における衛星通信の確実な運用が可能な自前の衛星を確保する必要もある。

さらに、これらの移動体（艦艇、航空機、潜水艦）あるいは移動体で構成される任務部隊の司令部と米軍の間のネットワークが適切に構築されている必要がある。この方面では、米軍は一歩も二歩も進んでいる。

米軍には、COTS（Commercial Off The Shelf：既成のコンピュータやソフトウエア）とマイクロソフトWindowsを利用したCENTRIXS（Combined Enterprise Regional Information Exchange System：汎用世界連合情報交換システム）という有志連合の国々との間で運用されているC4ISRシステムがある。

これは過去2度のイラク戦争や、アフガン戦争、海賊対処などでも使用されている。このシステムを陸、海、空の各自衛隊および統合幕僚監部において活用できるようにすべきである。

米軍との共同作戦計画の策定と同時に陸、海、空自衛隊と統幕においてCENTRIXSの整備を図る必要がある。

10　信頼醸成の促進

2013（平成25）年2月に防衛省は、中国海軍の艦艇から海上自衛隊の哨戒ヘリコプターおよび護衛艦が射撃用レーダーの照準を受けていたと公表した。

一般に軍艦に装備されているレーダーは、航海用、捜索用、射撃用の3種類ある。航海用レーダーは一般の商船が装備しているものと大きな違いはなく、航海中の衝突防止などに使用される。

捜索用レーダーは、自艦のまわりの艦艇、航空機、ミサイルなどを捜索するためのレーダーである。射撃用レーダーは、通常捜索用レーダーで捕捉した目標を砲やミサイルで攻撃するための照準用のレーダーである。

したがって、射撃用レーダーは航海用あるいは捜索用のレーダーと異なり、目標に対する精度が要求されるため、必然的に他のレーダーより高い周波数を使用している。

一般に軍艦に装備されている電波探知装置は、これらのレーダー波を受信し、周波数の違いを瞬時に判別することができる。高い周波数の探知は、敵から照準を合わされていることを意味している。

したがって、中国海軍の艦艇が射撃用レーダーを海上自衛隊の護衛艦に照射したことは、敵に狙われていることを意味し、まかり間違えれば、お互いを交戦に導く極めて危険な行為である。

このようなことがたびたび起これば、それだけ偶発的な発砲などが起こる確率も高くなり、そのような偶発的な事故防止の仕組みを日中間で整備することは、大変緊急かつ重要な課題といえる。

日中間では、1997（平成9）年12月に最初の防衛当局間（次官級）協議を東京で開催し、当初から日中防衛当局間の連絡メカニズム設置を協議課題の一つとして取り上げてきた。

1999（平成11）年の第2回協議以降は、海上連絡メカニズムの設置について協議することとされたが、その後の日中間のいろいろな事案の発生に左右され、具体的な進展はなかった。今回のレーダー照射を受けて、2013（平成25）年4月26日北京において第10回の協議を行うために防衛省防衛政策局長が中国に赴いた。

このように日中間でもお互いが信頼醸成の必要性を感じ、細い糸ながら協議が継続されてきている。

しかし、現状では偶発的な事故を防止するには十分とはいえない。今後日中の双方は、次の2点を中心に具体的な信頼醸成メカニズムを構築するべきである。

第一は、「海上事故防止協定（INCSEA：Incident at Sea）」の締結を目指すべきである。現在、日中間で協議が進められているのは、「海上連絡メカニズム」の構築である。これをわかりやすい言葉でいえば、海上における両国の艦船（公船）の間で緊急事態や異常な事態などが発生した場合、これを国家間の衝突にしないよう両国の担当部署の間でホットラインを設置しようという協議である。

これには役所の間だけではなく、現場における艦船間のホットラインも想定されているようである。これは、これで意義のある信頼醸成の第一歩だが、これだけでは不十分である。偶発事故防止を目的とするならば、さらに一歩進んで「海上事故防止協定」を双方で締結すべきである。

冷戦華やかなりし時代に、海上自衛隊は我が国周辺海域においてソ連艦艇の監視に従事していた。あるとき監視のためにソ連艦艇の近傍を対潜哨戒機（当時は、Ｐ-２Ｊ型航空機）が飛行していると、ソ連艦艇の大砲がＰ-２Ｊのほうを指向し、搭乗員は肝を冷やしたことがあった。

ソ連の崩壊後の１９９３（平成５）年我が国とロシアとの間で、冷戦時代Ｐ-２Ｊが遭遇したことなどを教訓に「海上事故防止協定」が締結された。

この協定の重要なところは、包括的な協定ではなく、偶発事故を防止するために具体的な取り決め、たとえば、両国の艦艇が接近したときには、お互いに砲を相手に指向しない、射撃用レーダーを照射しない、ヘリコプターは一定の距離以上接近しない、危険物を放射しない等々の具体的な取り決めが協定に盛り込まれ、これらを双方が順守することで偶発的な事故を防止していることである。

我が国と中国の間でも、「海上連絡メカニズム」の構築で終わることなく、このような具体的な順守事項を盛り込んだ「海上事故防止協定」を是非早期に締結すべきである。

第二は、第2章で述べたように、中国では海軍艦艇の外に「五つの龍：Five Dragons」と呼ばれる海上法執行機関が存在し、尖閣諸島海域でも「海監」および「漁政」の艦船の活動が活発化している。

２０１１（平成23）年3月中国のヘリコプターが監視中の護衛艦「さみだれ」に水平70メートル、垂直40メートルまで異常接近した事象が発生したが、このヘリコプターは海軍のヘリコプターではなく、海上法執行機関の一つである国家海洋局に所属するヘリコプターであった。

中国との間で、海上連絡メカニズムあるいは海上事故防止協定を締結する場合は、このように海軍とだけ締結してもアンバランスとなる。

海軍およびすべての海上法執行機関とこれらを締結しなければ、実効性が確保できない。

中国独特の統治機構、すなわち中国共産党、中央軍事委員会、政府機構がどのように関係し合っているのか不透明な状況で、どこを窓口として交渉をすればよいのか、また、締結された事項が末端まで徹底するのか疑問に思われるところがある。

幸いなことに、2013（平成25）年3月の全人代において「国家海洋委員会」なるものが新設され、海上法執行機関の相互連携と統合的運用を目指しているようにも見受けられる。今後、政府間でこのような交渉を行う場合は、中国の統治機構の特質を十分踏まえて、実効性が確保できるように中国の保証を取り付けるべきと考える。

おわりに

西暦が20世紀から21世紀に変わろうとする頃、ハワイにおいて米太平洋軍司令部との会議に参加した。

このとき隣に座った太平洋軍の高官は、「ソ連を封じ込めるために経済的にも、時間的にも大変なコストがかかった。我々は今後中国に対して封じ込めの方針はとらない。我々は、中国が世界の中で役割を果たすよう関与していく方針だ」という趣旨の話をした。

ちょうどこのころ、クリントン政権は中国に対して「関与と拡大：Engagement and Enlargement」政策を打ち出した。米太平洋軍高官は、その背景を説明してくれたように思う。

いま、そのときのことを振り返って現状を眺めてみると、なかなか思うように進展していないもどかしさを感じるが、この方針を捨てて、いまさら中国を封じ込めることはできない。

なぜならば、世界の多くの国々が中国とのかかわりを持ち、そのかかわりが世界を動かす原動力の多くを占めているためである。

逆に、中国も世界とのかかわりなしには生きていけない。中国に大国としての「ノブレス・オブリージュ」を果たすように世界の国々が働きかけることが大切である。

中国自身が「ノブレス・オブリージュ」を自覚するまで、我々は、右手で握手しながら左手で拳を握って中国とつき合わざるを得ない。尖閣諸島問題対応の基本も、この姿勢を忘れてはならない。

監修者・執筆者プロフィール

夏川和也（なつかわ・かずや）
第22代統合幕僚会議議長、水交会第14代会長
昭和15年、山口県生まれ。元海将
昭和37年、防衛大学校卒業（第6期、電気工学専攻）、同年海上自衛隊入隊
昭和62年3月、海上幕僚監部総務部総務課長
昭和63年12月、航空集団司令部幕僚長
平成2年3月、第1航空群司令
平成3年3月、海上幕僚監部人事教育部長、平成4年6月、教育航空集団司令官
平成6年7月、佐世保地方総監、平成8年3月、海上幕僚長
平成9年10月、統合幕僚会議議長、平成11年3月、退官
平成22年6月、財団法人（現、公益財団法人）水交会理事長、平成24年6月、同会長

岡 俊彦（おか・としひこ）
昭和22年、山口県生まれ。元海将
昭和45年、防衛大学校（第14期、基礎工学Ⅰ専攻）卒業。同年海上自衛隊入隊
平成6年7月、統合幕僚会議事務局防衛計画調整官
平成7年6月、舞鶴地方総監部幕僚長
平成8年7月、海上幕僚監部管理部副部長
平成10年7月、統合幕僚会議事務局第5幕僚室長
平成13年1月、補給本部長、平成14年8月舞鶴地方総監、平成16年8月幹部学校長
平成17年7月、退官
同年10月、財団法人（現、公益財団法人）水交会研究委員会委員

保井信治（やすい・のぶはる）
昭和24年、山口県生まれ。元海将
昭和47年、防衛大学校（第16期、基礎工学Ⅰ専攻）卒業。同年海上自衛隊入隊
平成10年12月、第63護衛隊司令
平成11年12月、第1護衛隊群司令
平成13年1月、練習艦隊司令官
平成14年3月、海自幹部候補生学校長
平成16年8月、護衛艦隊司令官
平成19年7月、退官
同年9月、財団法人（現、公益財団法人）水交会研究委員会委員

日中海戦はあるか
——拡大する中国の海洋進出と、日本の対応

２０１３年10月15日　第１刷発行

監　修　夏川和也
発行者　櫻井秀勲
発行所　きずな出版
東京都新宿区西早稲田１-21-２　〒１６９-００５１
電話０３-３２０８-７５５１　振替００１６０-２-６３３５５１
http://www.kizuna-pub.jp/

装　幀　福田和雄（FUKUDA DESIGN）
編集協力　ウーマンウエーブ
印刷・製本　モリモト印刷

ISBN978-4-907072-09-4